리더의 **뇌**를 읽는 기술

리더의 **뇌**를 읽는 기술

상사를 이해하고 함께 성장하는 '팔로워십'의 비밀

박정조 지음

문학세계사

Prologue 팔로워의 마음을 들여다보다 — 리더십의 또 다른 얼굴

회의실에서 상사의 한마디가 떨어지는 순간 공기가 달라진다. 어떤 사람은 표정이 굳고, 어떤 사람은 서둘러 펜을 든다. 겉으로는 한마디가 오갔을 뿐이지만, 그 짧은 순간 리더와 팔로워의 마음과 뇌에서는 수많은 신호가 동시에 반응한다.

이 책은 바로 그 '순간'을 들여다보려는 시도에서 시작되었다. 말보다 먼저 움직이는 뇌, 표정보다 깊은 곳에서 반응하는 마음. 그 안에서 리더와 팔로워는 어떤 심리가 작동하고 있었을까? 우리는 그동안 이 복잡한 반응을 너무 쉽게 '성격'이나 '태도'로만 단정해 온 것은 아니었는지 돌아볼 필요가 있다.

서점에는 리더십 책이 넘쳐나지만 팔로워십 책은 손에 꼽을 정도다. 학계에서도 리더십 연구와 팔로워십 연구의 비율은 1000대 1에 가깝다고 한다. 우리는 늘 리더라는 존재에 주목해 왔지만, 정작 그 곁에서 조직을 움직이는 팔로워의 세계는 오랫동안 가려져 있었다. 그래서인지 "일보다 상사와의 관계가 세상에서 제일 힘들다"는 말은 시대와 조직을 넘어 반복된다.

오늘날 조직 내 세대 갈등과 리더십 피로감이 커지면서 상사와 부하의 관계는 중요한 시대적 화두로 떠올랐다. 리더 중심의 담론에 지친 조직 구성원들은 "어떻게 이끌 것인가"를 넘어 "무엇을 위해 어떻게 따르는 것이 좋은가"를 함께 묻기 시작했다. 이 책은 그런 이들에게 올바른 팔로워십에 대한 새로운 관점을 제시하고 리더와 팔로워의 관계를 다시 성찰해 보자는 초대장이다.

나는 30년 넘게 누군가의 부하로, 또 누군가의 상사로 살아왔다. 리더의 자리에서는 '좋은 리더란 무엇인가'를 고민하며 『홀로 빛나는 리더는 없다』를 집필했다. 감사하게도 많은 독자들이 그 책을 읽어 주었다. 하지만 책이 널리 읽힐수록 마음속에는 하나의 질문이 점점 선명해졌다. 그렇다면 팔로워의 자리에서 바라본 리더의 세계는 누가 이야기해 줄까? 이번 책 『리더의 뇌를 읽는 기술』은 그 질문에서 시작되었다.

내가 팔로워십에 눈을 뜬 순간은 의외로 소박했다. 어느 날 사령관이 리더십센터에 와서 말했다.

"간부들 팔로워십 교육을 한번 해보라."

그 임무가 내게 떨어졌다. 순간 마음속에 이런 생각이 스쳤다.

'팔로워십 교육이 왜 필요하지? 또 일이 하나 늘었군. 리더십이 부족할수록 팔로워십을 강조하는 법인데… 리더가 잘하면 부하는 자연스럽게 따라오는 건데….'

내키지는 않았지만 지시였기에 동료들과 정성껏 교육을 준비했고, 사령부 전 간부들을 대상으로 최선을 다해 강의를 마쳤다. 그런데 강의가 끝난 뒤 예상치 못한 일이 벌어졌다. 사령관이 조용히 강단 앞으로 걸어 나와 이렇게 말했다.

"오늘 팔로워십 강의를 듣고 감동했다. 반성했다. 결심했다."

그리고 이렇게 덧붙였다.

"팔로워의 입장에서 나를 바라보니 내가 무엇을 놓치고 있었는지 보였다. 팔로워십을 배우는 줄 알았는데 결국 리더십을 다시 돌아보는 시간이었다."

그 한마디가 내 안에 깊게 남았다. 그날을 계기로 나는 팔로워십의 세계에 본격적으로 눈을 떴고, 이후 수천 명의 간부에게 팔로워십을 강의하게 되었다.

현장에서 만난 두 리더가 떠오른다. 리더십 역량이 뛰어난 A와 다소 부족해 보이는 B. 누구나 A가 이끄는 조직이 더 뛰어난 성과를 낼 것이라고 예상했다. 그러나 현실은 달랐다. 오히려 B의 조직이 더 안정적이었다. 이유는 분명했다. B 곁에는 빈틈을 살피고 보완하며 사람과 일을 부드럽게 엮어 주는 팔로워들이 있었다. 그 모습을 보며 나는 한 가지 분명한 사실을 알게 되었다.

"팔로워십은 리더십을 보완한다."

리더가 아무리 뛰어나도 팔로워가 제 역할을 하지 못하면 조직은 흔들린다. 반대로 리더에게 부족함이 있더라도 유능한 팔로워가 곁에 있으면 조직은 다시 중심을 잡는다. 리더만 주목받는 시대처럼 보이지만, 실제로 조직을 움직이는 힘은 리더와 팔로워 사이에서 오가는 수많은 상호작용의 결과이다.

그래서 나는 팔로워였던 내 모습을 먼저 돌아보았다. 상사의 지시를 받으며 느꼈던 억울함과 분노, 감사와 감동, 존경과 실망. 그 복잡한 감정 뒤에 숨어 있던 심리를 하나씩 꺼내 보았다.

그리고 다양한 조직의 여러 사례들을 뇌과학과 심리학의 관점에서 다시 들여다보니 리더와 팔로워의 마음을 함께 이해하는 새로운 길이 보였다. 그래서 리더의 결정과 감정 그리고 팔로워의 반응과 선택을 같은 뇌의 언어로 읽어내려는 시도를 해봤다. 이 관점은 팔로워십을 성격과 태도의 문제가 아니라 인간의 뇌와 마음을 이해하는 문제로 확장한다. 그럴 때 리더의 감정 기복이나 돌발적 반응을 단순한 성격 문제가 아니라 불확실성과 압박 속에서 나타나는 자연스러운 뇌의 반응으로 바라볼 수 있게 된다. 피로가 쌓이면 말투가 거칠어지고 불안이 커지면 통제하려는 마음이 강해지는 것과 같다. 이 흐름을 알게 되면 팔로워는 리더의 행동을 감정적으로 받아들이기보다 구조적으로 해석하게 된다.

"왜 저럴까"라는 질문이 "이런 심리 구조를 가진 사람과 어떻게 함께 일할까"로 바뀌는 순간 팔로워십은 비로소 현실에서 힘을 갖게 된다. 물론 리더에게도 이 책은 팔로워의 시선과 마음을 새롭게 비추어 주어 그동안 놓쳐 왔던 관계의 신호를 이해하고 더 건강한 리더십을 발휘하는 데 도움이 될 것이다.

이 책을 덮는 순간 독자들이 이렇게 말할 수 있기를 바란다.

"그래도 나는 더 나은 팔로워가 될 수 있다. 상사의 마음과 뇌의 작동 방식을 이해하게 되니 관계를 바라보는 눈이 달라졌다. 그리고 언젠가 더 온전한 리더로 성장할 수 있다."

그 믿음이 당신의 길을 더 단단하게 하고, 당신이 속한 조직을 조금 더 따뜻하게 만들 것이다.

2026년 봄
박정조

차 례

1장 생각하는 팔로워의 뇌

2장 리더의 뇌를 읽는 사람들

3장 상사는 무엇을 듣고 싶어 하는가?

4장 정성, 보이지 않는 디테일의 힘

5장 한 치수 큰 모자를 써라

6장 흔들려도 부러지지 않는 마음

1장

생각하는 팔로워의 뇌

01. 리더의 또 다른 뇌 — 팔로워의 3가지 역할

"리더의 두뇌를 온전하게 작동하게 하는 팔로워의 역할은 무엇인가?"

위대한 팔로워는 리더의 곁에서 3가지 역할을 한다. 브레이크, 액셀러레이터, 백미러. 리더가 폭주하지 않도록 제동을 걸고, 멈칫할 땐 추진력을 보태며, 방향을 잃을 때는 성찰하게 돕는 역할이다.[1] 이 3가지는 단순한 보조가 아니라, 리더의 뇌와 사고를 확장시키는 '외부 인지 시스템(extended cognition)'이라 할 수 있다.

팔로워의 3가지 역할

1.브레이크　　　　2.액셀러레이터　　　　3.백미러

(비판적 사고, 제동)　　(동기부여, 가속)　　(메타인지 성찰, 반추)

첫 번째 역할, 리더의 폭주를 멈추는 손 — 브레이크의 심리학

팔로워는 상사의 판단이 위험한 방향으로 흐를 때, 불편하더라도 사실을 말할 수 있어야 한다. 미국의 사회심리학자 어빙 재니스(Irving Janis)가 정립한 집단사고(Groupthink) 이론은 집단이 지나치게 통합되거나 리더의 권위가 강할 때 비판적 사고가 약화되어 잘못된 결정을 내리는 현상을 말한다. 재니스는 리더에게 절대적 권위가 집중될수록 구성원들이 반대 의견을 내기 어려워지고, 그 결과 조직이 위험한 판단으로 흐를 가능성이 높아진다고 지적했다. 결국 리더를 지키는 가장 좋은 방법은 때로 제동을 걸어 균형을 잡아주는 일이다.

징기스칸의 참모 야율초재는 그 대표적인 인물이다. 징기스칸이 무리하게 정복 전쟁을 추진하려 할 때, 그는 "이미 해놓은 일을 매듭짓는 것이 더 중요하다"고 직언하며 폭주를 멈췄다. 또 복수심에 사로잡힌 징기스칸에게 "여인 하나도 용서하지 못하는 사람이 어찌 진정한 지도자가 될 수 있겠습니까?"라고 말해 인간적인 균형을 되찾게 했다.[2]

나 역시 대대장 시절, 간부들과 축구를 하려던 중 작전과장이 "지금은 바람직하지 않습니다. 북한이 미사일을 발사했습니다"라고 만류한 적이 있었다. 그날 나는 그의 말을 듣고 경기를 멈췄고, 이후 상급부대의 지적을 피할 수 있었다. 그 순간, 팔로워란 리더의 기분을 맞추는 사람이 아니라 잘못된 방향으로 향할 때 조용히 멈춰 세울 수 있는 존재임을 깨달았다.

뇌과학적으로 보자면 이런 순간의 직언은 리더의 뇌가 감정적으로 반응하고 충동을 부추기는 편도체의 반응에 휩쓸리지 않게 만든다. 대신 감정 조절과 판단을 담당하는 전전두엽이 상황을 다시 평가하도록 돕는다.[3] 다시 말해 팔로워의 한 마디가 리더가 감정이 아닌 이성에 따라 결정을 내리도록 돕는 브레이크 역할을 해주는 것이다.

두 번째 역할, 꺼져가는 리더의 엔진에 불을 붙이다
―액셀러레이터의 에너지

리더가 지치고 방향을 잃을 때 팔로워는 리더의 마음에 의욕을 솟게 하는 액셀러레이터가 되어야 한다. 뇌과학적으로 리더의 의욕은 도파민 보상 회로와 깊이 연결되어 있다. 도파민은 성취 가능성을 느낄 때 분비되는 신경전달물질로, 목표를 향해 다시 움직이게 하는 '의욕 신호' 역할을 한다.[4] 팔로워의 격려와 주도적 행동은 이 보상 회로를 다시 자극해 리더가 의욕을 갖고 추진력을 되찾아 다시 움직이게 한다.

내가 대대장 2년 차였던 어느 시기, 연이어 사고가 발생해 부대 분위기는 무겁게 가라앉았다. 대대장인 나조차 출근하기가 싫을 정도로 힘든 상황이었다. 그때 핵심참모인 작전과장과 주임원사가 나를 찾아와 이렇게 말했다.

"대대장님, 힘내십시오. 세세한 건 저희가 다 처리하겠습니다. 대대장님은 중심을 잡아주십시오."

그 한마디는 지치고 흔들리던 내 마음에 다시 힘과 용기를 불어넣어 주었다. 그 덕분에 나는 가장 어려운 시기를 헤쳐나가며 부대를 다시 정상 궤도에 올려놓을 수 있었다.

수많은 역사적 사례에서도 유능한 팔로워는 리더의 액셀러레이터 역할을 했다. 제갈공명이 없었다면 유비의 삼국지 역사는 완성되지 못했을 것이다. 제갈공명은 예측 불허의 지략과 꺾이지 않는 집념으로 유비를 한 왕국의 황제로 세웠다.

현대 기업으로 보자면 애플의 팀 쿡(Tim Cook)은 스티브 잡스(Steve Jobs) 곁에서 액셀러레이터 역할을 해 준 팔로워였다. 잡스가 방향과 비전을 제시하면 쿡은 그 비전을 실행 가능한 계획과 운영 시스템으로 구체화해 조직 전체를 움직였고 이런 역할의 결합은 애플이 다시 성장 궤도에 오르는 데 중요한 힘이 되었다.[5]

리더가 비전을 제시할 수는 있지만 그 비전이 실제로 현실이 되려면 리더의 결단과 함께 팔로워의 동력이 더해져야 한다.

세 번째 역할, 리더의 뒤를 비추는 거울 ― 백미러의 통찰

리더는 앞만 보느라 때로 사각지대를 놓친다. 이때 팔로워는 리더의 눈이 되어 뒤를 살피는 백미러 역할을 해야 한다. 조셉 러프트(Joseph Luft)와 해링턴 잉햄(Harrington Ingham)이 제시한 '조하리의 창(Johari's Window)' 이론은 사람이 자신에 대해 알고 있는 부분과 알지 못하는 부분을 네 영역으로 나누어 자기 인식과 대인 관계의 패턴을 설명한 모델이다.

조하리의 창(Johari Window)

자기 인식의 4가지 영역과 피드백

	내가 아는 영역	내가 모르는 영역
타인이 아는 영역	열린 창 (Open Area)	보이지 않는 창 (Blind Area)
타인이 모르는 영역	숨겨진 창 (Hidden Area)	미지의 창 (Unknown Area)

조하리의 창 이론에 따르면, 타인이 비춰주는 '내가 모르는 나'를 어떻게 인식하느냐가 변화와 성장을 여는 열쇠가 된다. 그런 점에서 팔로워의 피드백은 리더가 놓치기 쉬운 부분을 줄이는 가장 효과적인 장치다.

"위징은 맑은 거울이 형체를 비추듯 내가 잘하고 잘못하는 점들을 분명하게 알게 해주었다."

당나라 태종의 핵심 참모였던 위징은 리더의 판단을 끊임없이 비춰주는 백미러였다. 그는 기회가 있을 때마다 태종이 공정하고 현명하게 나라를 다스리도록 간언했다. 태종이 친척이나 측근에게 관직을 주거나 세습하려 할 때도, 위징은 용기 있게 현실을 보도록 이끌며 올바른 판단을 하게 했다.

뇌과학적으로도 이러한 백미러의 기능은 리더의 메타인지를 돕는 역할을 한다. 메타인지는 자신의 생각과 행동을 한발 물러서 바라보며 스스로를 점검하는 능력을 말하며 이러한 과정은 계획·판단·자기조절을 관장하는 전전두엽이 핵심적으로 관여한다.[6] 이처럼 팔로워의 백미러 역할은 리더가 미처 보지 못한 사각지대를 인식하도록 해주며 판단을 더 깊게 해 준다.

나 역시 대대장 부임 초기, 여러 가지 일을 짧은 시간 안에 급하게 밀어붙이며 많은 변화를 시도한 적이 있었다. 그때 주임원사가 나를 찾아와 말했다.

"지휘관이 100m 선수라면 간부들은 마라톤을 하는 사람들입니다. 대대장님이 짧은 기간에 너무 많은 일을 추진하면 간부들이 힘들어합니다."

나는 그 말을 듣고 스스로를 돌아본 뒤, 업무 추진 방식을 바꿨고 부대는 다시 건강한 리듬을 찾았다. 이처럼 리더의 시야를 넓히는 백미러는 개인뿐 아니라 조직 전체의 생명력을 회복시킨다.

앞에서 살펴본 것처럼 브레이크는 전전두엽이 편도체의 충동을 제어할 때 발휘되는 통제 기능이며 액셀러레이터는 도파민 보상 회로가 활성화되면서 나타나는 동기 시스템이다. 백미러는 전전두엽의 메타인지 기능이 작동하며 이루어지는 성찰의 과정이다. 브레이크, 액셀러레이터, 백미러. 이 3가지는 단순히 리더를 보조하는 역할이 아니라, 리더의 인지와 판단, 감정을 조율하는 뇌의 세 축과도 같다.

리더 혼자서는 완전할 수 없다. 팔로워가 제 역할을 할 때 리더의 두뇌는 비로소 온전히 작동한다. 위대한 팔로워는 단순한 조력자가 아니라 리더의 또 다른 뇌다.

02. 뇌는 왜 5가지 유형의 팔로워를 만들까?

"지금 나는 어떤 팔로워로 일하고 있는가?"

사람마다 상사를 대하는 방식은 제각각이다. 누군가는 늘 불만을 품고 거리를 두고, 누군가는 묻는 말에만 대답한다. 어떤 이는 시키는 일만 하고, 또 어떤 이는 눈치껏 빠져나갈 길을 찾는다. 하지만 위기의 순간, 가장 먼저 움직이는 사람도 있다. 카네기 멜론대 로버트 켈리(Robert Kelley) 교수는 이런 차이를 연구하며 팔로워를 5가지로 분류했다.

5가지 팔로워 유형

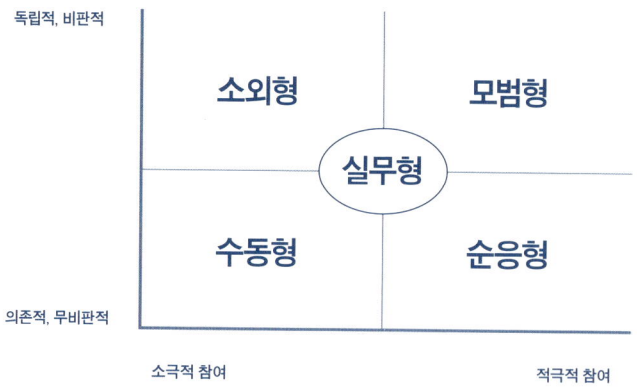

#1. 소외형 팔로워 ─ '고슴도치형'의 방어 본능

소외형 팔로워는 유능하지만 냉소적이다. 겉으로는 차분해 보이지만 내면에는 "해봤자 소용없다"는 체념이 자리 잡고 있다. 그들의 뇌는 과거의 좌절과 무시의 기억을 편도체에 각인해두었고, 다시 상처받지 않기 위해 '심리적 갑옷'을 두른다. 이 갑옷은 리더가 닫혀 있을수록 더 두꺼워진다.

편도체의 위치와 기능
감정 처리와 위협 반응의 핵심 회로

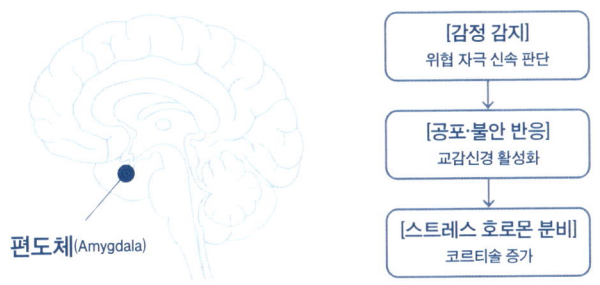

소외형 팔로워가 되는 원인을 리더의 측면에서 보면, 일방적으로 지시하고 반대 의견을 허용하지 않는 리더의 소통 방식이 문제다. 리더가 결정권을 독점하고 반대 의견을 불편해할수록 부하의 자율성과 주도성은 차단된다. 이때 팔로워의 뇌는 '위험 신호'를 감지해 방어적으로 작동하며, "말해봤자 달라지지 않는다"는 인식이 굳어지고 냉소가 자리 잡는다. 이렇게 만들어진 '침묵의 문화'는 조직의 창의성과 몰입을 갉아먹는다.

반면 팔로워의 측면에서는 한두 번의 거절과 무시가 반복될 때 생긴 상처가 '학습된 무기력(Learned Helplessness)'으로 굳어진다. 심리학자 마틴 셀리그먼(Martin Seligman)은 개가 아무리 도망쳐도 전기 충격을 피할 수 없게 만들자, 결국 충격이 주어져도 도망치려는 시도조차 포기했다고 밝혔다. 사람도 마찬가지다. "해봤자 안 된다"는 생각이 뇌 회로를 지배하면 행동은 멈춘다. 편도체가 두려움 신호를 과도하게 보내면서 전전두엽의 판단 기능이 약화되고, 비판적 사고 대신 회피 본능이 강화된다.

전전두엽의 위치와 기능

행동과 감정 조절의 중심 영역

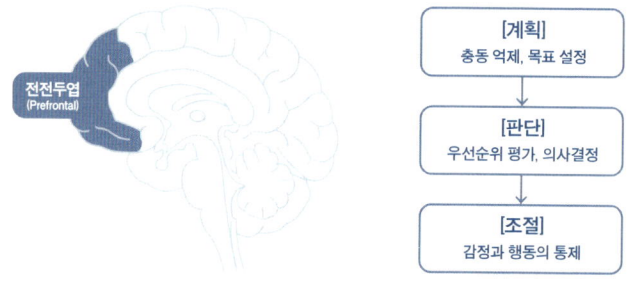

소외형 팔로워를 모범형으로 만들기 위해 리더가 해야 할 일은 꾸짖는 것이 아니라 심리적 안전감을 회복시키는 것이다. 구글의 '프로젝트 아리스토텔레스(Project Aristotle)' 연구에 따르면 성과가 높은 팀의 유일한 공통점은 '심리적 안전감'이었다. 누구나 의견을 낼 수 있고 틀려도 비난받지 않는 분위기, 그 한 가지가 냉소를 창의성으로 바꿨다. 리더가 "괜찮아, 틀려도 돼. 우리는 실수를 통해 배운다"라고 말할 때, 팔로워는 위협

대신 신뢰를 느끼고 편도체의 경계 반응이 잦아들며 자발적으로 행동하기 시작한다.

그러나 환경만으로는 소외형이 모범형으로 바뀌지 않는다. 진정한 변화는 팔로워의 뇌 안에서 시작된다. 인간의 뇌는 경험을 통해 스스로를 바꾸는 '신경가소성(Neuroplasticity)'을 지닌다.[7] 작은 성공이라도 반복할 때 편도체의 경계는 완화되고 전전두엽이 주도권을 되찾는다. 따라서 소외형 팔로워는 먼저 '다시 시도하는 경험'을 스스로 만들어야 한다. 리더에게 한 번 거절당했다고 침묵하지 말고, 더 구체적 근거와 대안을 제시하며 대화를 이어가야 한다.

"이건 잘못됐습니다" 대신 "이 방향은 이런 결과를 낳을 수 있습니다. 이렇게 바꿔보는 건 어떨까요?"라고 말하는 것이다. 이때 리더의 편도체는 팔로워의 말과 행동을 공격이 아닌 협력으로 인식하고, 둘의 관계는 다시 작동하기 시작한다. 이런 대화가 반복될수록 뇌의 회로는 '회피'에서 '참여'로 재구성된다. 결국 소외형 팔로워가 모범형으로 성장한다는 것은 리더를 바꾸는 일이 아니라 두려움에 반응하던 자신의 뇌를 '신뢰와 주도'의 회로로 재훈련하는 일이다. 리더의 안전감과 팔로워의 용기가 맞물릴 때 냉소는 창의성으로 바뀌고, 조직은 다시 살아 있는 유기체처럼 움직이기 시작한다.

#2. 수동형 팔로워 — '코알라형'의 의존 본능

수동형 팔로워는 리더의 말 없이는 움직이지 않는다. "이건 제가 알아서 하겠습니다"라는 말 대신 "어떻게 하면 좋겠습니까?"라는 말이 먼저 나온다. 하지만 이 현상을 단순히 의지 부족으로 보면 오해다. 수동형 팔로워가 생기는 원인은 리더와 팔로워 모두의 관계 패턴 속에 있다.

리더의 측면에서 보면, 과도한 통제와 불신이 문제다. 리더가 모든 결정을 독점하고 세세한 일까지 간섭하면, 팔로워는 점점 판단력을 잃는다. "쓸데없는 일 하지 말고 시킨 것만 해라"는 말이 반복되면, 뇌의 도파민 보상 회로는 '내가 했다'는 성취감을 느끼지 못하고 서서히 기능을 멈춘다. 리더의 피드백이 늘 '지시'나 '검열'로 작용할 때, 팔로워는 사고 대신 복종의 신호만 보내는 존재로 바뀐다.

팔로워가 수동형이 되는 이유는 '실패에 대한 두려움'이 그들을 소극적으로 행동하게 만들기 때문이다. 이전에 자발적으로 행동했다가 질책이나 부정적 평가를 받은 경험이 있으면, 뇌의 편도체가 그 상황을 '위험한 기억'으로 저장한다. 이후 비슷한 상황이 오면 편도체가 경고 신호를 보내고, 전전두엽의 판단 기능을 억제한다. 그 결과 "괜히 나섰다가 또 혼나면 어쩌지"라는 생각이 자동으로 떠오르며 행동은 멈춘다. 이렇게 두려움이 습관화되면, 스스로 판단하기보다 지시를 기다리는 뇌 회로가 만들어진다.

리더의 통제와 팔로워의 회피가 맞물릴 때 조직은 '수동형 구조'에 갇힌다. 이 악순환을 끊기 위해서는 리더와 팔로워 모두의 노력이 필요하다. 리더가 팔로워에게 결정 권한과 신뢰를 줄 때 뇌는 즉시 반응한다. 통제받을 때는 멈췄던 도파민 보상 회로가 다시 활성화되고, "내가 주체적으로 일하고 있다"는 감각이 행동 에너지를 만든다. 그 대표적인 사례가 미국의 자포스(Zappos)다. 이 회사는 콜센터 직원에게조차 고객 문제를 현장에서 즉시 해결할 권한을 부여했다. 보고 체계보다 판단을 우선시하자 직원들의 태도가 달라졌다. "내가 직접 해결할 수 있다"는 생각이 들자 도파민이 활성화되고, 자발적 행동이 눈에 띄게 늘어났다.

그러나 진정한 변화는 팔로워의 내면에서 시작된다. 리더가 허락해주기만을 기다리지 말고, 먼저 '판단 근육'을 단련하는 행동이 필요하다. 작은 문제라도 스스로 결정을 내려보고 그 결과를 점검하며, '내가 한 일의 결과'를 뇌가 학습하게 해야 한다. 이는 단순한 행동 변화가 아니라, 도파민 회로를 다시 활성화시키는 신경가소성(Neuroplasticity)의 과정이다.

이를 잘 보여주는 일화가 자동차를 만드는 일본 기업 토요타(Toyota) 생산라인의 한 현장 기술자 이야기다. 그는 불량품이 계속 나오는데도 개선 지시가 내려오지 않자 지시를 기다리기보다 스스로 원인을 찾아보기로 결심했다. 근무를 마친 뒤에도 남아 설비를 관찰하고 공정을 점검한 끝에 미세한 이상을 발견했고 간단한 조정안을 시도한 결과, 불량품이 눈에 띄게 줄어들었다. 상사가 "누가 이렇게 하라고 했느냐"고 묻자 그는 "시켜서가 아니라 해야 할 일이라서 했습니다"라고 답했다. 이 일화는 지시를 기다리기보다 스스로 개선점을 찾는 태도가 토요타의 '카이젠(Kaizen, 스스로 개선하는 문화)'을 어떻게 만들어 가는지를 상징적으로 보여준다.

이처럼 수동형 팔로워가 모범형으로 바뀌는 출발점은 '허락'이 아니라 '자발적 판단의 경험'이다. 한 번의 주도적 결정이 뇌의 도파민 회로를 깨우고, 의욕과 책임감의 회로를 동시에 작동시킨다. 리더에게 묻기 전에 한 걸음 더 고민한 흔적이 있을 때, 리더의 반응은 "왜 먼저 했느냐"가 아니라 "그렇게 생각했구나"로 바뀐다. 결국 수동형 팔로워가 모범형으로 성장한다는 것은, '허락받는 존재'에서 '판단하는 존재'로 뇌를 전환시키는 일이다. 시키지 않아도 움직이는 팔로워, 그 한 사람의 변화가 조직 전체의 활력을 되살린다.

#3. 순응형 팔로워 ─ '양(sheep)형'의 사회적 적응 본능

순응형 팔로워는 언제나 부드럽고 온순하다. "예, 알겠습니다" "문제 없습니다"라는 말이 입에 붙어 있다. 겉으로는 협조적이지만, 그 이면에는 '거절당할까 두려운 불안'이 자리하고 있다.

뇌과학 연구에 따르면 사회적 거절을 경험할 때 전대상피질이 활성화되며 이는 신체적 고통을 느낄 때와 유사한 반응을 보인다.[8]

그래서 어떤 사람들은 "싫다"는 반응을 예상하는 것만으로도 실제 통증에 가까운 불편함을 느끼며 쉽게 순응 쪽으로 기울어진다. 즉, "상사의 의견에 반대하면 버림받을 것 같다"는 불안이 행동을 지배한다. 그래서 순응형은 조직의 가장 유순한 구성원이면서도, 동시에 가장 위험한 침묵자이기도 하다.

리더의 측면에서 보면, 위계와 관계 중심의 리더십이 이런 순응형을 만든다. 리더가 "내가 시키는 대로만 해" "괜히 나서서 문제 만들지 마"라는 태도를 보이면, 팔로워의 두뇌는 반대 의견을 위험 신호로 인식한다. 이때 편도체가 활성화되고, 전대상피질은 '거절의 고통'을 예측한다. 그 결과 팔로워는 논리보다 감정의 안전을 선택하고, 침묵이 생존 전략으로 자리 잡는다. 리더가 "조용히 따라오는 사람"을 선호할수록, 조직은 '집단사고(Groupthink)'에 빠진다. NASA의 챌린저호 폭발은 그 대표적 사례다. 발사 전날 엔지니어들은 고무 패킹이 저온에서 손상될 위험을 경고했지만, 회의 분위기를 깨지 않기 위해 아무도 반대하지 않았다. 기술적인 결함을 발견하고도 눈치 보느라 비극을 피하지 못했다.

한편 팔로워의 측면에서도 순응형이 되는 원인은 뚜렷하다. 그것은 '사회적 승인 욕구' 때문이다. 사람은 집단에서 받아들여질 때 도파민이 분비되고 거절당할 가능성이 감지되면 앞서 말한 전대상피질이 다시 '고통'을 예측한다. 그래서 "틀려도 괜찮다"는 말보다 "괜히 나섰다간 싫어하겠지"라는 불안이 앞선다.

사회심리학자 솔로몬 애시(Solomon E. Asch)의 '집단순응(Conformity)' 실험은 한 집단 안에서 다수의 의견이 한 개인의 판단을 얼마나 쉽게 바꾸는지를 보여준 연구다. 이 실험에서 참가자 대부분이 명백히 틀린 답을 보면서도, 다수가 그 답을 지지하자 그대로 따라했다. 그들에게 중요한 것은 '정답'이 아니라 '관계의 유지'였다. 이처럼 순응형의 뇌는 '논리적 판단'보다 '사회적 안전'을 우선시한다.

이런 악순환을 끊기 위해서 먼저 리더는 '틀려도 괜찮다'는 신호를 반복적으로 주어야 한다. 비판을 허용하는 순간, 팔로워의 편도체는 경계 대신 안정 신호를 받는다. 픽사(Pixar)의 '브레인트러스트(Braintrust)' 회의 문화가 그 좋은 예다. 감독이든 신입사원이든 누구나 사람이 아닌 영화의 문제점을 자유롭게 지적할 수 있었다. 비판은 인신공격이 아닌 '작품 향상을 위한 협력'으로 여겨졌다. 이러한 안전한 피드백 구조가 픽사를 세계에서 가장 창의적인 조직으로 만들었다. 리더의 "괜찮아, 네 생각을 말해봐"라는 한마디는, 팔로워의 전두엽을 깨우는 전기 자극과 같다.

하지만 리더가 여건을 조성해 준다고 해서 순응형이 근본적으로 바뀌지는 않는다. 진정한 변화는 팔로워의 내면에서 사회적 두려움을 이겨내는 훈련으로부터 시작된다. 팔로워는 먼저 '의견을 표현해도 안전하다'는 경험을 쌓아야 한다. 작은 회의나 동료 간의 대화에서라도 자신의 생각을 조심스럽게 제시해보는 것이다. 처음에는 불안을 느끼지만 반복할수록 전대상피질의 과잉 반응은 진정되고 전전두엽의 합리적 판단이 회복된다. 그렇게 뇌는 "말해도 괜찮다"는 새로운 회로를 학습한다.

순응형 팔로워가 모범형으로 성장한다는 것은 리더를 향한 반항이 아니라, 두려움을 넘은 독립적 사고의 회복이다. 상사의 생각에 무조건 동의하지 않고, 근거를 가진 대안을 제시할 수 있을 때 팔로워십은 비로소 주체성을 얻는다. "네가 그렇게 생각하는 이유를 들려줘"라는 리더의 한마디와 "저는 이렇게 생각합니다"라는 팔로워의 용기가 만나는 그 순간, 조직은 진짜 협력의 단계로 진입한다.

결국 순응형 팔로워가 해야 할 일은 리더의 눈치를 보는 뇌를 멈추게 하고, 스스로 사고하는 뇌를 다시 작동시키는 것이다. 복종이 아닌 참여, 침묵이 아닌 제안. 그 한 걸음의 용기가 조직의 사고를 살리고, 새로운 가능성을 연다.

#4. 실무형 팔로워 ― '여우형'의 생존 본능

실무형 팔로워는 현명하고 신중하다. 겉으로는 조직에 잘 적응하지만, 속으로는 끊임없이 계산한다. "이 일로 손해 보지 않을까?" "괜히 나섰다가 책임지면 어쩌지?" 그들의 판단 기준은 조직의 발전이 아니라 '자신의 손실 최소화'에 있다. 행동의 방향을 결정하는 것은 열정이 아니라 위험 회피 본능이다.

이런 실무형이 생겨나는 이유는 '실패를 용납하지 않는 조직 문화'에 있다. 리더가 항상 결과만 강조하고, 작은 실수에도 책임을 묻는 구조라면 팔로워의 뇌는 위험 감지 모드로 전환된다. 뇌의 편도체가 활성화되면서, 새로운 시도는 '위험'으로 인식되고, '안전한 중립'이 생존 전략이 된다. 이렇게 만들어진 문화에서는 아무도 "이건 다르게 해보자"고 말하지 않는다. 조직은 멈추지 않지만, 더 이상 앞으로도 나아가지 않는다.

팔로워의 '손실 회피(Loss Aversion)' 심리도 도전 대신 안전한 중립을 택하게 만드는 또 다른 요인이다. 노벨상 수상자 대니얼 카너먼(Daniel Kahneman)에 따르면, 인간은 같은 크기의 이익보다 손실에서 두 배 강한 고통을 느낀다. 그래서 본능적으로 위험을 피하고, "가만히 있으면 중간은 간다"는 계산을 한다. 실무형 팔로워는 바로 이 심리에 지배된다. 실패로 인한 손실을 피하기 위해 도전 대신 타협을 선택한다. 그러나 이런 신중함은 결국 조직의 발전을 가로막는다.

이 악순환을 끊기 위해서 먼저 리더는 팔로워가 느끼는 '심리적 실패 비용'을 낮춰야 한다. 리더가 "실패해도 괜찮다"는 메시지를 명확히 줄 때, 팔로워의 편도체는 위협 대신 안정 신호를 인식한다. 이때 비로소 전전두엽이 활성화되어 판단과 창의적 사고가 회복된다.

IBM의 루 거스너(Lou Gerstner)가 그 좋은 예다.[9] 그는 CEO로 취임했을 당시 IBM이 '실무형 팔로워'로 가득한 관료 조직이었다고 회고했다. 그는 "기술보다 사람의 태도가 문제였다"고 진단하며 직원들에게 단 하나의 원칙을 제시했다.

"고객을 위해 판단하라. 실패를 두려워하지 말라."

그 단순한 메시지가 조직의 방향을 바꿨다. IBM은 회피형 문화에서 도전형 문화로 전환되었고, 거스너는 이를 "사람의 태도를 되살린 변화"라고 평가했다. 리더의 한마디가 팔로워의 '생존 본능'을 '의미 추구 본능'으로 전환시킨 것이다.

하지만 리더의 여건 개선만으로는 충분하지 않다. 팔로워 스스로도 뇌의 위험 회로를 재설계해야 한다. 새로운 도전이 두려워질 때마다 '최악의 경우'를 구체적으로 상상해보는 것이 도움이 된다. 대부분의 경우, 우리가 두려워하는 손실은 실제보다 훨씬 과장되어 있다. 이렇게 현실을 직시하는 사고 습관은 편도체의 과도한 경고 신호를 약화시키고, 전전두엽의 합리적 판단을 강화한다. 또한 작은 실험을 통해 '실패해도 괜찮다'는 경험을 축적해야 한다. 작은 시도 하나가 성공하면, 뇌의 도파민 회로가 반응하며 자신감이 형성된다. 이 반복이 실무형의 계산적 뇌를 '시도하는 뇌'로 바꾼다.

결국 실무형 팔로워가 모범형으로 성장한다는 것은, '리스크 회피의 본능'을 '의미를 추구하는 본능'으로 바꾸는 일이다. 리더가 실패의 두려움을 덜어주고, 팔로워가 스스로 도전을 선택할 때 조직은 다시 움직인다. 안전한 중립에서 벗어나 작은 변화를 선택하는 그 한 걸음이 개인의 성장과 조직의 혁신을 동시에 이끌어낸다.

#5. 모범형 팔로워 — '매의 시선'을 가진 자율형 뇌

모범형 팔로워는 리더에게 무조건 따르지 않는다. 스스로 판단하면서도 리더를 신뢰하고, 필요할 땐 앞서 행동한다. 이들은 감정과 이성이 조화를 이루는 전전두엽의 통합적 사고를 가진 사람들이다. 뇌과학자 안토니오 다마지오(Antonio Damasio)는 이를 '이성적 감정의 통합'이라 불렀다.[10] 감정이 과열되지 않고, 이성이 냉각되지 않는 상태—즉, 균형 잡힌 뇌를 말한다.

이런 모범형 팔로워가 존재하려면 먼저 리더는 팔로워의 자율성이 발휘될 수 있는 환경을 조성해야 한다. 리더가 신뢰를 기반으로 권한을 위임할 때, 팔로워의 뇌는 통제받을 때와는 전혀 다른 반응을 보인다. 전전두엽이 활성화되며 스스로 판단하고, 자신이 한 결정에 도파민 보상이 일어난다.

마이크로소프트의 사티아 나델라(Satya Nadella)는 이런 자율형 팔로워를 길러낸 대표적 리더다. 그는 CEO 취임 후 "경쟁이 아닌 학습의 문화"를 선언하고, 직원들의 피드백을 적극 수용했다. 실패를 두려워하지 말고 배우면서 시도하자는 메시지가 조직에 퍼지면서 이전의 폐쇄적이고 경쟁적인 분위기 대신 서로 배우고 피드백하며 함께 성장하는 문화가 자리 잡았다. 그 결과, 한때 침체했던 마이크로소프트는 다시 혁신의 중심으로 부상했다.

하지만 리더의 노력만으로는 충분하지 않다. 팔로워 스스로도 판단하고 그 결과에 책임질 용기를 가져야 한다. 자율은 허락이 아니라 결단에서 시작된다. "리더가 시켜야 움직인다"는 생각을 버리고, 현장에서 스스로 판단하고 실행하는 연습이 필요하다. 내가 대대장을 할 때 실제로 있었던 일이다.

"대대장님, 기관총 사격 중에 불꽃이 튀면서 사격장 맞은편 산에 불이 붙었습니다. 불길이 조금씩 거세지고 있습니다."

스마트폰으로 2중대장 M대위의 다급한 목소리가 들려왔다.

"대대장이 연대, 사단 상황실에 보고해서 소방 헬기를 요청할 테니까 중대원들 통제를 잘하고 있어라."

"대대장님, 늦어질 수 있어서 제가 119 신고 시스템으로 바로 헬기 요청했습니다. 연대, 사단 상황실에 이미 보고했습니다."

 내가 사격장에 도착했을 때는 이미 소방 헬기 2대가 상공에서 물을 뿌리고 있었고, 병력들은 등짐펌프를 짊어지고 잔불을 제거하고 있었다. 2중대장의 선제적 조치 덕분에 산불은 조기에 진화되었다. 내가 도착할 때까지 아무 조치도 하지 않고 있었다면 산불은 걷잡을 수 없이 번졌을 것이다. 지금도 그 당시를 떠올리면 현장에서 즉시 판단하고 실행한 2중대장이 고맙기만 하다.

 인간의 뇌는 생존을 위해 5가지 방식으로 반응한다. 상처받으면 물러나고(소외형), 통제받으면 멈추며(수동형), 거절이 두려우면 순응하고(순응형), 손실이 두려우면 중립을 택한다(실무형). 하지만 의미를 발견하고 신뢰를 얻은 뇌는 자율적으로 움직인다(모범형).

 우리는 모두 소외형, 수동형, 순응형, 실무형의 특성을 조금씩 지니고 살아간다. 하지만 인간의 뇌는 '변화 가능한 기관(Neuroplasticity)'이다. 모범형 팔로워가 된다는 것은 뇌의 방향을 '두려움에서 자율로, 회피에서 도전으로' 옮기는 일이다. 그 시작은 작다. 스스로 생각하고, 책임을 지며, 리더의 결정을 맹목적으로 따르기보다 더 나은 길을 함께 찾으려는 태도다. 그렇게 전전두엽이 활성화될 때 사람은 지시만 따르는 실행자가 아니라 스스로 판단하는 주체로 바뀐다. 감정과 이성이 균형을 이루고, 타인의 시선보다 목적에 집중할 수 있을 때 비로소 뇌는 '자율형'으로 작동한다.

 모범형 팔로워는 타고나는 것이 아니라 훈련을 통해 만들어진다. 자신의 뇌를 이해하고 두려움을 통제하며 스스로 의욕을 자극하는 사람이 결국 조직을 살린다. 리더의 시야를 넓히고 동료를 변화시키며 자신 또한 성장시키는 팔로워가 바로 조직을 움직이는 진짜 팔로워다.

03. 따르는 자의 두 날개 — 공헌력과 비판력

"리더를 향한 충성심은 왜 조직을 무너뜨리기도 하는가?"

권위 앞에서 멈추는 뇌

미국 예일대 심리학자 스탠리 밀그램(Stanley Milgram)의 복종 실험은 인간이 왜 권위에 쉽게 굴복하는지 보여준다. 그는 참가자들에게 "상대가 문제를 틀릴 때마다 전기 충격을 가하라"고 지시했다. 전기 충격은 실제로 가해지지 않는 장치를 사용해 실험을 진행했다. 그러나 참가자들은 이 사실을 모르고 자신이 진짜로 전기 충격을 주고 있다고 믿었다. 문제를 틀릴 때마다 15볼트씩 전압을 올리게 했을 때 참가자들은 어디까지 올렸을까. 무려 참가자의 65%가 최대치인 450볼트까지 전압을 높였다. 왜 이런 극단적인 선택을 했을까.

그 이유는 3가지였다. 첫째, "나는 시킨 대로 했을 뿐이다"라는 책임 분산. 둘째, 흰 가운을 입은 실험 주관자가 주는 권위의 압력. 셋째는 15볼트씩 서서히 전압을 올리게 한 단계적 복종 구조였다. 이 실험은 인간이 권위자의 명령 앞에서 이성적 사고를 멈춘다는 사실을 보여준다.

신경과학 연구에서 이러한 현상은 뇌의 작동 방식 때문임이 밝혀졌다. 권위자의 명령을 받을 때 뇌의 전전두엽에서는 인지적 통제 기능이 약화되고, 편도체 등 감정 처리 영역의 반응이 조절되는 경향이 나타난다.[11] 이는 강압적 상황에서 판단력과 공감 반응이 동시에 감소함을 시사한다. 결국 인간의 뇌는 권위 앞에서 이성적 사고보다 정서적 안정과 순응을 우선시하는 경향을 보이는 것이다. 이 때문에 리더의 지시 앞에서 많은 팔로워가 스스로 사고하기보다 시키는 대로 행동한다. 이 복종의 메커니즘은 실제 사회에서도 반복된다.

2009년 2월, G7 재무장관 회의가 로마에서 열렸을 때, 일본의 나카가와 쇼이치 재무장관은 기자회견 도중 하품을 하고 조는가 하면 횡설수설하며 국제적 망신을 샀다. 그는 처음엔 감기약 때문이라고 해명했으나, 나중엔 포도주를 마시고 기자회견에 참석했다는 사실을 인정했다. 사람들은 장관의 무책임을 비난했지만, 정작 더 심각한 문제는 그를 보좌한 비서관들이었다. 만취한 장관이 "괜찮다"고 했을 때, 누구 하나 "회의를 연기해야 한다"고 말하지 못했다. 리더의 권위 앞에서 비판력(독립적 사고)이 마비된 것이다. 결과적으로 팔로워의 판단력 부재가 조직 전체의 신뢰를 무너뜨렸다.

더 끔찍한 예는 역사 속에서도 찾아볼 수 있다. 제2차 세계대전 당시 나치 독일의 장교 아돌프 아이히만은 수백만 명의 유대인을 학살하는 계획을 주도했다. 전쟁이 끝난 뒤 그는 법정에서 "나는 히틀러의 명령에 복종했을 뿐이다"라고 항변했다. 그러나 그는 전쟁범죄와 반인륜적 범죄로 유죄 판결을 받고 교수형을 당했다. 그의 말은 변명이 아니라 비판력의 부재가 낳은 비극의 고백이었다. 평범한 사람도 권위자의 불법한 명령 앞에서 아무런 생각 없이 행동하는 순간 참혹한 일의 공범이 될 수 있다.

공헌력과 비판력, 조직의 두 날개

훌륭한 팔로워는 리더의 지시에 단순하게 반응하지 않는다. 스스로 판단하고, 필요할 때는 리더의 결정과 다른 관점을 제시할 줄 안다. 그는 명령을 들었을 때 즉각적인 복종 충동이 일어나더라도, 잠시 멈추어 생각한다. "이 지시가 정말 옳은가?" "지금의 판단에 맹점은 없는가?"라고 스스로 묻는다. 그 짧은 '멈춤'이 뇌의 전전두엽을 다시 활성화시켜 이성을 회복하게 만든다.

심리학자 대니얼 카너먼은 이러한 인간의 사고 체계를 이중처리이론 (Dual Process Theory)으로 설명했다. 이중처리이론은 인간의 사고가 빠르고 자동적으로 반응하는 체계(System 1)와 느리지만 깊이 있게 판단하는 체계(System 2), 두 가지 경로로 이루어져 있다는 이론이다. [12] 즉각적이고 자동적인 감정적 반응(System 1)이 일어나더라도, 거기에만 머물지 않고 느리지만 합리적인 사고(System 2)도 의식적으로 작동시켜야 한다는 것이다.

팔로워십에서 비판력(독립적 사고)은 System 2의 숙고와 검증을 통해 발휘된다. 동시에 공헌력(적극적 참여)은 System 1의 빠른 실행과 습관에서 추진력을 얻지만 그 실행이 조직에 도움이 되려면 System 2의 판단과 조절이 함께 작동해야 한다. 결국 두 시스템이 균형을 이룰 때 팔로워의 판단과 실행은 더 효율적으로 이뤄진다. 공헌력이 조직을 움직이는 동력이라면 비판력은 그 동력이 잘못된 방향으로 치우치지 않게 잡아주는 조정 장치다.

다음 두 사례는 공헌력과 비판력의 균형이 무너질 때 조직이 어떻게 흔들리고, 반대로 균형을 잡을 때 얼마나 강해지는지를 잘 보여준다.

2016년 12월 13일, 울산의 한 군부대 예비군 훈련장에서 폭발사고가 발생했다. [13] 병사 10명이 화상과 고막 파열 등 부상을 입었다. 조사 결과, 상급부대의 질책을 우려한 부대 탄약관이 규정을 어기고 훈련용 폭음통을 편법으로 처리한 사실이 드러났다. 그는 폭음통 1,842개 중 약 1,600개가 남아 있자 상급부대의 지적을 우려했다. 그래서 한꺼번에 소모하기로 마음먹었다. 대대장은 "위험할 수 있으니 비 오는 날 여러 번에 나눠 처리하라"고 지시했다. 그는 소대장에게 도움을 요청해 병사 4~5명을 시켜 폭음통을 해체하고, 안에 있던 화약을 예비군 훈련장 바닥에 버리게 했다. 그런데 땅에 남아 있던 화약이 낙엽을 치우던 병사 손의 갈퀴에 닿으며 불이 붙었고, 순식간에 폭발이 일어났다.

남은 폭음통을 모두 없애면 부대의 실적이 높아지고 좋은 평가를 받을 수 있다는 생각, 즉 '공헌력'은 있었다. 하지만 '이 방법이 과연 옳은가', '다른 방식은 없는가'를 묻는 비판적 사고는 부재했다. 그 결과, 공헌력만 있고 비판력이 없는 충성심이 겹치며 10명의 부상자가 나왔다. 이 사고는 비판력 없는 공헌력이 얼마나 위험한가를 보여주는 실제 사례다.

물론 리더의 지시를 완수하는 것이 중요하다. 하지만 그 지시가 합법적이고 안전한지를 검토하는 것이 더 근본적인 충성이다. 진정한 팔로워는 시키는 대로 움직이는 사람이 아니라 조직의 목적과 안전을 함께 생각하는 사람이다.

공헌력은 조직을 움직이지만, 비판력이 없는 공헌력은 결국 조직을 무너뜨린다. 반면, 비판력을 잃지 않은 공헌력은 조직을 살린다. 다음은 이를 보여주는 대표적인 사례다.

2011년 3월, 오사마 빈 라덴 사살 작전을 총지휘하던 맥레이븐 장군(William H. McRaven)은 쿠퍼 중령(Lt. Col. Cooper)에게 명령했다.

"스텔스 헬리콥터를 타고 파키스탄으로 침투해 오사마 빈 라덴을 사살하라."

그러나 쿠퍼 중령은 즉시 반대했다.

"안 됩니다. 검증되지 않은 장비를 사용하다가 치명적인 사고를 당할 수 있습니다."

하지만 맥레이븐 장군은 단호했다.

"지금 계획을 바꿀 수 없다. 그대로 시행하라."

쿠퍼 중령은 물러서지 않았다. "동의할 수 없습니다."

결국 장군이 언성을 높이자 쿠퍼 중령은 명령을 따르기로 했다. 이후 그는 누가 시키지 않았는데도 빈 라덴 기지 모형을 만들어 헬리콥터 추락 상황을 가정한 훈련을 수없이 반복했다. 그리고 2011년 5월 1일, 작전이 개시되었다. 헬리콥터 2대가 빈 라덴 기지로 침투하던 중 한 대가 추락하고, 다른 한 대는 착륙지점에 문제가 생겼다. 지휘부가 긴장에 휩싸인 그 순간, 추락한 헬리콥터의 대원들이 미리 훈련한 대로 차분히 움직였다. 그들은 단 38분 만에 오사마 빈 라덴을 사살하고 작전을 종료했다.

이 작전의 성공은 쿠퍼 중령의 팔로워십 덕분이었다. 그는 명령을 맹목적으로 따르지 않았다. 리더의 의도를 존중하면서도 위험을 인식해 비판력(독립적 사고)을 발휘했고 임무 완수를 위한 공헌력(적극적 참여)도 끝까지 실천했다. 그의 이성적 판단과 주도적 행동이 팀을 살리고 작전을 성공으로 이끌었다.

리더의 결단과 팔로워의 비판력과 공헌력이 조화를 이룰 때 조직은 가장 강해진다. 그것이 바로 진정한 팔로워십의 힘이다. 이런 리더와 팔로워의 관계는 전장에서만 필요한 것이 아니다. 일반 조직에서도 팔로워가 진실을 말하는 용기와 도덕적 판단이 조직을 지키는 마지막 힘이 된다. 다음은 내가 지켜본 실제 사례다.

OO부대에 A형 간염 환자가 다수 발생했을 때, K과장은 현장에 파견되어 원인을 조사했다. 조사 결과, 부대 간부들에게는 책임이 없었고, 오히려 상급기관의 미흡한 조치가 원인이었다. 그는 "OO부대 간부들은 표창을 받아야 하고, 상급기관 담당자들이 문책을 받아야 한다"는 보고서를 올렸다. 상급자는 분노했다.

"이게 뭐야? 온 나라가 시끄러운데 누군가는 책임을 져야지!"

K과장은 조용히 말했다.

"사실대로 보고했습니다. 문제가 생기면 제가 책임지겠습니다."

그의 말은 상급자의 분노를 누그러뜨렸다. 결국 보고서는 그대로 결재되었다.

이 사례는 공헌력과 비판력이 조화를 이룰 때 어떤 용기가 나오는지를 잘 보여준다. 팔로워가 리더의 지시를 존중하면서도 옳지 않은 것을 따르지 않는 내면의 나침반이 작동한 것이다. 이것이 바로 조직의 마지막 방어선이며, 팔로워십의 완성이다.

비판력, 공헌을 완성하는 힘

비판력은 단순히 반대하려는 태도가 아니다. 그것은 합리적으로 검증하는 능력이며, 훈련을 통해 기를 수 있다. 일본의 한 편의점 직원은 비판적 사고를 통해 매출을 30%나 끌어올렸다.[14] 편의점 주인이 그 직원에게 이렇게 말했다.

"새로운 음료가 나오면 바로 진열해. 종류가 많을수록 매출이 늘어."

그 직원은 그대로 따르지 않았다. 대신 다음 4단계를 거쳤다.

① **주장의 숨은 가정 찾기:** 사장은 '상품 종류가 많으면 매출이 늘어난다'고 생각한다.

② **가정의 타당성 평가:** 정말 그럴까? 너무 많으면 오히려 손님이 고르기 힘들지 않을까?

③ **여러 대안 탐색:** 인기 없는 음료 진열을 줄이고 잘 팔리는 제품을 더 늘려보면 어떨까?

④ **최적안 결정 및 실행:** 인기 없는 음료 진열을 줄이고 잘 팔리는 상품을 더 넓게 배치했다.

이것이 비판적 사고의 4단계(가정 → 타당성 → 대안 → 실행)다. 그 결과 편의점 매출은 30% 상승했다. 리더의 지시를 무시하는 것이 아니라, 공헌력으로 실행하되 비판력으로 완성한 것이다. 팔로워가 이렇게 사고할 때 조직은 성장한다. 물론 리더가 방향을 제시할 때 팔로워에게 가장 먼저 필요한 것은 조직의 발전을 진심으로 바라는 마음이다. 피터 드러커(Peter F. Drucker)는 이렇게 말했다.

"조직이 성과를 내기 위해 내가 공헌할 수 있는 일은 무엇인가? 이 질문을 던질 줄 아는 사람이 진짜 프로다."

공헌력은 조직을 움직이는 근육이고 비판력은 방향을 잡는 신경이다. 둘 중 하나만 작동하면 조직은 균형을 잃는다. 공헌력 없는 비판은 공허하고 비판력 없는 공헌은 위험하다. 이 두 힘이 함께 작동할 때 조직은 비로소 건강하게 진화한다.

04. 유능한 팔로워는 왜 나쁜 상사가 될까?

"리더가 된 뒤에도 팔로워 시절의 뇌는 어떻게 우리를 지배하는가?"

유능했던 팔로워의 함정 — '적응의 역설'

업무 성과가 뛰어났던 김대리가 팀장으로 승진했다.[15] 그는 누구보다 성실했고, 맡은 일은 완벽하게 처리했다. 하지만 한 달 후, 팀의 분위기는 얼어붙었다. 팀장은 팀원들이 할 일을 대신했고, 지시하지 않으면 불안해했다.

조직생태·전략 연구에서 로버트 버겔먼(Robert A. Burgelman) 등이 말하는 '적응의 역설(Adaptation Paradox)'은 현재 환경에 잘 적응할수록 오히려 새로운 변화에는 더 취약해지는 현상을 말한다. 팔로워 시절에는 조직의 질서와 규범에 잘 적응하는 것이 생존 전략이었다. 그러나 그 습관이 리더가 된 뒤에도 그대로 유지되면 조직의 문제를 재생산하는 '순응형 상사'가 된다.

상사에게 인정받는 법을 몸으로 익힌 팔로워는, 자신이 상사가 되었을 때도 그 방식을 그대로 재현한다. 뇌과학적으로 보면, 팔로워는 상사의 지시를 수행할 때 보상 중추(도파민 회로)가 활성화되며, 이 경험이 반복되면 뇌는 '복종 = 안정'이라는 학습 회로를 형성한다.[16] 그 결과 상사가 된 후에도 '지시를 받던 뇌의 구조'를 그대로 재현한다. 즉, 훌륭한 팔로워의 뇌는 복종 구조의 안정감을 선호하도록 훈련된 셈이다.

조직 문화가 만드는 '복종의 뇌'

일본의 저널리스트 가와기타 요시노리(KawakitaYoshinori)는 『무리에서 떨어져라』에서 조직의 본질적 결함을 3가지로 정리했다.[17]

① 같은 생각을 강요한다(동조 압력).
② 자신과 다른 사람을 배제한다(이분자 배제).
③ 잘못을 고치지 못한다(자정력 상실).

이 3가지는 사회심리학의 집단사고(Groupthink)와 시스템 정당화 이론 (System Justification Theory)을 함께 보여준다. 집단사고는 앞에서 살펴본 것처럼 갈등과 비판을 피하려다 모두가 같은 의견에 묶여 버리는 현상이다. 한편 시스템 정당화 이론은 사람들이 자신이 속한 조직의 제도나 질서를 비합리적이어도 옳다고 믿으려는 심리를 말한다. 위험을 감지하는 편도체의 생존 본능에 따라 잘못된 시스템임을 알면서도 그것을 유지하려 하는 것이다.

결과적으로 조직 생활을 오래 할수록 팔로워는 갈등을 피하고 안전하게 인정받는 방법을 생존의 기술로 학습한다. 이 습관은 승진 후에도 그대로 이어져 비판 대신 익숙한 방식을 답습하게 만든다. 결국 조직의 결함이 개인의 뇌 속으로 이식되고, 그 개인은 다시 그 결함을 조직 속에 재생산한다. 이 점은 실제 기업의 사례로도 확인된다.

팔로워의 행동을 결정짓는 6가지 조직 문화

대기업 그룹 회의 도중 생쥐 한 마리가 나타나자, 각 그룹의 임원들이 전혀 다른 방식으로 대응했다.[18] 이 짧은 상황은 실제 사례는 아니지만 조직 문화가 사람의 사고방식을 얼마나 강하게 지배하는지 잘 보여준다.

① 분석형·실적주의 문화

그룹 연구소에서 생쥐 박멸 대책을 연구한 뒤 전 계열사에 통보하고, 각 계열사의 실적을 평가해 인사고과에 반영한다. 이런 문화에서 길들어진 팔로워는 성과 중심 사고가 뇌에 각인되어, 상사가 되면 공감보다 실적을 우선시하는 리더가 된다. 심리학적으로는 '성과 편향(Outcome Bias)', 즉 행동의 과정이 아니라 결과만으로 판단하는 심리적 오류가 작동한다. 잘못된 판단이라도 결과가 좋으면 옳다고 여기고, 올바른 판단이라도 결과가 나쁘면 실패로 보는 경향이다.

② Top-Down 문화

모든 시선이 회장에게 집중되고, 회장은 "이쪽 막고, 저쪽으로 가라"고 지시한다. 팔로워는 스스로 판단하기보다 윗선의 결정을 기다리는 습관을 배우게 된다. 이러한 환경에서 성장한 사람은 상사가 되면 "내가 시키는 대로 하라"며 부하를 통제하려는 리더로 변한다. 이는 '권위 복제(Authority Imitation)', 즉 상사의 말투·태도·의사결정 방식을 무의식적으로 모방하며 자신이 권위자의 역할을 재현하려는 심리 현상이다.

③ 피동적·순응적 문화

회장이 직접 생쥐를 잡겠다며 무차별 사격을 해도 아무도 제지하지 않는다. 잘못된 상황을 보면서도 "괜히 말해봤자 소용없다"며 침묵한다. 이런 문화 속에서 성장한 팔로워는 상사가 된 뒤에도 스스로 문제를 짊어지고 해결하려 하며, 팀 전체를 무기력하게 만든다. 이는 '사회적 침묵(Organizational Silence)', 즉 조직 내에서 불이익이나 갈등을 피하기 위해 문제를 알고도 말하지 않는 심리적 방어 행동의 전형이다.

④ 투박한 행동주의 문화

생쥐를 본 임원이 재빨리 잡아 창밖으로 던지고, 회의는 아무 일 없었다는 듯 이어진다. 행동이 우선인 이런 조직에서는 성찰보다 속도를 중시한다. 팔로워는 '생각보다 실행이 중요하다'는 습관을 배우고, 상사가 되면 부하에게 "고민하지 말고 일단 해보라"며 다그친다. 그 결과 시행착오가 반복된다.

⑤ 현실 안주 문화

생쥐를 보고도 아무도 움직이지 않는다. 외부 용역업체에 문제 해결을 맡기고, 화려한 보고서로 결론을 대신한다. 이런 문화에서 자란 팔로워는 분석은 잘하지만 실천력이 약한 습관을 배우며, 상사가 되면 실속 없는 보고와 책임 회피를 되풀이한다.

⑥ 관료주의 문화

경쟁사 사례조사와 법규 검토, 전문가 간담회를 수차례 진행한 끝에

"지켜보자"는 결론으로 마무리된다. 이런 조직에서 성장한 팔로워는 상사가 된 뒤 부하의 보고서만 늘리고 스스로는 결단을 피한다.

이처럼 조직의 문화는 팔로워의 뇌를 형성하는 보이지 않는 훈련장이다. 팔로워는 살아남기 위해 문화를 내면화하고, 승진 후 그 문화를 재생산한다. 결국, '좋은 팔로워'는 '좋은 리더'가 아니라 '조직의 복제자'로 남게 된다.

유능한 팔로워가 나쁜 상사가 되는 7가지 심리 메커니즘

일본의 저널리스트 가타다 다마미(Katada Tamami)는 『나쁜 상사 처방전』에서 유능한 팔로워가 나쁜 상사가 되는 7가지 상사 유형을 제시했다. 이들은 단순한 성격이 아니라 팔로워십의 장점이 뇌의 패턴으로 굳어져 변형된 결과다.

나쁜 상사가 되는 7가지 심리 메커니즘
유능한 팔로워의 장점이 뇌의 패턴으로 굳어진 결과

1.책임회피　2.통제　3.독단　4.우유부단　5.위임불능　6.압박　7.무시

① 상황 정리를 잘하는 부하 → 책임 회피형 상사

팔로워 시절엔 협상과 조율로 상황을 매끈하게 정리했다. 그러나 상사가 되면 결정을 미룬다. 결정에 따른 책임을 자신이 떠안아야 하는 순간이 두렵기 때문이다. 그래서 결정을 늦추고 회의와 조율을 늘리며 조

직의 이름으로 책임을 분산시키려 한다.

② 도와주기 좋아하는 부하 → 통제형 상사

팔로워일 때는 누구보다 공감해 주던 사람이 상사가 되면 "왜 가르친 대로 안 해?"라며 분노한다. 이는 '통제 욕구(Control Need)', 즉 상황과 타인의 행동을 자신의 의도대로 조정해야만 안심하는 심리적 경향이 강화된 결과다. 친절은 타인을 돕는 것이 아니라 '자신의 방식대로 하라'는 통제 신호로 변한다.

③ 신념이 강한 부하 → 독단형 상사

확신과 추진력이 장점이었던 팔로워가 리더가 되면 타인의 의견을 듣지 않는다. 이는 '자기 과신 편향(Overconfidence Bias)', 곧 자신의 판단이나 능력을 실제보다 과대평가하는 경향에서 비롯된다. 여기에 자신이 믿는 정보만 선택적으로 받아들이고 그와 어긋나는 정보는 무시하는 '확증 편향(Confirmation Bias)'이 더해진다. 결국 보고 싶은 것만 보고 듣고 싶은 것만 듣는 리더가 된다. 스스로의 판단을 절대화하며 타인의 의견을 수용하지 못하는 독단형 리더로 변한다.

④ 신중한 부하 → 우유부단형 상사

실수를 피하려는 성향은 팔로워일 때는 강점이었지만 상사가 되면 약점이 된다. 이는 손실 회피(Loss Aversion) 경향 때문이다. 그 일을 했을 때 얻는 이익보다 손실로 인해 오는 고통을 더 크게 우려해 위험을 피하려 한다. 그래서 결정을 미루게 되고 결국 결정해야 할 시점을 놓치게 된다.

⑤ 책임감이 강한 부하 → 위임 불능형 상사

책임감이 강한 부하는 상사가 되면 모든 일을 직접 하려는 '책임감 중독(Responsibility Addiction)' 현상이 나타난다. 이는 지나친 책임 의식이 통제 욕구로 변하기 때문이다. 일을 맡기지 못하고 스스로 떠안으려는 심리적 집착 상태에 빠지는 것이다. "내가 직접 해야 안심된다"는 도파민의 쾌감을 맛보기 때문에 이런 행동이 반복된다.

⑥ 완벽을 추구하는 부하 → 압박형 상사

완벽을 추구하던 부하는 상사가 되면 자신의 기준 외에는 불안해하며 타인에게도 동일한 수준을 요구하게 된다. 그 이유는 완벽을 통해서만 불안을 다스리고 통제감을 느껴온 뇌가 기준을 낮추거나 남에게 맡기는 일을 위험으로 인식하기 때문이다.

⑦ 무엇이든 능숙한 부하 → 무시형 상사

모든 일을 잘 해내는 팔로워는 상사가 되면 부하들을 무시하기 쉽다. 이는 '전문성 착각(illusion of competence)' 때문이다. 자신의 능력을 절대 기준으로 삼아 타인의 역량을 과소평가하고 자신만 효율적이라고 믿는 심리적 오류다. 그 결과 부하의 성장을 억누르고 오히려 팀 전체의 흐름을 가로막는 상사가 된다.

이 7가지 유형은 결국 '팔로워의 장점이 과도하게 발휘될 때 리더십의 결함으로 바뀌는 과정'을 보여준다. 유능했던 팔로워일수록 상사가 되면 자신의 성공 방식을 버리지 못해, 그 방식이 오히려 리더십을 망가뜨릴 수 있다. 결국 관건은 팔로워 시절의 강점을 버리는 것이 아니라 리더의 자리에 맞게 다시 조정하는 일이다.

생각을 멈춘 뇌를 깨우는 7가지 방법

유능한 팔로워가 좋은 리더로 성장하기 위해서는 단순히 일을 잘하는 것을 넘어 '생각하는 습관'을 바꿔야 한다. 팔로워 시절에는 지시를 정확히 따르고 상사의 기대에 부응하는 것이 생존 전략이었다. 그러나 그 습관이 뇌 속 보상 회로로 굳어지면 승진 후에도 무의식적으로 '복종의 안정감'을 좇게 된다. 이 회로를 바꾸려면 7가지 노력이 필요하다.

뇌를 깨우는 7가지 방법
인지를 확장하는 실행 원칙

첫째 '복종의 뇌'를 깨우는 자각이다. 지시를 수행하는 데서 멈추지 말고 스스로 묻는 훈련이 필요하다. "왜 이 일을 해야 하는가." "이 지시가 향하는 목적은 무엇인가." 이 질문이 시작되는 순간 뇌는 자동 순응에서 사고 모드로 전환된다.

둘째, '패턴 인식(Pattern Recognition)'의 함정에서 벗어나야 한다. 패턴 인식이란 뇌가 과거에 반복된 경험을 하나의 틀로 묶어 새로운 상황에서도 빠르게 판단하도록 돕는 자동화된 사고 방식이다. 이 기능은 학습과 생존에는 유리하지만, 맥락이 바뀐 상황에서는 오히려 오류를 만든다. 팔로워 시절의 성공 방식을 '정답'으로 저장한 뇌는 환경이 달라져도 그 틀을 그대로 적용하려 한다.

나 역시 비슷한 과정을 겪었다. 과거 함께 근무한 상사에게 배운 리더십과 근무 방식을 승진 후에도 그대로 적용했다. 뇌의 패턴 인식이 자동으로 작동한 것이다. 나는 잘한다고 믿었지만, 내 경험에 갇힌 채 변화된 상황과의 괴리를 제대로 인식하지 못했다. 이러한 패턴 인식의 오류를 막기 위해 팔로워는 매 상황마다 "이번에도 그 방식이 유효한가?"를 스스로 점검해야 한다. 익숙함이 아니라 낯선 시각으로 사고하며, 매 순간 달라지는 상황을 새롭게 인식하는 훈련이 필요하다.

셋째, 비판적 공헌력을 길러야 한다. 리더의 지시를 그대로 따르는 것이 아니라, 목적과 방향을 이해한 뒤 더 나은 방안을 제안하는 연습이다. 이때 중요한 것은 반대를 위한 반대가 아니라 '조직의 성장을 위한 다른 시각'을 제시하는 것이다.

넷째, 두려움을 극복하고 말할 수 있는 용기를 길러야 한다. 모두가 같은 생각을 해야 한다는 압박 속에서 침묵하기보다 불편함을 감수하며 의견을 말하는 용기가 필요하다. 낯선 의견을 내면 뇌의 편도체가 이를 위험 신호로 인식해 불안해지지만, 그 감정을 알아차리고 다루는 훈련이 곧 진짜 용기다.

다섯째, 위임을 경험하는 연습이다. 모든 일을 혼자 해결하려 하지 말고, 부하에게 역할을 맡기며 신뢰를 배우는 것이다. 이를 통해 '내가 직접 해야 안심된다'는 책임감 중독의 회로를 끊을 수 있다.

여섯째, 성과보다 과정의 가치를 보라. 결과가 좋지 않아도 도전의 과정을 기록하고 그 안에서 배운 점을 찾아야 한다. 인간의 뇌는 목표를 달성했을 때 도파민이 분비되며 쾌감을 느낀다. 그래서 우리는 '성과가 있어야 행복하다'는 보상 회로에 익숙해진다. 그러나 이 회로가 고착되면 성과가 없을 때마다 좌절을 반복하게 된다. 반대로 과정을 기록하고 그 안의 작은 변화를 인식하면 뇌는 학습 자체를 보상 대상으로 삼기 시작한다. 즉 도파민의 분비 시점을 '결과'에서 '성장'으로 옮기는 것이다. 이런 인식 전환이 이루어지면 상사가 된 뒤에도 시도 자체가 즐거워지고 실패는 좌절이 아니라 학습의 증거가 된다.

마지막으로, 스스로의 리더십을 미리 훈련하라. 지금 팔로워로 있는 자리에서도 타인을 돕고, 작은 결정이라도 책임을 져보는 경험이 필요하다. 그 과정이 쌓이면, 승진 후에도 신뢰받는 리더가 될 수 있다.

결국 좋은 팔로워란 단순히 따르는 사람이 아니라 미래의 리더를 준비하는 사람이다. 그들은 복종의 뇌를 넘어 생각하고 제안하며 성장하는 뇌를 스스로 만들어 간다.

05. 깨어 있는 뇌는 '왜'로 일한다

"당신은 지금 왜 일하고 있는가?"

일의 의미를 다시 묻다

린든 존슨(Lyndon B. Johnson) 대통령이 우주개발에 박차를 가하던 시절 NASA를 방문했을 때의 일이다. 한 청소부가 구슬땀을 흘리며 복도를 닦고 있었다. 대통령이 "무슨 청소를 그렇게 열심히 하고 있느냐"고 묻자 그는 이렇게 답했다.

"저는 인간을 달에 보내는 일을 하고 있습니다."

그는 자신의 일을 단순한 청소가 아니라, 인류의 꿈을 실현하는 사명의 일부로 인식하고 있었다. 이 짧은 대답 하나가 팔로워가 일의 의미를 스스로 정의할 때 얼마나 큰 에너지가 생기는지 보여준다.

비슷한 메시지를 담은 이야기가 하나 더 있다. 3명의 석공이 벽돌을 쌓고 있었다. 지나가던 사람이 "지금 무슨 일을 하고 있나요?"라고 물었다. 첫 번째 석공은 "보면 모르나요, 벽돌을 쌓고 있습니다"라고 했고, 두 번째는 "돈을 벌기 위해 일하고 있습니다"라고 했다. 세 번째 석공은 미소를 지으며 "성당을 짓고 있습니다"라고 답했다.

내가 이 이야기를 리더십 강의 시간에 들려주었을 때 한 교육생이 이렇게 물었다. "어떻게 매번 성당을 짓는다고 생각하며 일할 수 있나요? 먹고 살기 위해 일도 해야죠." 그의 말이 틀린 건 아니었다. 우리 모두는 생업(노동), 출세(성공), 그리고 소명의식(천직)이라는 3가지 이유로 일한다. 문제는 이 셋의 비율이다.

나는 그에게 이렇게 말했다. "그래요. 누구나 돈을 벌기 위해 일하고, 인정받기 위해 노력합니다. 하지만 그 속에 반드시 '의미'가 섞여야 합니다. 의미가 빠진 노동은 단순 작업이 되고, 의미가 섞인 노동은 성장으로 바뀝니다."

심리학자들은 인간의 삶의 동력을 생존을 위한 노동, 성취를 통한 성공, 존재의 이유를 찾는 소명의 3가지로 설명한다. 즉, 먹고 살기 위한 노동이 삶의 기반이라면 성공은 성취의 보상이고, 소명은 삶을 지속시키는 의미다. 이 3가지가 조화를 이룰 때 인간의 뇌는 가장 안정적으로 작동한다. 그래서 심리학자들은 다음의 최적 혼합 비율을 제시한다.

성공(성취) + **의미**(소명의식) > **생존**(노동)

성공과 의미의 비중이 단순히 생존을 위해 어쩔 수 없이 일하는 비중보다 더 커야 한다. 예를 들어 100점을 기준으로 생존(노동)에 40점을 둔다면 성공(성취)과 의미(소명의식)의 합이 최소 60점은 되어야 한다는 뜻이다. 그래야 몸은 힘들어도 마음은 지치지 않고, 뇌는 이 일을 '보람 있는 일'로 기억해 계속할 힘을 얻게 된다. 이렇게 설명한 뒤 나는 교육생들에게 덧붙였다.

"여러분이 오늘도 출근하는 이유를 떠올려 보세요. 그 안에 '의미'가 단 1%라도 섞여 있다면, 그 일은 단순한 생업이 아닙니다. 당신을 성장시키는 사명이 될 수 있습니다."

'왜'로부터 시작하는 사람들

일을 단순한 생업이 아닌 사명으로 보는 관점은 사이먼 사이넥(Simon Sinek)의 '골든 서클(Golden Circle)' 이론과도 연결된다.[19] 골든 서클 이론은 사람이 행동을 설계할 때 '무엇을 할까'보다 '왜 이것을 하는가'라는 질문에서 출발해야 한다는 개념이다.

그는 『Start with Why』(『왜에서 시작하라』)라는 책에서 이렇게 말했다. "과거의 리더는 무엇(What)과 어떻게(How)에 집중했다. 그러나 진정한 리더는 왜(Why)로부터 시작한다." '무엇'은 행동의 결과이고, '어떻게'는 과정의 방법이며, '왜'는 존재의 이유다.

신경과학적으로도 이는 설득력이 있다. 우리가 '왜'라는 이유에서 출발할 때는 감정과 신뢰와 결정을 다루는 뇌의 변연계와 전전두엽이 더 강하게 자극된다.[20] 그래서 사람은 논리적 설명보다 '왜 이 일을 하는가'라는 이유가 분명할 때 더 깊이 몰입하는 경향이 있다. NASA 청소부나 세 번째 석공이 높은 몰입도를 보인 이유도 그들의 뇌가 보상이 아닌 의미에 반응했기 때문이다.

생업이 전부가 되면 뇌는 반복과 피로의 굴레에 갇히지만, 그 속에 '왜'를 더하면 같은 일이라도 생기가 돈다. 결국 훌륭한 팔로워는 '왜'를 끊임없이 갱신한다. 리더가 시켜서가 아니라, 자신이 납득해서 일할 때 그는 이미 팔로워를 넘어 '스스로를 이끄는 리더'가 된다.

가치 중심의 선택

심리학자 샬롬 슈워츠(Shalom H. Schwartz)는 인간의 행복은 '자신의 가치와 행동이 일치할 때' 가장 커진다고 말했다.[21] 이런 가치 일관성(Value

Congruence)을 지닌 사람은 순간의 손실이 있더라도 후회하지 않는다. 오히려 뇌의 스트레스 호르몬(코르티솔)이 낮아지고, 장기적으로 회복탄력성과 만족도가 높아진다.

존 보이드(John Boyd) 대령은 눈앞의 성과보다 원칙과 신념을 선택하는 용기의 가치를 일깨워 준 인물이었다.[22] '40초 보이드'라는 별명을 가진 그는 어떤 전투기와 싸워도 40초 안에 격추할 만큼 탁월한 전투 조종사였다. 1960~70년대, 보이드 대령은 미 공군 내부에서 'F-15'와 'F-16 전투기 개발 방향'을 둘러싼 치열한 논쟁 한가운데 있었다.

당시 공군은 '더 크고, 더 비싸고, 더 빠른' 전투기를 원했지만, 보이드는 전투의 본질이 '적보다 먼저 보고(Observe), 올바로 판단하고(Orient), 신속히 결정하고(Decide), 즉시 행동하는 것(Act)', 즉 'OODA 루프(OODA Loop)'에 있다는 확신을 가지고 있었다. 그는 끝까지 효율적이고 실전 중심의 전투기를 주장했고, 그 결과 탄생한 것이 'F-16 전투기'였다. 이 과정에서 그는 상관들의 눈 밖에 났고 진급 기회를 잃었다. 그러나 그는 이렇게 말했다.

"승진의 길과 옳은 길, 둘 중 하나를 선택해야 한다면 나는 옳은 길을 택하겠다."

결국 그의 이 신념이 F-16 전투기의 개발 철학이 되었고, 이 전투기는 훗날 '가장 완벽한 공중전 전투기'로 평가받게 되었다. 이후에도 그가 제시한 'OODA 루프(OODA Loop)'는 미 공군 전략은 물론, 오늘날 기업 경영과 리더십 이론에도 많은 영향을 주었다.

보이드가 네바다주 넬리스 공군기지에서 교관으로 근무하던 시절의 일이다. 한 젊은 장교가 찾아와 말했다. "저는 동료들보다 빨리 승진하고 싶습니다. 어떤 임무든 잘 해내고 싶습니다."

잠시 대화를 나눈 보이드는 이 장교가 불안과 경쟁심 속에서 흔들리고 있음을 느꼈다. 그는 손가락으로 두 방향을 가리키며 말했다.

"이쪽은 남보다 높은 자리, 빠른 승진만을 바라보며 가는 길이네. 보직도 좋고 명예도 얻겠지. 하지만 현실과 타협해야 할 일도 많고, 친구들과 등을 돌릴 수도 있을 걸세."

잠시 말을 멈춘 그는 반대쪽을 가리키며 말을 이었다.

"이쪽은 자신이 믿는 가치를 지키며 가는 길이네. 좋은 자리나 빠른 승진은 어려울지 몰라도, 자네의 양심과 신념은 지킬 수 있지."

그리고 그는 칠판에 크게 세 단어를 적었다.

의무(Duty), 명예(Honor), 조국(Country).

곧 그 위를 줄로 그었다. 그리고 다시 썼다.

자만(Vanity), 권력(Power), 욕심(Greed).

이어서 보이드는 말했다. "많은 젊은 군인들이 처음에는 순수한 이상을 품지만, 세월이 흐르면서 현실의 유혹에 타협하게 된다네. 그때 무엇을 선택하느냐가 진짜 인생을 결정하지."

이 이야기는 단순한 군인의 교훈이 아니다. 누구나 승진과 눈앞의 성과에만 몰두하다 보면 정작 자신이 왜 그 일을 하는지, 무엇을 지키며 살아야 하는지를 잊게 된다.

나 또한 인생의 갈림길에서 중요한 선택을 두고 깊이 고민한 순간이 있었다. 대대장 부임을 3개월 앞두고 있었는데, 아내가 연년생 출산 후 건강이 급격히 악화되었다. "대대장을 나가야 할까, 육아휴직을 해야 할까." 오랜 고민 끝에 나는 육아휴직을 선택했다. 주변에서는 "운이 없다, 이제 더 이상 진급은 어렵겠다"고 말했다. 하지만 그때 나는 이렇게 생각했다.

'가족의 건강을 지키는 것도 중요하다. 진급을 못하더라도 내가 잘할 수 있는 직책에서 최선을 다하면 된다.'

그 시절 아내와 아이 곁에서 책을 읽고 인생을 돌아보던 시간은 내게 무엇이 더 중요한가를 깨닫게 한 인생의 전환점이었다. 돌이켜보면 육아휴직은 내 인생 최고의 선택이었다. 그것은 외적 성공을 포기한 일이 아니라, 내면의 안정과 관계를 지킨 선택이었다. 그 선택은 단지 가족을 위한 결정이 아니라 조직을 위한 결정이기도 했다. 아내의 건강이 악화된 상태에서 대대장 직책을 맡았다면 가정도 제대로 돌보지 못하고 부대 업무에도 최선을 다하지 못했을 것이다.

자기통제와 자율의 뇌

일의 의미를 알고 일하는 팔로워가 많을수록 조직은 자율적으로 움직이기 시작한다. 구글이 대표적인 예다. 구글 직원들은 단순히 '검색 서비스를 운영하는 사람들'이 아니다. 그들은 "세상의 지식을 더 많은 사람과 연결한다(Organize the world's information and make it universally accessible and useful)"는 사명을 스스로 내면화했다. 이 사명은 리더가 일방적으로 지시한 문장이 아니라, 직원들이 각자의 자리에서 '왜 이 일을 하는가'를 끊임없이 스스로 갱신하며 만들어낸 의미였다.

구글의 엔지니어들은 코드 한 줄을 수정할 때도 '정보를 더 빠르고 정확하게 전달하기 위해서'라는 이유를 떠올렸고, 데이터 분석가들은 '사람들이 더 현명한 선택을 하게 돕는다'는 자부심으로 일했다. 이 '내면의 왜' 가 뇌의 도파민 시스템을 자극하며 몰입을 이끌어냈다. 결국 구글의 혁신은 리더가 강요한 비전이 아니라, 팔로워들이 각자의 뇌 속에서 발견한 의미가 모여 만들어낸 집단적 창의의 결과였다.

심리학에서 말하는 자기조절(Self-Regulation)은 '지금 하고 싶은 것'을 멈추고 '진짜로 옳다고 믿는 것'을 선택하는 능력이다. 즉각적인 만족을 뒤로 하고, 더 큰 가치를 따를 수 있는 태도이기도 하다. 미국 사회심리학자들의 연구에 따르면, 자기통제가 강한 사람은 스트레스 상황에서도 감정을 잘 조절하고, 삶의 의미를 더 깊게 느낀다.[23] 이처럼 자기통제는 단순히 욕망을 눌러 참는 능력이 아니라 자신의 가치에 충실하게 사는 지혜다.

예를 들어, 당장의 승진 기회를 좇기보다 원칙을 지키는 길을 택하거나, 눈앞의 성과보다 팀의 신뢰를 지키는 결정을 내리는 것이 바로 자기통제다. 이 과정에서 사람의 뇌는 순간적인 보상(인정, 성취감)을 포기하지만, 대신 더 깊은 안정과 만족을 얻게 된다. 결국 인간의 뇌는 "무엇을 이루었는가"보다 "무엇에 의미를 두었는가"를 기억한다. 의미를 최상위 가치로 둘 줄 아는 사람만이 진짜 자기 삶을 통제할 수 있다.

스티브 잡스는 이렇게 말했다.

"우리는 단지 컴퓨터를 만드는 게 아니라 세상을 바꾸는 도구를 만든다."

이 한마디는 단순한 구호가 아니라 팀의 행동을 움직이는 신념이자 의미였다. 잡스는 '무엇을 이루었는가'보다 '왜 하는가'에서 더 큰 동기를 얻었고 그 확신은 조직 전체로 번졌다. 그 열정은 감정의 전염처럼 전파되어 구성원들이 자신의 일에서 '왜'의 이유를 스스로 붙잡게 했다. 결국 애플의 핵심 팀원들은 지시를 기다리는 사람이 아니라 스스로 판단하고 움직이는 리더로 성장했다.

"당신은 지금 왜 일하고 있는가?"

이 질문에 대한 답이 곧, 당신의 뇌가 작동하는 방식이다. 의미를 잃은 팔로워의 뇌는 지시를 기다리는 복종의 회로에 머물지만, 의미를 찾은 팔로워의 뇌는 스스로를 이끄는 자율의 회로로 깨어난다. 그때부터 그는 단순히 일하는 존재가 아니라, 리더와 함께 가치를 창조하는 존재가 된다.

1. 리더의 또 다른 뇌—팔로워의 3가지 역할
· 브레이크, 액셀러레이터, 백미러의 세 축으로 리더의 뇌를 확장시킨다.

2. 뇌는 왜 5가지 유형의 팔로워를 만들까?
· 팔로워의 뇌는 리더의 신뢰와 조직문화에 따라 진화하거나 퇴화한다.

3. 따르는 자의 두 날개—공헌력과 비판력
· 공헌력만 있는 조직은 폭주하고, 비판력만 있는 조직은 멈춘다.

4. 유능한 팔로워는 왜 나쁜 상사가 될까?
· 과거의 성공한 방식이 리더십의 걸림돌이 될 수 있다.

5. 깨어 있는 뇌는 '왜'로 일한다
· 의미를 찾은 팔로워의 뇌는 스스로를 이끄는 자율의 회로로 깨어난다.

Why 왜 팔로워는 일의 의미를 알고 일해야 하는가?

What 팔로워는 조직 속에서 무슨 역할을 수행해야 하는가?

How 어떻게 팔로워의 뇌를 자율과 창조의 회로로 전환시킬 수 있는가?

2장

리더의 뇌를 읽는 사람들

01. 리더의 고독을 이해하는 팔로워의 시선

"리더는 왜 사람들 속에서도 가장 외로운가?"

외로움의 임계점 — 고독의 신호를 읽는 뇌

"나는 하루에도 수십 번 외로움을 느낀다. 하지만 그것은 내가 사람들과 멀어서가 아니라 모든 책임이 나에게 집중될 때 뇌가 보내는 신호다."

애플의 CEO 팀 쿡(Tim Cook)이 한 말이다. 그는 새벽 3시 45분에 일어나 전 세계에서 들어오는 보고서를 직접 읽는다. 그의 말은 '리더의 외로움'이 단순한 감정의 문제가 아니라 책임의 무게를 견디는 과정임을 보여준다.

리더의 외로움은 어느 조직에서나 늘 있는 일이다. 하버드비즈니스리뷰의 한 조사에 따르면 CEO의 절반이 자신의 역할에서 외로움을 느끼고, 그중 61%는 외로움이 성과에 부정적 영향을 준다고 답했다.[1] 국내 조사 결과도 비슷하다. 삼성경제연구소 연구에서는 CEO와 임원의 70%가 "가끔 또는 자주 자살을 생각한 적이 있다"고 응답했다.[2]

리더의 외로움은 신체적 통증과 비슷하다. 스탠퍼드대 뇌과학자 나오미 아이젠버거(Naomi Eisenberge)는 인간이 심리적 고립을 경험할 때 뇌의 전대상피질(Anterior Cingulate Cortex, ACC)이 신체적 통증을 느낄 때와 동일하게 활성화된다는 사실을 밝혔다.[3] 즉 리더가 감내하는 고독은 단순한 기분이 아니라 뇌가 실제로 아프다고 느끼는 상태다. 외로움이 단순한 감정이 아니라 신체적 고통과 유사한 신경학적 반응을 일으킨다는 점을 과학적으로 입증한 것이다.

　CEO는 기업이 자신의 인생 전부이지만, 직원들은 결국 자신의 이익을 먼저 생각한다. 회사가 망해도 떠나면 그만이라고 생각하는 직원들의 생리를 대부분의 CEO는 본능적으로 알고 있다. [4] 그래서 CEO는 누구도 완전히 믿지 못하는, 근본적으로 외로운 존재가 된다.

　한 대기업 CEO는 "해고를 결정할 때마다 밤에 잠이 오지 않는다"고 고백했다. 그는 사람을 살리기 위해 사람을 내보내야 했다. 눈앞의 이익을 내야 하지만 동시에 사람으로서의 도리를 지켜야 하는 자리, 그 모순이 리더를 가장 외로운 존재로 만든다. 그 고통을 누구에게 말할 수 있을까. 가족에게 털어놓으면 "또 그 얘기야"라는 반응이 돌아오고, 부하에게 말하면 약점이 된다. 결국 그는 침묵 속에서 결정을 내린다. 이 외로움은 대기업 CEO만의 몫이 아니다. 규모와 분야를 막론하고 책임을 지는 자리는 크든 작든 비슷한 무게를 안고 있다.

　어느 날 한 아들이 어머니에게 말했다.
　"엄마, 오늘은 학교 가기 싫어요."
　어머니는 잠시 웃으며 대답했다.
　"다른 사람은 몰라도, 너는 꼭 가야지."
　이 아들의 직업은 교장 선생님이었다.
　짧은 이야기지만, 리더의 숙명을 잘 보여준다. 가끔은 누구보다 쉬고 싶지만, 자리를 지켜야 하는 사람. 그것이 리더의 외로움이자 책임이다.

　나 역시 지휘관으로 근무할 때 각종 사고가 잇달아 발생하자 출근하기 싫은 날이 있었다. 종종 스스로를 바닷가 절벽에 외로이 서 있는 해송(海松)처럼 느꼈다. 모든 결정의 결과는 결국 내 몫이었고, 그 생각이 들 때마다 무한 책임의 무게가 가슴을 서서히 조여왔다. 아무도 대신 져줄 수 없는 책임이 있다는 사실은 어깨의 근육보다 마음의 근육을 먼저 굳게 만들었다. 리더의 외로움은 이런 견디는 자리의 고통, 즉 모든 책임이 자신에게로 수렴된다는 압박감 속에서 비롯된다. 이런 압박감 속에서 리더는 하루에도 수많은 결정을 해야 하며, 그 과정에서 전전두엽(prefrontal cortex)의 인지 에너지가 끊임없이 소모된다.[5] 이 에너지가 바닥나기 시작하면 리더는 어느 순간부터 말수가 줄고, 표정이 무표정해진다. 이는 감정이 식은 게 아니라 생리적 피로다.

미국의 신경과학자 안토니오 다마지오(Antonio Damasio)의 연구에 따르면 전전두엽은 단순히 판단과 계획만 담당하는 기관이 아니다. 판단 그 자체뿐 아니라 그 결정이 불러올 감정적 결과와 책임의 무게까지 함께 계산한다.[6] 이런 이유로 복잡한 선택과 압력이 반복되면 전전두엽은 과도하게 활성화되고, 그때 리더는 심리적 피로와 고립감을 동시에 느낀다.[7] 결국 리더의 외로움은 단순한 심리 현상이 아니라, 뇌가 실제로 겪는 생리적 긴장인 셈이다. 리더일수록 '말이 줄고, 표정이 굳어가는 것'은 단순한 성격이 아니라 뇌의 피로 신호다. 기업들은 이 사실을 알고 있다. 그래서 임원을 선발할 때 '외로움을 견딜 수 있는가'를 평가 항목으로 넣는 기업도 있다.

실적의 압박, 리더의 뇌 피로

회의실 공기가 무겁게 가라앉았다. 부장이 목소리를 높였다.

"김 팀장, 자네 팀은 왜 실적이 이 모양인가?"

팀장이 조심스레 대답했다.

"조금만 더 시간을 주시면…"

"도대체 시간을 얼마나 줘야 나아지나? 벌써 3년째야, 3년! 언제까지 시간 탓만 할 거야?"

부장은 결재 서류를 바닥에 내던졌다. 서류들이 흩날리며 회의실 바닥을 덮었다. 팀장은 얼굴이 붉게 달아올랐다. 그는 말없이 허리를 굽혀 서류를 하나씩 주워 모았다. 그리고 고개를 숙인 채 조용히 말했다.

"한 번만 더 밀어주십시오. 이번엔 꼭 해보겠습니다."

이 이야기는 내 친구가 팀장 시절 겪은 실제 일이다. 그는 실적 압박에 시달리며 거의 매일 밤 불면증으로 뒤척였다고 했다. 신입사원들은 이런 장면의 무게를 모른다. 팀장은 매일 실적과 평가 사이에서 뇌의 에너지를 소모한다. 성과가 나지 않으면 간섭이 들어오고, 성과를 내도 곧 새로운 목표가 주어진다. 그의 전전두엽은 쉴 틈 없이 돌아가고 편도체는 항상 경계 상태에 머문다. 이것이 바로 리더의 만성적 긴장(brain fatigue of leadership)이다.

IBM의 전 CEO 지니 로메티(Ginni Rometty)는 이렇게 말했다.

"리더는 늘 시간에 쫓긴다. 하지만 사실 우리를 쫓는 건 시간 자체가 아니라 불확실성이다."

리더는 성과의 압박과 불확실성 때문에 끊임없이 긴장한다. 그 긴장이 오래 지속되면 뇌는 생존 모드로 전환된다. 판단과 계획을 담당하는 전전두엽보다, 위기 대응을 담당하는 편도체가 우위를 점하면서 '결과 중심의 자동화된 뇌'로 변해가는 것이다. 이때 리더는 더 빠르게 결정하지만, 점점 덜 느끼고, 덜 공감하게 된다. 속도는 올라가지만, 감정의 온도는 내려간다.

리더가 서두르고 조급해하는 것은 단순히 불안해서가 아니다. 성과에 대한 책임과 그 위에서 지켜보는 상사의 기대와 시간의 압력이 겹쳐지기 때문이다. 이 모든 긴장과 부담이 전전두엽을 과도하게 소모시키며 결국 뇌를 피로하게 만든다. 리더란 결국 책임의 무게를 혼자 견딜 줄 아는 사람이다. 하지만 그 고독의 무게를 조금이라도 덜어주는 존재가 바로 성숙한 팔로워다.

리더의 책임과 고독을 이해하는 팔로워

몸이 아픈 사람을 누군가 부축하듯이, 리더도 마음의 부축이 필요한 사람이다. 리더가 책임의 무게 앞에서 힘겨워할 때 팔로워는 그 짐을 함께 나누는 사람이 되어야 한다. 공감은 단순한 감정 상태가 아니라 옥시토신을 비롯한 사회적 유대 관련 신경계가 함께 활성화되는 생리적 반응이다.[8] 공감의 순간, 인간의 뇌는 안정되고 서로의 신경계가 같이 반응한다. 즉, 팔로워의 한마디와 이해, 지지가 리더의 편도체를 진정시키고 전전두엽의 피로를 완화한다.

리더도 결국 인간이다. 그도 아파하고, 고민하고, 버티며 하루를 견딘다. 팔로워가 리더의 외로움과 고독을 이해하고 가끔은 그에게 "괜찮습니다. 저희가 있습니다"라고 말해 준다면 그 한마디가 리더의 굳어 있던 얼굴을 다시 풀어 줄 것이다.

우리가 보는 리더의 침묵 뒤에는 말하지 못한 수많은 밤의 고민이 숨어 있다. 그의 말 없는 뒷모습에는 지켜야 할 사람들의 무게와 책임이 함께 있다. 나도 그 사실을 나중에야 알았다. 내가 소대장으로 근무할 때 내

눈에 비친 대대장은 늘 여유로워 보였다. 하지만 내가 직접 대대장이 되어 보니 하루하루가 빽빽한 일정으로 숨 쉴 틈이 없었다. 그때는 대대장 눈에 비친 사단장이 여유로워 보였지만, 막상 내가 사단 참모로 일해보니 사단장의 일정도 매일 빠듯했다. 오죽했으면 퇴근하는 사단장을 붙잡고 보고를 하거나, 그것도 안 되면 목욕탕에서 보고를 하기도 했다.

군대 조직만의 이야기가 아니다. 일반 기업에서도 리더의 자리는 눈에 보이는 권한보다 보이지 않는 부담이 훨씬 크다. 겉으로는 한가해 보이지만 그 자리의 리더는 늘 쫓기고 있다. 그가 말없이 건디는 시간에는 책임의 무게와 고독이 함께 있다. 그것을 이해할 때 비로소 팔로워는 리더와 진심으로 연결된다.

02. 리더의 시계는 왜 늘 빠른가

"리더의 시계는 왜 속도의 착시를 불러오는가?"

책임이 만든 시간의 속도

"그 일 다 했나?" "아직도 안 했어?"

새벽에 떠올린 생각을 아침 회의에서 바로 지시한 상사는 몇 시간밖에 지나지 않았는데도 그 일이 이미 반쯤 진행됐다고 느낀다. 하지만 부하 입장에서는 "이제 막 시작했는데 왜 이렇게 급하지?"라는 생각이 든다. 나 역시 그랬다. 지휘관 시절 그는 출근하자마자 떠오른 아이디어를 즉시 실행하라고 지시했다. 몇 시간 뒤에는 "왜 아직도 보고가 안 올라오지?" 하며 조급해했다. 지금 생각하면, 성격이 급한 것도 이유였지만, 근본적으로는 뇌의 구조 때문이었다.

책임과 불확실성이 클수록 인간의 뇌는 일을 미루기보다 빨리 결론을 내리고 실행하려는 쪽으로 기울어진다.[9] 성과 압박 속에서 일하는 리더의 뇌는 이런 경향을 더욱 강하게 경험한다. 전전두엽(prefrontal cortex)은 장기적 계획과 통제 기능을 담당하며, 위협과 스트레스 상황에서 반응하는 편도체(amygdala)와 긴밀히 연결되어 있다.[10]

책임이 큰 자리의 리더는 이 두 영역이 끊임없이 상호 작용하는 상태에서 하루를 보낸다. 성과 압박이 높을수록 리더의 편도체는 상황을 '위기'에 가까운 상태로 받아들이고, 주관적인 시간 감각도 달라지기 쉽다. 이런 상태에서는 자신의 행동 속도와 노력을 실제보다 크게 느끼고, 타인의 속도와 준비 정도는 과소평가하기 쉽다. 그래서 리더는 부하보다 시간이 더 빠르게 흘러가는 것처럼 느낀다.

실무자는 한 가지 일에 집중하느라 속도보다 정확성과 완성도에 에너지를 쏟는다. 그러나 리더는 여러 과제를 동시에 처리하는 관점에서 그 모습을 보기 때문에 일의 속도가 느리다고 착각하게 된다. 결국 리더와 실무자는 속도가 아니라 뇌의 작동 방식이 다른 것이다.

결국 리더의 조급함은 성격의 영향도 있지만 책임을 지는 뇌의 작동 방식까지 함께 보아야 온전히 이해할 수 있다. 리더는 하루에도 수십 가지 결정을 내린다. 회의와 결재, 보고와 승인 같은 일을 동시에 다뤄야 하기에 리더의 뇌는 여러 과제를 한꺼번에 처리하는 쪽으로 작동한다. 반면 실무자의 뇌는 한 가지 과제에 몰입하도록 설계되어 있다. 이 차이가 속도의 착시를 만든다.

내가 30년 이상 군 생활을 하면서 귀가 아프도록 들었던 말이 있다.

"상사가 시킨 일 먼저 해라. 다음엔 인접 동료들이 부탁하는 일을 해 주고, 네 일은 맨 나중에 해라."

그땐 그 말의 뜻을 몰랐다. 야근하지 않고 휴일에 일하지 않으려고 내 일부터 처리했다. 그 결과는 늘 같았다. 상사에게는 지시 사항을 늦게 이행했다고 질책을 받고, 동료에게는 서운하다는 말을 들었다. 상사는 여러 일을 한꺼번에 처리해야 하기에 그 순간 가장 시급한 일부터 지시한다는 것을 뒤늦게 알았다. 그 지시를 우선적으로 처리해 줘야 상사가 전체 상황을 종합적으로 판단하는 데 도움이 된다. 그래서 상사가 요청한 일을 먼저 해주는 것이 결국 팀 전체의 속도를 맞추는 일이라는 걸 그때 배웠다.

리더의 시계는 늘 빠르게 간다. 그것은 욕심이 아니라 책임이 만드는 시간의 속도다. 리더의 시계를 이해하지 못하면 협업의 타이밍도 어긋난다. 팔로워가 이 사실을 이해할 때 비로소 협업의 균형이 생긴다. 그때 조직은 단순히 일을 하는 집단이 아니라 서로의 시간을 이해하는 팀이 된다.

사생활이 함몰된 리더의 시계

한때 내가 군수지원 업무를 맡았을 때의 일이다. 어느 날 아침부터 비가 내리기 시작해 점심때까지 계속 내렸다. 식사 자리에서 지휘관이 내게 물었다.

"군수참모, 이렇게 비 오는 날엔 무슨 생각을 하나?"

나는 웃으며 대답했다.

"강릉 바닷가 카페에서 아내와 커피 마시던 생각이 납니다."

그러자 지휘관은 단호히 말했다.

"이 사람아, 군수참모는 비가 오면 차량 사고나 도로 배수로 상태부터 생각해야지, 무슨 카페 타령인가."

그날 나는 깨달았다. 지휘관의 뇌와 팔로워의 뇌는 분명히 다르다. 지휘관은 깨어 있을 때도 잠들어 있을 때도 온통 부대만 생각했다. 반면 나는 책임의 범위가 한정되어 있었기에 잠시의 여유를 느낄 수 있었다. 그것이 근본적인 차이였다.

지휘관의 뇌는 언제나 '위험 예측 모드'로 작동한다. 리더는 조직의 모든 위험을 미리 감지해야 한다는 압박 속에 살기 때문이다. 심리학에서는 이런 상태를 '예기불안(anticipatory anxiety)'이라고 부른다. 아직 일어나지 않은 문제를 미리 걱정하며 대비하려는 불안 반응이다. 이는 위험을 예측해 조직을 지키는 리더에게는 필수적인 감각이지만 동시에 지속적 긴장을 유발하는 뇌의 메커니즘이기도 하다.

전전두엽과 편도체는 미래에 일어날 수 있는 위험과 문제를 미리 떠올리고 대비하려 할 때 함께 작동한다. 책임이 큰 리더일수록 이런 뇌의 경향을 더 자주 경험한다. 그 결과, 그들의 뇌는 한시도 쉴 틈이 없다. 사적인 여유나 휴식은 늘 미뤄지고, 일상조차 업무의 연장선이 된다.

기업 임원들도 마찬가지다. 아침부터 밤까지 회의와 보고가 이어지고, 주말에도 이메일을 확인한다. 회사가 제공하는 차량과 운전기사는 겉으로는 '편의'처럼 보이지만 실제로는 '감시의 연장선'에 가깝다. 그것은 회사가 무언의 메시지로 이렇게 말하는 것이다.

"우리가 당신의 시간을 가졌다. 이제 당신은 회사를 위해 존재하라."

최근 한 대기업은 토요일 출근제를 부활시켰다. 워라밸을 중시하는 직원들이 반발했지만, 임원들은 묵묵히 출근했다. 그들의 사생활은 이미 조직에 흡수되어 있었기 때문이다. 사생활이 함몰된 사람의 시계는 언제나 회사의 시간에 맞춰 돌아간다.

리더의 시계가 만드는 페르소나

모든 리더는 페르소나를 쓴다. '페르소나(persona)'는 원래 고대 그리스 연극에서 배우가 쓰던 가면을 뜻한다. 그러나 심리학에서는 '사회 속에서 자신에게 주어진 역할을 수행하기 위해 쓰는 얼굴', 즉 진짜 자신을 숨기지 않고도 역할을 감당하기 위한 또 하나의 자아를의미한다.

리더가 쓰는 페르소나도 그런 것이다. 그것은 숨기기 위한 가면이 아니라, 책임의 무게를 견디기 위한 얼굴이다.

부하 앞에서는 냉정해야 하고 상사 앞에서는 완벽해야 한다. 그러나 그 이면에는 우리와 다르지 않은 인간적인 고통이 있다. 자식 걱정, 부모의 병환, 사업의 불안—리더도 결국 인간이다.

내가 실제 겪은 일이다. 상사가 며칠 동안 기분이 좋지 않았다. 나는 '내가 뭘 잘못했나' 고민했다. 하지만 나중에 알았다. 그의 아버지가 중환자실에 있다는 사실을. 그제야 그가 말이 짧고 표정이 굳었던 이유를 이해했다. 보이는 상사가 전부가 아니라는 것을 그때 알았다.

비슷한 경험이 또 있었다. 한번은 빈틈이 없고 깐깐한 성격의 상사를 모신 적이 있었다. 그는 실무자들도 잊어버린 내용을 수첩에 적어 두었다가 하나하나 확인할 정도로 세밀했다. 잘못이 있으면 즉시 혼을 냈다. 그런 그가 어느 날 회식 자리에서 이렇게 말했다.

"야, 너희들 내가 깐깐하게 업무해서 힘들지? 나도 원래 그런 사람 아니야. 직책이 이렇다 보니 그렇게 하는 거야."

그 말을 듣는 순간, 이해가 되었다. 그 깐깐함은 성격이 아니라 책임감에서 비롯된 방어막이었다. 조직을 지키기 위해 쓴 페르소나였다. 그래서 팔로워는 리더의 조급함이나 냉정함을 단순히 성격으로 판단해서는 안 된다. 그 뒤에는 '성과 압박'뿐 아니라 '항상 위험을 예측해야 하는 뇌의 구조', 그리고 감추어진 인간적 고통이 숨어 있다. 그것을 이해할 때 비로소 팔로워는 리더와 같은 방향을 바라보고, 같은 시간 속에서 같은 마음으로 일할 수 있다.

03. 뇌가 권력을 만나면 변하는 이유

"권력에 중독되는 뇌를 어떻게 막을 수 있을까?"

권력은 공감을 마비시킨다

2024년, 중대장 보직을 앞둔 교육생들에게 "어떤 대대장을 기대하는 가?"라고 물었다. 가장 많이 나온 답은 "실적보다 사람을 중시하는 대대장, 감정에 휘둘리지 않는 대대장"이었다. 놀라웠던 점은 이 대답이 내가 24년 전 중대장 교육을 받을 때 했던 말과 거의 같았다는 것이다. 세월이 흘렀지만 부하들이 바라는 대대장의 모습은 달라지지 않았다.

2023년에 "어떤 선임병이 좋은가?"라고 물었을 때 후임병들은 "화를 내지 않고 친절하게 알려주는 선임"이라고 했다. 그 답은 내가 35년 전 육사 생도로 전방 부대를 방문했을 때 들었던 이야기와 똑같았다. 이처럼 세대가 바뀌어도 '좋은 리더'에 대한 바람은 늘 같다. 그런데 막상 그 자리에 오르면 누구나 자신이 바라던 그대로 행하지 못한다.

나 역시 예외가 아니었다. 중대장 시절 '대대장이 저렇게만 하지 않았으면 좋겠다'고 생각했지만, 막상 내가 대대장이 되자 어느새 그들의 행동을 닮아 있었다. 회의 중 부하를 다그치고, 실적에 예민해지는 내 모습을 보며 스스로 놀랐다.

이 사례들의 공통점은 하나다. 사람은 권력을 가진 순간, 자기도 모르게 변한다는 사실이다. 왜 그럴까? 그것은 성격의 문제가 아니라 뇌의 작동 방식이 달라지기 때문이다. 리더가 된다는 것은 단순히 자리 하나가 높아지는 일이 아니라 인간의 뇌 회로가 바뀌는 일이다.

권력이 주어지는 순간, 뇌의 도파민 회로가 활성화된다. 도파민은 '성취의 화학물질'이지만 동시에 '지배의 중독물질'이기도 하다. 리더는 자신의 결정이 영향을 미치는 순간마다 미세한 쾌감을 느끼고, 그 감각이 반복될수록 더 강한 자극을 원하게 된다. 결국 망치를 쥔 사람에게 세상은 온통 못으로 보인다. 부하의 피드백은 '자극을 방해하는 소리'로 인식된다. 이것은 리더의 의도가 악해서가 아니라 뇌의 작동 때문이다.

뇌의 권력 중독 현상을 밝힌 인지신경과학자 이언 로버트슨(Ian Robertson) 교수는 이렇게 말한다.[11]

"권력을 가지면 남녀 모두 남성호르몬인 테스토스테론이 증가한다. 그 결과 다른 사람을 자신의 목적을 달성하기 위한 수단으로 여기게 되고, 공감 능력의 결핍 현상이 두드러지게 나타난다."

UC버클리의 대처 켈트너 교수는 한 실험에서 사람들에게 "당신이 누군가를 지휘했던 순간을 떠올려보세요"라고 말했을 뿐인데, 피험자들의 뇌에서 거울 뉴런 활성도가 급격히 낮아지는 현상을 발견했다.[12] 거울 뉴런은 타인의 감정과 행동을 거울처럼 공감하게 하는 신경세포다. 즉, 권력을 떠올리는 것만으로도 공감 능력이 줄어든다. 그래서 리더는 타인의 감정에 둔감해지고, 부하의 장문의 보고서에 "ㅇㅋ" 한 줄로 답한다. 바빠서가 아니라 뇌의 회로가 효율 중심으로 재편되었기 때문이다. 권력이 커질수록 리더의 뇌는 '효율'을 중시하고, '감정'을 불필요한 변수로 인식한다.

권력을 가진 사람은 타인의 시선을 덜 의식하고, 자기가 하고 싶은 대로 행동하는 경향이 있다. 이 현상을 스탠퍼드대학교의 심리학자 대처 켈트너 교수는 '쿠키 실험'으로 증명했다.[13] 세 명이 앉아 쿠키 다섯 개를 나눠 먹을 때, 각각 하나씩 먹고 2개가 남았다. 이것을 누가 먹었을까? 조장으로 지정된 사람이 남은 쿠키를 먼저 집어 들고, 부스러기를 흘리며 예의 없이 먹는 경향을 보였다. 그러나 그 사람이 조원일 때는 남은 쿠키를 먹지 않았고, 오히려 조심스럽고 얌전하게 행동했다. 직책 하나가 사람의 행동을 바꾼 것이다.

나 역시 부하들과 식사할 때는 반찬을 자유롭게 고르고 말을 많이 했지만, 상급자와 함께 식사할 때는 조심스러웠다. 이처럼 권력은 사람의 생각과 행동 전반에 영향을 미친다.

"아빠는 공감 능력이 없어요." 내가 둘째 아이에게 이 말을 듣고 내심 충격을 받았던 날을 아직도 기억하고 있다. 나는 그 순간 깨달았다. 타인의 감정을 헤아릴 여유가 없는 상태, 그것이야말로 '권력화된 뇌'가 만들어내는 가장 일상적인 모습이었다.

리더의 뇌를 이해해야 설득할 수 있다

부하들은 종종 이렇게 말한다.

"왜 상사는 대화가 안 될까." "왜 부장님은 늘 조급할까."

하지만 그 질문은 이렇게 바뀌어야 한다.

"그 사람의 뇌는 지금 어떤 상태일까."

리더가 스트레스에 잠식될수록 편도체가 과도하게 활성화되고, 공감과 여유를 담당하는 회로는 점점 뒷전으로 밀려난다. 그때 팔로워가 정면에서 반박하듯 의견을 제시하면 리더는 논리를 듣기 전에 감정적으로 위협을 먼저 인식한다. 그래서 옳은 말을 해도 통하지 않는다. 부하가 현명하게 말하는 법은 단순하다. 리더의 체면을 건드리지 않고, 메시지를 전달하는 것이다. 이는 처세가 아니라 인지심리학의 원리다. 인간의 뇌는 자신의 자존감을 위협하는 신호를 '생존 위협'으로 인식한다. 이런 심리적 방어 메커니즘은 실제 조직에서도 자주 관찰된다.

2003년, 보잉사는 차세대 항공기 개발이 실패로 치달았다.[14] 당시 최고기술책임자(CTO)는 완벽주의 성향으로 회의를 장악했고, 기술자들의 반대 의견은 번번이 묵살됐다. 하지만 엔지니어 중 한 명이 CTO의 권위적 회의 문화를 바꾸기 위해 조용히 접근했다. 그는 CTO의 결정에 정면으로 반대하지 않았다. 대신 "이 부분에서 당신의 아이디어를 더 확장시키려면…"이라는 말로 시작했다. 그의 전략은 리더의 자존심을 인정하면서 진실을 제시하는 방식이었다.

그러자 CTO는 방어적 태도에서 벗어나 엔지니어들의 의견을 받아들였고, 이후 그 프로젝트는 보잉 787 드림라이너로 완성되었다. 그 엔지니어는 "내가 상사의 권위에 도전했다면, 그날로 해고됐을 것이다. 하지만 상사의 뇌가 '방어'에서 '인정'으로 바뀌는 순간을 노렸을 뿐이다"라고 회상했다.

이것이 팔로워십의 진짜 힘이다. 리더를 이기는 게 아니라 리더의 뇌를 이해하고 설득하는 힘이다.

리더의 역린과 감정의 뇌

'역린'이란 말은 중국 『한비자』에서 유래한 말로, 용의 목 아래 거꾸로

난 비늘을 건드리면 목숨을 잃는다는 데서 비롯되었다. 즉, 누구나 건드리면 폭발하는 심리적 급소, 자존심과 본능이 만나는 지점을 뜻한다. 리더의 역린은 자존심이 아니라 자기보존의 본능이다. 그래서 팔로워는 직언보다 관계의 맥락 속에서 피드백을 설계해야 한다.

"부장님, 이 부분은 부장님이 말씀하신 방향과도 연결되는 것 같습니다. 다만 한 가지 우려되는 점이 있습니다."

이 한 문장이 상사의 편도체를 자극하지 않고 전전두엽의 판단 회로를 다시 작동시킨다. 옳은 말을 하더라도 '기분 좋게' 말하는 기술, 그것이 팔로워의 품격이다.

리더는 언제나 압박 속에 산다. 매일 수십 가지 결정을 내리고 그 결과에 따른 책임을 진다. 그 과정에서 자기 고양 편향(Self-enhancement Bias)이 작동한다. 이는 자신의 능력과 판단을 실제보다 더 긍정적으로 보며 '나는 그래도 옳게 판단하고 있다'고 믿으려는 심리 경향을 말한다. 이 믿음이 무너지면 뇌는 불안정해져서 무의식적으로 자신의 판단을 방어하려 한다. 그때 부하의 직설적 비판은 단순한 피드백이 아니라 리더 자신의 존재에 대한 공격으로 해석된다.

"적당히 고민하시고 결론을 내려주십시오."

"지난번엔 다르게 하라고 하지 않았습니까?"

"2주 전에 제가 직접 보고드렸지 않습니까?"

이런 말들은 상사의 역린을 건드리는 말이다. 옳은 말이라도 듣는 순간 상사의 뇌는 논리를 닫고 감정으로 반응한다. 관계는 그 즉시 냉각된다. 한 회의 자리에서 팀장이 부장에게 "지침이 계속 바뀌어서 팀원들이 혼란스러워합니다"라고 말했다. 순간 부장은 얼굴이 굳더니 책상을 치며 회의실을 나가버렸다. 그날 이후 두 사람의 관계는 눈에 띄게 냉랭해졌다.

비슷한 장면은 어디서나 일어난다. 부하가 불만스러운 표정으로 타 부서의 방식이 더 낫다고 하거나, 공개석상에서 상사를 지적하는 순간 리더의 역린이 꿈틀거린다. 그것은 논리의 문제가 아니라 감정의 회로가 닫히는 순간이다. 리더의 역린을 건드리면 아무리 옳은 말이라도 칼날이 된다.

리더의 뇌를 이해하는 팔로워, 조직을 살린다

보험사 상품기획팀 박 팀장은 늘 압박 속에 살았다. 민원 하나가 곧 책임으로 이어지고 손해율이 한 번 흔들리면 회의실 공기가 달라졌다. 그래서 그는 완벽을 이유로 모든 과정을 통제했다. 회의에서 새로운 아이디어가 나오면 '근거는' '리스크는'이라는 말이 먼저 나왔다. 팀원들은 점점 말수가 줄었다. 아이디어가 없어서가 아니라 틀릴까 봐 먼저 말을 못 했다.

그때 M대리는 팀장을 설득하려 들지 않았다. 대신 팀장이 직접 결과를 보고 판단할 수 있게 작은 실험을 제안했다. "이번 분기 성과에 영향을 크게 미치지 않으면서, 리스크는 낮추고 수익 기회를 찾는 테스트입니다"라고 말했다. 그리고 팀장이 중요하게 생각하는 지표부터 먼저 제시했다. 민원 가능성, 규정 준수 검토, 예상 손해율 변동 폭 등이었다.

M대리는 실험의 규모를 의도적으로 줄였다. 전국 확산이 아니라 한 지점에서 먼저 진행했고 대상도 전체 고객이 아니라 우량 고객군으로 한정했다. 기간은 4주로 잡고 홍보는 최소화했다. 대신 전환율, 문의 유형, 해지 이유, 손해율 변동 같은 핵심 지표를 매일 공유하며 빠르게 피드백을 주고받았다. 문제가 생기면 회의까지 끌지 않고 그날 바로 수정했다.

승인 절차는 늘리지 않은 채 사전에 합의한 리스크 항목 안에서 팀이 자율적으로 실행했다.

일주일이 지나자 팀장의 질문이 달라졌다. "왜 아직도?"가 아니라 "어느 구간에서 반응이 제일 좋지?"였다. 한 달 뒤 보고서에는 말보다 데이터가 쌓였고 수익 지표도 향상돼 있었다. 팀장은 마지막 페이지에서 잠시 멈췄다. 그리고 말했다. "이 방식이면 리스크를 줄이면서도 수익 기회를 더 많이 만들 수 있겠네."

그날 이후 팀의 일하는 방식이 바뀌었다. 정식 승인 전에 작은 실험부터 했다. 위험 요인은 통제 가능한 수준으로 제한하고, 핵심 지표는 매일 확인했다. 팀원들은 지시를 기다리는 사람이 아니라 스스로 판단하고 움직이는 사람이 됐다. 리더의 통제 본능을 건드리지 않고도 조직의 학습 회로를 돌린 결과였다.

결국 리더의 '권력화된 뇌'를 이해한 한 명의 팔로워가 조직 전체의 작동 방식을 바꾸었다. 팔로워가 리더의 '권력화된 뇌'를 이해한다는 건 리더의 비위를 맞추는 일이 아니다. 그것은 인간의 본능과 신경학적 현실을 이해하는 일이다.

리더는 완벽하지 않다. 그들은 뇌의 화학 반응에 흔들리고, 스트레스에 반응하며, 도파민에 중독된다. 그렇기에 리더 스스로도 자신의 뇌가 만들어내는 편향을 인식하고, 통제의 본능을 다스리려는 노력이 필요하다. 하지만 그것은 오롯이 리더의 몫이다. 리더의 뇌를 이해하는 팔로워는 리더를 원망하기보다, 그 한계를 인식하고 보완하며 함께 나아갈 방법을 찾으려 한다. 그것이 리더와 팔로워의 진짜 협력이다.

04. 라떼 속에 숨은 리더의 마음

"자꾸 과거 이야기를 꺼내는 리더의 속마음은 무엇일까?"

리더가 과거를 말하는 이유

리더는 과거 이야기를 자주 꺼낸다.

"그땐 이런 방식으로 해냈지."

"내가 그 시절엔 밤새워 일했어."

이런 말은 종종 '라떼 이야기'처럼 들린다. 그러나 그 속에는 자신을 회복하려는 인간의 심리적 본능이 숨어 있다. 중국과학원의 한 연구는 과거에 대한 향수가 단순한 감정이 아니라 신체적 고통을 완화하는 생리적 효과를 가진다는 사실을 과학적으로 입증했다.[15] 연구진은 참가자들에게 어린 시절의 만화, 복고풍 장난감, 옛 사탕 등 향수를 불러일으키는 이미지를 보여 주며 팔에 뜨거운 열 자극을 가했다. 그때 뇌 MRI를 통해 관찰한 결과, 과거의 향수를 느낄 때는 통증을 인지하는 영역의 활동이 현저히 줄어든 반면, 아무 감정이 없는 현대적 이미지를 볼 때는 통증 반응이 강하게 나타났다. 즉, 따뜻한 기억은 뇌의 진통제처럼 작용한다는 것이다.

영국 사우스햄턴대학교(University of Southampton)에서는 과거의 향수가 사람들의 협력 의지를 되살리는 감정임을 밝혀냈다.[16] 연구진은 참가자들을 두 그룹으로 나누어 한쪽에는 "그때 참 좋았지"라고 회상할 만한 긍정적인 추억을 떠올리게 하고, 다른 쪽에는 단순한 일상 사건만 떠올리게 했다. 이후 두 그룹 모두에게 개인 과제와 협동 과제를 수행하도록 했다. 그 결과, 향수를 느낀 참가자들이 협동 과제에서 훨씬 더 적극적으로 참여하고 성과도 높게 나타났다. 반면 개인이 혼자 해결해야 하는 과제에서는 이런 효과가 나타나지 않았다. 연구진은 "향수는 과거의 사회적 유대 경험을 다시 활성화시켜 공동체적 행동을 강화한다"고 결론지었다. 즉, "그때 참 좋았지"라는 회상은 단순한 추억이 아니라 타인과의 연결을 회복시키는 뇌의 사회적 작동이었다.

이처럼 리더의 회상은 단순한 추억이 아니라 불확실한 현실을 버티게 하는 심리적 장치다. 과거의 성공과 성취감은 "내가 그래도 해냈던 사람이었다"는 확신을 남기며, 리더에게 심리적 방패이자 존재의 증거가 된다. 그래서 회상은 과거에 머무는 행위가 아니라, 미래를 살아내기 위한 뇌의 회복 시도라 할 수 있다.

변화의 속도가 빠를수록 사람은 자신이 통제할 수 있었던 과거의 순간을 붙잡고 싶어 한다. 상사가 회의 중에 "예전엔 이런 일이 있었지?"라고 회상하는 이유도 여기에 있다. 겉으로는 '라떼 이야기'처럼 들리지만, 그 속에는 존중받고 싶은 마음과 인정받고 싶은 욕구가 숨어 있다. 상사 역시 누군가의 공감과 칭찬을 통해 자신이 여전히 의미 있는 존재임을 확인받고 싶어 한다. 따라서 상사를 이해하는 첫걸음은 그 욕구를 읽는 일이다.

'예전엔 이런 일이 있었지?'라는 말 뒤에는 "나도 여전히 쓸모 있는 사람입니다"라는 무언의 메시지가 담겨 있다. 예를 들어 회의 석상에서 상사가 자신의 경험담을 꺼냈는데 반응이 미지근할 때가 있다. 그럴 때 젊은 팀원이 무표정하게 듣고만 있다가 "요즘 세대도 그런 감정 느껴요"라고 한마디 공감하면 상사에게 큰 위로가 된다. 이런 이해와 공감이 오가는 순간, 위계는 사라지고 세대 간 협력의 문이 열린다.

세대는 달라도 마음의 구조는 같다. 누구나 자신이 옳았다고 인정받고 싶고, 누군가에게 의미 있는 존재로 남고 싶어 한다. 결국 과거의 이야기가 다시 마음을 끄는 이유, 그리고 상사가 그 시절을 떠올리는 이유는 같다. 그것은 과거를 붙잡기 위함이 아니라 미래를 살아낼 힘을 되찾기 위함이다.

악인조차 갈망한 단어, '인정'

인간은 누구나 인정받고 싶어 한다. 이 욕구는 선악의 경계를 넘어선다. 뉴욕의 은행 강도 크라우리는 체포 직전 이렇게 말했다.

"내 마음은 삶에 지쳤지만, 나는 따뜻한 온기를 가진 사람입니다. 나는 누구에게도 상처를 주려 한 적이 없습니다."

그는 살인범이었지만, 자신을 악인이라 여기지 않았다. 시카고의 마피아 두목 알 카포네도 비슷했다.

"내 인생의 전부를 사회를 위해 바쳤지만, 남은 건 비난과 냉대뿐이었다."

그의 말은 아이러니하지만, 그 속에는 '나도 옳았다고 인정받고 싶다'는 인간의 마지막 본능이 있었다. 데일 카네기는 이렇게 말했다. [17]

"크라우리와 알 카포네 같은 악인조차 자신이 옳다고 인정받고 싶어하는데, 하물며 평범한 사람들은 어떻겠는가."

리더의 자리에서는 '내 판단과 선택이 옳았다는 인정을 받고 싶다'는 욕구가 더욱 절실해진다. 높이 오를수록 칭찬은 줄고, 비판은 늘어나기 때문이다. 이때 뇌가 받는 '보상 신호'도 함께 약해진다. 도파민 보상이 차단되면 뇌는 결핍을 느낀다. 그래서 상사는 부하의 한마디 공감과 인정에 유독 민감하다. 내가 근무하던 부대에서도 '칭찬 릴레이'를 한 적이 있다. 한 사람이 칭찬하면, 칭찬받은 사람이 또 다른 사람을 칭찬하는 방식이었다. 그때 지휘관이 웃으며 말했다.

"왜 나한테는 칭찬을 안 해주나? 나도 칭찬받고 싶다."

농담처럼 들렸지만, 그 말 속에는 '나도 인정받고 싶다'는 인간적 고백이 있었다. 리더는 강해 보이지만 누군가의 인정 한마디가 그 강함을 지탱해 주는 버팀목이 될 때가 많다. 심리학자 칼 로저스(Carl Rogers)는 "사람은 비판보다 공감에 의해 변한다"고 했다. 리더의 잘못을 지적하기보다 존재를 인정해 주는 한마디가 훨씬 큰 변화를 만든다. 나폴레옹도 예외는 아니었다.

어느 날 그는 부하에게 말했다.

"나를 칭찬하지 마라. 아부하지 말라. 그런 사람은 가만두지 않겠다."

그때 한 부하가 대답했다.

"저는 각하를 존경합니다. 아부를 싫어하는 성품 때문입니다."

나폴레옹은 아무 말 없이 미소 지었다. 그 미소는 권위자의 교만이 아니라, 존경받고 싶다는 인간의 본능이었다. 리더를 인정하는 일은 단순한 아부가 아니라 흔들린 존재감을 다시 세우는 힘이다.

상사의 뇌가 원하는 한마디

당신이 상사라면 두 부하 중 누구를 더 좋아하겠는가?

#1. A대리

무슨 일이든 척척 해낸다. 상사가 조언을 해도 "말 안 하셔도 제가 다 고려하고 있습니다. 제가 알아서 하겠습니다'라며 스스로 처리한다. 다음날이면 기대 이상으로 완벽한 보고서를 제출한다. 빈틈이 없고 독립적이다.

#2. B대리

업무를 맡기면 중간마다 상사의 의견을 묻는다.
"팀장님, 이 방향이 맞는지 검토 부탁드립니다."
"여기까지 진행했는데 팀장님 의견을 반영해 보완하려 합니다."
스스로 충분히 검토했음에도 상사의 생각을 들어보며 완성도를 높인다.

대부분의 상사들은 B대리를 더 좋아했다. 그 이유는 2가지로 설명된다.
첫째, 존재감을 느끼게 해주기 때문이다. 인간의 뇌는 자신이 '필요한 존재'라고 인식될 때 도파민을 분비한다. 사회심리학에서는 이를 존재 보상(Existential Reward)이라 부른다. 즉, 누군가 내 의견을 묻고 나의 판단을 존중해 줄 때, 뇌는 그것을 보상으로 인식하고 강한 만족과 쾌감을 느끼기 쉽다.
나 역시 그 사실을 경험한 적이 있다. 과거 함께 일하던 상사가 중국으로 일주일간 휴가를 다녀온 첫 월요일이었다. "휴가 잘 다녀왔네. 특별한 일 있었나?" 하고 묻기에 나는 이렇게 답했다. "최고 이상적인 조직은 리더가 없어도 잘 돌아가는 조직입니다." 상사는 웃었지만 그 얼굴엔 약간의 아쉬움이 스쳤다. 그때 깨달았다.
'리더는 자신의 빈자리를 느끼게 해주는 조직에서 존재 의미를 확인한다.'
많은 상사들이 "완벽한 부하보다 약간의 빈틈이 있는 부하를 더 좋아하는 경우가 있다"고 말한다. 이유를 물으면 이렇게 답한다.

"내가 한마디 하면 알아듣고 성장하는 모습을 볼 때, 내가 여전히 필요하다는 걸 느낀다."

이 말은 단순한 감정이 아니라 뇌의 사회적 보상 회로(social reward circuit)가 작동하는 심리적 메커니즘이다. 존재감이 약해지면 뇌의 동기(motive)와 관련된 회로가 활력을 잃고, 결국 행동 의욕이 떨어지고 무기감으로 이어지기 쉽다. 리더의 뇌도 예외가 아니다.

둘째, 업무 효율성 때문에 B대리를 더 좋아한다. 상사와 자주 소통하면 실수가 줄고 완성도는 높아진다. 반면 A대리처럼 모든 것을 혼자 처리하면 빠르긴 하지만, 방향이 어긋날 경우 수정 비용이 커진다. 게다가 뇌과학적으로 볼 때 협업 과정에서 오가는 피드백은 서로의 보상 회로를 자극해 팀의 집중력과 학습 효과를 높이는 데 도움이 된다.[18]

또한 상사의 보호 본능을 자극하는 부하는 더 긍정적으로 평가된다. 심리학자 대니얼 골먼(Daniel Goleman)은 이를 감정적 상호의존(emotional reciprocity), 즉 감정이 주고받는 관계 속에서 서로의 존재감을 확인하는 과정이라고 했다. 상사의 도움을 필요로 하는 신호를 보낼 때, 그 역시 상사는 자신의 영향력을 재확인하며 만족감을 느낀다.

나 역시 이 사실을 모르고 많은 시행착오를 겪었다. 상사의 의견에 즉각 반박하거나 결재를 받으면서 얼굴을 붉히고 논쟁을 벌일 때가 많았다. 결과는 늘 냉담했다. 그때는 '논리로 설득하면 된다'고 믿었다. 하지만 지금 생각해보면, 그것은 상사의 존재를 이기려는 태도였다. 상사에게 자신의 의견을 전하는 것은 중요하지만, 그것이 "내 생각이 맞다"는 확신으로만 채워져서는 안 된다. 내가 보지 못하는 부분이 분명히 있기 때문이다. 그래서 나는 이후부터, 내가 고민해 만든 보고서에 상사의 관점을 더해 완성도를 높이려 했다. 지나고 보니 그것이 진정한 협업이었다.

실제로 연구 결과도 이를 뒷받침한다. 코넬대학교의 티머시 저지(Timothy A. Judge) 교수는 두 대학 졸업생 873명(평균 나이 34.8세)을 대상으로 성격과 승진의 상관관계를 조사했다. 그 결과, 상사의 의견에 반대하더라도 상황에 맞게 조율하고 공감하며 협력할 줄 아는 사람들의 승진 횟수가 유의미하게 높았다.[19]

상사의 존재감을 살리는 칭찬의 힘

결국 상사가 진정으로 원하는 것은 완벽한 부하만이 아니다. 물론 완벽한 부하도 꼭 필요하다. 하지만 그보다 더 중요한 것은 자신의 존재를 인정해주는 부하다. 문제는, 부하 입장에서는 상사를 아무리 들여다봐도 쉽게 인정할 부분이 보이지 않는다는 데 있다.

"칭찬할 게 있어야 상사를 칭찬하지요. 쳐다보기도 싫은데요."

이런 말이 익숙하지만, 칭찬할 자격을 따지기 전에 내가 칭찬할 마음의 여유를 갖고 있는가를 먼저 돌아봐야 한다. 한국의 현대 시인 이채는 이렇게 말했다.

"밉게 보면 잡초 아닌 풀이 없고, 곱게 보면 꽃 아닌 사람이 없다."

칭찬에는 3가지가 필요하다.[20] 정신적 여유, 인내심, 그리고 애정. 이것이 없으면 눈앞에 성인이 있어도 칭찬하기 어렵다. 태조 이성계가 어느 날 무학대사에게 농담처럼 말했다.

"대사의 모습이 돼지 같구려."

그러자 무학대사가 미소 지으며 답했다.

"제 눈에는 전하께서 부처님으로 보입니다."

이성계가 놀라 되물었다.

"내가 부처라고?"

무학대사는 조용히 말했다.

"돼지의 눈에는 돼지만 보이고, 부처의 눈에는 부처만 보입니다."

결국 마음이 곱지 않으면 어떤 장점도 보이지 않는다. 가까이 있는 사람은 영웅의 위대함을 보지 못한다는 말이 있다. 당신의 상사가 그 자리에 오른 데는 분명 이유가 있다. 그 이유를 볼 줄 아는 사람이 상사의 존재를 인정할 줄 아는 사람이다. 결국 리더의 존재감을 살릴 줄 아는 팔로워, 그가 조직을 진짜로 움직이는 사람이다.

하버드대 신경심리학 연구에 따르면, 인정받을 때 뇌의 측좌핵(nucleus accumbens)이 활성화되고 스트레스 호르몬이 줄어든다. 반대로 무시당할 때는 전측대상 피질(anterior cingulate cortex)이 통증을 느낄 때처럼 반응한다.[21] 즉, 인정을 받으면 뇌가 보상받았다고 느끼며 도파민을 분비하고, 무시를 당하면 뇌가 통증을 느낄 때와 같은 신호를 보낸다. 이 사실은 팔로워에게 중요한 메시지를 준다. 상사를 설득하려 하지 말고, 먼저 인정하라.

측좌핵과 전측대상피질

동기와 행동, 보상 시스템의 조율

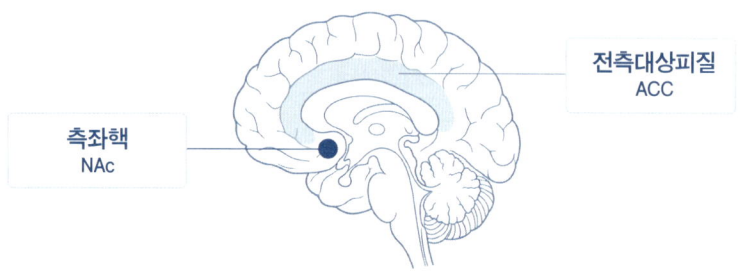

"부장님 생각이 뭔지 이제 조금 알 것 같습니다."

그 한마디가 리더의 방어막을 내리고, 뇌의 사회적 보상과 감정 회복 회로를 동시에 자극한다. 이때 리더의 뇌에서는 도파민과 옥시토신이 분비되어 긴장이 완화되고 신뢰감이 형성된다.[22] 그 결과 대화의 온도가 낮아지고, 조직의 공기는 부드러워진다.

상사도 부하도 결국 인정받고 싶고 의미 있는 존재로 남고 싶어 한다. 상사가 부하의 존재감을 인정해주는 것은 당연한 일이다. 그러나 부하 또한 상사가 자신의 존재 가치를 느낄 수 있도록 공감과 존중의 방식으로 힘을 실어줘야 한다. 상사에게 존재감을 심어주는 것 역시 부하의 중요한 역할이다.

05. 리더의 비언어를 해독하는 기술

"상사의 표정과 몸짓은 지금 어떤 신호를 보내고 있을까?"

상사가 회의 자리에서 팔짱을 끼고, 짧게 한숨을 쉬고, 말을 아낄 때 우리는 흔히 '불만이 있구나'라고 단정한다. 그러나 인간의 몸짓은 단순한 습관이 아니라 뇌가 만들어내는 방어 반응과 감정 상태가 드러나는 신호다.

리더의 비언어 해독 기술

상사의 몸짓은 감정이 아니라 생존의 언어

팔짱

심리적 방어, 불안감의 표현

턱 고임

판단 보류, 집중과 내적 갈등 신호

수첩

통제 욕구, 불확실성 관리

상사는 높은 책임감과 불확실성 속에서 끊임없이 사회적 압력과 심리적 긴장을 경험한다. 조직 내 시선, 평가, 기대가 모두 자신을 향하기 때문이다. 이때 뇌는 실제 위험이 없더라도 편도체가 활성화되어 긴장 반응을 일으킨다. 결국 상사의 몸짓과 말투는 감정이 아닌 '생존의 언어'인 셈이다. 침묵과 표정과 몸짓이 말을 대신하는 것이다.

그래서 팔로워가 리더의 심리를 읽는다는 것은 단순한 '눈치 보기'가 아니다. 리더의 신호를 알아차려 서로 협력하며 관계를 한 걸음 더 나아가게 하는 일이다.

팔짱을 낀 상사의 뇌가 보내는 신호

월요일 아침, K대리가 A팀장에게 보고를 하고 있었다. 1주일간 정성을 다해 준비한 보고서였다. 그런데 설명을 마치자마자 A팀장은 보고서를 쓱 훑어보더니 양팔을 가슴 아래로 가져갔다. 팔짱을 낀 채 상체를 약간 뒤로 젖히며 눈을 감았다. 잠시 후, 그는 다시 눈을 뜨더니 여전히 팔짱을 낀 자세로 한참 동안 보고서를 바라보았다. 이 장면에서 팔로워는 어떤 심리 신호를 읽어야 할까?

심리학적으로 팔짱은 '자기 방어의 제스처'다. 무의식적 행동 같지만 거기에는 그 사람의 심리 상태가 숨겨져 있다.[23] 즉, A팀장의 행동은 상대를 거부하기보다는 자신의 내면을 보호하는 무의식적 반응일 가능성이 높다. K대리는 여러 가능성을 생각해 볼 수 있다. 첫째, 팀장이 주말에 개인적인 문제가 생겨 보고서에 집중하지 못할 수도 있다. 둘째, 보고를 받는 중 더 급한 사안이 떠올라 일시적으로 주의가 분산됐을 수도 있다. 셋째, 보고서 내용의 논리 구조가 팀장의 마음에 들지 않았을 수도 있다.

이럴 때 가장 안전한 접근은 상황을 낙관적으로 해석하기보다 '가장 불리하게' 가정하는 것이다. '보고서가 마음에 들지 않았을 수 있다'고 생각하면, 불필요하게 서둘러 설득하지 말고 신중하게 대화해야 한다. 상사가 방어 상태일 때 말을 던지면 관계가 더 악화되기 때문이다.

따라서 K대리가 할 수 있는 가장 현명한 행동은 기다리는 것이다. 상사가 말을 꺼낼 때까지 말없이 기다리다가, 그래도 반응이 없다면 이렇게 말하면 된다.

"팀장님, 보고 내용이 미흡하면 제가 보완해서 다시 보고드리겠습니다."

이 한마디는 상대의 심리적 긴장을 즉시 완화시킬 수 있다. 즉, 경계심을 풀어주고 마음을 한결 편하게 만들어 전전두엽의 '판단·조절' 기능이 다시 작동하게 만들고, 생각을 더 유연하게 만든다.[24]

상사의 속내는 이제 두 가지 방향으로 흘러갈 수 있다.

① "보고서 잘 만들어졌어. 주말에 복잡한 일이 있어서 집중이 안 됐네."

② "현실태 분석과 추진방안이 논리적으로 조금 약하고 현장과도 거리가 있는 것 같아."

이때 K대리의 대응은 단순해야 한다.

①의 경우, "당장 급한 사안이 아니니 오후에 다시 보고드리겠습니다."

②의 경우, "알겠습니다. 보완해서 다시 보고드리겠습니다."

팔짱을 낀 상사의 행동이 실제로 냉소를 드러내는 경우도 있다. 그러나 팔로워가 성급히 단정하지 않고 상사가 생각을 정리하는 과정이라고 받아들이면 관계의 긴장은 완화된다. 그러면 상사는 그를 감정의 흐름을 읽을 줄 아는 사람으로 기억한다.

턱을 괴는 리더 — 피로한 뇌를 깨우는 한마디

"아니, 우리 팀장님은 왜 저래? 오늘도 턱을 괴고 있네."

사무실 한쪽에서 이런 말이 들려왔다. A팀장은 요즘 내내 턱을 괸 채 앉아 있다. 회의 중에도, 점심 후에도 마찬가지다. 부하 직원들은 의욕이 떨어진다. "보고하기가 겁난다"는 말까지 나온다. 도대체 A팀장은 왜 턱을 괴고 있을까?

통상 사람들은 골치 아픈 문제를 안고 있거나 자질구레한 문제들이 반복될 때 턱을 괴게 된다.[25] 겉으론 무관심하고 지루하거나 피곤해 보이지만, 실제로는 뇌의 피로 신호일 수 있다.

뇌 영상 연구에 따르면, 무기력과 의욕 저하는 전전두엽의 활동 저하와 밀접하게 관련되어 있다.[26] 전전두엽은 집중력과 의사결정, 사회적 공감 능력에 깊이 관여하는 영역으로, 피로가 누적되면 이 부위의 활동이 저하되어 기능이 떨어질 수 있다. 그 결과 리더는 외부 자극에 무감각해지고, 자신도 모르게 얼굴을 만지거나 턱을 괴며 감정을 억누르는 행동을 보이기도 한다.

이런 제스처는 무관심의 표현이 아니라 뇌가 스스로를 보호하기 위해 보내는 휴식 신호에 가깝다. 이럴 때 팔로워가 던지는 한마디가 뇌의 리듬을 바꾼다.

"팀장님, 커피 한잔하시죠."

"오늘은 컨디션이 안 좋아 보이시는데 무슨 일 있으세요?"

짧은 대화, 따뜻한 커피 한 잔, 진심이 담긴 질문 하나가 상사의 피로한 전전두엽을 다시 활성화시켜 긴장을 풀고 의욕을 되살릴 수 있다. 결국 턱을 괸 상사를 무관심하다고 단정해선 안 된다. 그는 단지, 지친 뇌를 잠시 쉬게 하는 중일 수 있다. 그때 팔로워가 다가가 따뜻한 말 한마디를 건네면 상사는 긴장을 풀고 상대의 말을 들을 여유를 되찾는다. 그리고 그런 순간, 팔로워는 단순한 부하가 아니라 리더의 심리를 움직이는 동반자가 된다.

상사의 수첩으로 읽는 뇌의 언어

상사의 수첩은 단순한 업무 도구가 아니다. 그의 수첩은 어떻게 생각하고, 무엇에 집중하며, 어떤 방식으로 세상을 처리하는지를 보여주는 하나의 '뇌의 언어'다.[27] 인간의 뇌는 정보를 다루는 방식에 따라 크게 행동 중심형과 사고 중심형으로 나뉜다. 행동 중심형은 전두엽의 실행 기능이 강하게 작동해 즉시 행동으로 옮기고, 사고 중심형은 내측 전전두엽(medial prefrontal cortex)과 전대상 피질(anterior cingulate cortex)이 활성화되어 분석과 판단을 선호한다.[28]

내측 전전두엽과 전대상피질

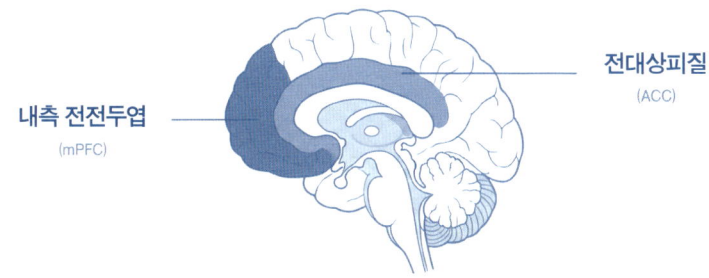

전대상피질
(ACC)

내측 전전두엽
(mPFC)

작은 수첩을 늘 휴대하며 즉석에서 메모하는 상사는 전형적인 행동 중심형이다. 현장을 눈으로 확인하고, 즉시 지시를 내리며, 생각보다 행동을 먼저 한다. 이런 유형은 실행 속도가 빠르지만, 세부 검토보다는 현장감과 즉흥적 판단을 중시한다. 이런 상사를 대할 때 팔로워는 단순히 수치를 나열하기보다, 구체적인 수치를 근거로 삼아 현장에서 체감한 결과와 실행 계획을 함께 전달해야 설득력이 높다.

반대로, 큼직한 시스템 다이어리를 사용하며 회의 전후로 꼼꼼히 정리하는 상사는 사고 중심형이다. 이들은 합리성과 구조를 중요시하며, 계획을 세우고 판단하는 전두엽 기능이 두드러지는 편이다. 따라서 이런 상사와 일할 때는 충분한 사전 설명과 논리적 근거를 갖춘 보고가 필요하다. 성급한 추진보다 '왜 이 방법이 최선인가'를 명확히 제시해야 신뢰를 얻는다.

기록은 많이 하지만 다시 확인하지 않는 상사는 완벽주의적 강박 성향(perfectionism tendency)을 지닌 경우가 많다.[29] 완벽주의자는 불확실한 상황에 민감하기 때문에 반복적으로 기록하면서 불안을 일시적으로 완화하는 자기조절 전략(self-regulatory strategy)을 사용한다. 이런 유형의 상사는 '이 정도면 됐다'는 확신이 부족해 사소한 오류에도 예민하다. 이런 경우 팔로워는 그가 안심할 수 있도록 검증 근거와 진행 상황을 투명하게 공유해야 한다.

반대로 수첩을 거의 쓰지 않는 상사도 있다. '메모하지 않아도 나는 충분히 파악하고 있다'는 이미지를 내세워 겉으로 여유 있고 유능해 보이고 싶은 마음 때문이다. 결국 자신의 이미지를 긍정적으로 유지하려는 욕구에서 나오는 행동이다. 이런 상사는 일의 효율보다 주변에서 자신을 신뢰하고 있다고 느끼는 순간에 더 큰 만족을 얻는다. 이럴 때 팔로워는 실질적 성과만큼 리더에게 공개적으로 공을 돌리고 리더의 신뢰와 평판을 세워주는 일에도 신경 써야 한다.

결국 수첩은 단순한 도구가 아니라 리더의 뇌가 세상을 해석하는 창이다. 그가 무엇을 기록하고, 얼마나 자주 확인하며, 어떤 방식으로 메모를 남기는지를 읽을 수 있다면, 당신은 이미 리더의 마음을 읽을 줄 아는 팔로워가 되어 있는 것이다.

1. 리더의 고독을 이해하는 팔로워의 시선

· 리더의 외로움은 단순한 감정이 아니라 책임의 무게가 만든 뇌의 긴장 상태다.

2. 리더의 시계는 왜 늘 빠른가

· 책임과 성과 압박으로 리더의 시계는 항상 빠르다.

3. 뇌가 권력을 만나면 변하는 이유

· 권력은 리더의 공감 회로를 약화시키고 효율 중심의 뇌로 만든다.

4. 라떼 속에 숨은 리더의 마음

· 리더의 과거 회상은 불확실한 현실을 견디게 하는 심리적 방패다.

5. 리더의 비언어를 해독하는 기술

· 상사의 몸짓과 침묵은 감정이 아니라 생존의 신호다.

Stop
&
Think

Why   왜 리더의 고독을 이해해야 하는가?

What 무엇을 해야 팔로워가 리더를 공감할 수 있는가?

How   어떻게 리더의 속마음을 알아줄 수 있는가?

3장

상사는 무엇을 듣고 싶어 하는가?

01. 상사의 안정 회로, 부하의 자율 회로

"왜 같은 보고와 조언이 상사에게는 안정감을 주고 부하에게는 간섭으로 느껴질까?"

이 세상 '상사 대표'와 '부하 대표'가 소통과 보고를 주제로 가상 토론을 시작했다.[1] 그리고 누가 맞는지, 인간의 뇌와 심리의 관점에서 분석해 보았다.

상사 ↔ 부하 가상 토론
소통의 간극

상사의 시각		부하의 시각
상세한 보고	VS	판단력 존중
관계 중시		결과 중심
조언		간섭

토론 #1. 상세한 보고 vs 판단력 존중 — 서로 다른 뇌의 언어

• **상사**: "나는 여러분의 보고를 오늘도 애타게 기다리고 있다. 최초, 중간, 최종 보고까지 잘하라. 업무 과정에서 생기는 아이디어나 마찰 요

소도 모두 보고 범위에 들어간다. 사소한 일이라도 보고하라."

- **부하:** "보고의 중요성은 알고 있습니다. 하지만 시시콜콜 다 보고하면 일은 언제 합니까. 상사에게 모든 일을 다 말하면 상사는 쓰레기 하치장입니까? 부하도 판단력을 가진 성인입니다. 보고의 빈도와 수준은 상황에 따라 조절돼야 합니다."
- **상사:** "취사 선택은 내가 한다. 보고는 나의 권한에 대한 존중이자 조직 질서의 표현이다. 상사의 권한을 무시하면 결국 여러분이 힘들어진다."
- **부하:** "일일이 다 보고하면 상사는 가벼운 보고에 중독됩니다. 물론 상사가 보고를 좋아한다는 건 압니다. 하지만 제대로 된 상사라면, 가치 있는 보고를 좋아해야 하지 않습니까?"

부하는 상사가 정보를 원하지만, 동시에 '안심', 즉 심리적 안정을 원한다는 사실을 알아야 한다. 정확한 데이터와 보고 요구의 바탕에는 상황을 통제하고 싶어 하는 안정 욕구가 있다. 보고는 상사에게 단순한 정보 전달이 아니라 불확실성을 완화해 주는 심리적 진통제. 뇌과학적으로 편도체(amygdala)는 불확실성을 잠재적 위협으로 인식하며, 보고가 끊기면 뇌는 '상황을 통제하기 어렵다'는 경고 신호를 더 강하게 보낸다. 상사에게 권한은 곧 책임의 무게다. 그래서 보고를 자주 받으려는 욕구는 "내가 책임질 수 있도록 도와달라"는 무의식적 신호일 수 있다.

반면 부하는 자율적으로 판단할 때 전전두엽(prefrontal cortex)이 활성화된다. 스스로 결정하는 순간 도파민이 분비되어 뇌의 보상 회로가 작동하고, 그 결과 몰입과 의욕이 한층 높아진다. 즉, 자율성은 뇌의 보상 회로를 자극해 부하의 의욕을 끌어올리는 핵심 요인이다.

같은 상황에서도 상사는 '안정 회로', 부하는 '자율 회로'가 작동하기 때문에 서로 다른 뇌의 언어로 반응하며 갈등이 생긴다. 팔로워가 이 차이를 이해하면 보고는 감시의 장치가 아니라 신뢰를 주고받는 언어가 된다. 결국 현명한 팔로워는 "보고를 줄이자"보다 "신뢰할 근거를 만들자"에 집중한다. 그러면 권한 위임은 요청하지 않아도 신뢰를 기반으로 자연스럽게 주어진다.

토론 #2. 관계 vs 결과 — 상사는 횟수를, 부하는 효율을 본다

• **상사:** "나는 자주 만나야 마음이 연결된다고 믿는다. 눈에서 멀어지면 마음에서도 멀어진다. 일을 잘하든 못하든, 얼굴을 보고 대화해야 신뢰가 쌓인다. 전화 한 통, 짧은 메신저로는 진심이 느껴지지 않는다."

• **부하:** "요즘은 속도가 생명입니다. 매일 얼굴 보고 이야기하다 보면 결재 하나 받는 데 며칠이 걸립니다. 결과로 신뢰를 쌓아야 합니다. 간신이 임금을 자주 찾아가는 법입니다. 직접 보고하지 않아도 중요한 일을 하는 부하들이 많습니다. 자주 찾아가는 사람이 인정받고, 묵묵히 일하는 사람은 잊히는 구조라면 불공평합니다."

• **상사:** "속도도 중요하지만 방향이 틀리면 아무리 빨라도 헛수고다. 보고는 단순한 절차가 아니라 방향을 맞추기 위한 대화다. 그래서 틈날 때 자주 찾아와서 의논하라는 거다."

• **부하:** "그 말도 맞습니다. 하지만 상사가 늘 화를 내고 예민하면 누가 자주 찾아가겠습니까? 상사가 문턱을 낮춰야 보고가 살아납니다."

• **상사:** "그건 인정한다. 하지만 모든 상사가 친구처럼 편하게 대할 수 있는 건 아니다. 결국 부하의 적극성이 필요하다. 먼저 다가오고, 먼저

말하는 사람이 신뢰를 만든다."

자주 얼굴을 보는 부하에게 상사가 더 따뜻하게 반응하는 이유는 반복된 대면이 상사의 뇌에서 '안전 신호'로 작용하기 때문이다. 익숙한 얼굴을 자주 마주할수록 편도체의 경계 반응이 완화되고, 옥시토신이 분비되어 신뢰와 유대감이 강화된다.[2] 뇌는 자주 보는 얼굴을 위협이 아닌 '익숙한 존재'로 분류하기 때문이다. 결국 대면의 빈도가 감정적 거리와 신뢰 수준을 결정한다.

반면, 부하가 보고를 자주 해야 하는 환경은 업무 흐름을 반복적으로 끊어 전전두엽의 주의, 기억, 판단 기능을 분산시킨다.[3] 즉, "보고하느라 일할 시간이 줄었다"는 말은 단순한 불평이 아니라 실제로 효율보다 절차에 에너지가 소모된다는 신경학적 사실에 근거한다.

결국 해답은 '대면과 효율의 균형'이다. 상사는 대면 보고를 통해 신뢰의 회로를 열되 부하의 몰입 시간을 과도하게 침해하지 않아야 한다. 반대로 부하는 효율만 앞세워 소통을 최소화하지 말고, 다양한 방법으로 보고하되 때로는 직접 얼굴을 보며 생생한 현장의 소리를 함께 전달해야 한다. 즉, 신뢰의 뇌와 효율의 뇌가 함께 작동할 때 조직은 가장 건강하게 움직인다.

토론 #3. 조언 vs 간섭 ─ 심리적 안전감의 경계선

• **부하**: "상사는 웬만한 보고에는 꼭 한마디씩 덧붙입니다. '이건 이렇게 바꿔라' '그건 왜 그렇게 했냐' 꼭 필요한 피드백도 있지만, 보고의 핵심과 상관없는 표현이나 이미 정리된 세부사항까지 일일이 손을 대니 조언

이라기보다 간섭처럼 느껴집니다."

  • **상사:** "보고의 핵심과 상관없다고 느낄 수 있겠지만 나는 그 부분까지가 다 보고의 완성도라고 본다. 사소해 보이는 표현 하나와 숫자 하나 때문에 윗선의 신뢰가 흔들릴 수 있어서 세밀하게 보는 것이다."

  • **부하:** "보고뿐만 아니라 메일로 보내는 문장이나 프레젠테이션, 그리고 회의에서 무슨 말을 해야 할지까지 세세하게 지시하시니 시작도 하기 전에 숨이 막히는 느낌입니다. 상사도 사람이고 저도 사람인데 제 방식과 판단을 어느 정도 믿고 자율성을 존중해 주셨으면 합니다."

  • **상사:** "이메일 한 문장과 회의에서 오가는 말 한마디가 업무의 성패를 가를 때가 있다. 나는 간섭하려는 것이 아니라 리스크를 최소화하고 부하가 실수로 곤란해지는 상황을 막으려는 조언이라고 생각한다."

충·조·평·판(충고, 조언, 평가, 판단)의 유혹은 누구에게나 쉽지 않다. 하물며 권력을 가진 상사라면 그 유혹은 더욱 강하다. 실무자가 보고서를 검토받으러 가면, 상사는 일단 펜을 들고 '어디를 고칠까'를 본다. 이처럼 상사는 본능적으로 개입한다. 그것이 자신의 역할이라고 믿기 때문이다.

상사의 조언은 일종의 '개입 욕구(intervention impulse)', 즉 상황이 불분명할수록 개입하고자 하는 충동과도 관련이 있다. 그는 "알고 있어야 마음이 편하다"는 이유로 세부 사항까지 묻고, 조언이라는 이름으로 통제하려 든다. 상사는 그것을 도와주는 중이라 생각하지만 실제로는 자신의 불안을 진정시키는 중일 수 있다. 물론 때로는 단순히 일의 진행이 궁금해서 개입하는 경우도 많다.

부하의 뇌는 정반대 방향으로 움직인다. 스스로 결정할 때 뇌의 보상 회로가 활성화되어 도파민이 분비되고 의욕과 몰입이 높아진다. 그러나 상사가 계속 개입하면 이 회로가 억제되고, 부하는 '신뢰받지 못한다'는 감정을 느낀다. 이 감정은 뇌의 전대상피질(ACC)에서 '사회적 고통'으로 처리된다.[4]

조언과 간섭을 가르는 기준은 뇌가 작동하는 방식의 차이다. 상사는 통제를 통해 불확실성과 불안을 줄이고, 부하는 자율을 통해 성취감을 얻는다. 이 두 회로가 충돌할 때 갈등이 생긴다.

따라서 리더는 도와주려는 마음이 간섭으로 비치지 않도록 자신의 생각을 바로 지시하기보다 질문으로 이끌면 효과적이다. "이건 이렇게 해"보다 "이건 어떻게 생각해?"가 부하의 경계심을 낮춘다. 반대로 부하는 상사의 개입을 '불신'으로만 보지 말고, 그것이 상사의 안정 욕구에서 비롯된 신호임을 이해해야 한다. 그 신호를 읽는 부하는 상사의 말과 행동을 감정적으로 받아들이지 않는다. 겉으로 드러난 상사의 반응 뒤에 있는 맥락과 이유를 이해하며, 상사가 궁금해하거나 불안을 느끼지 않도록 돕는다.

02. 두려움을 넘는 대화의 용기

"상사가 부담스러울 때, 지금 내가 시작할 수 있는 가장 작은 일은 무엇일까?"

말하지 못하는 조직, 두려움의 벽

1997년 여름, 괌에서 대한항공 여객기가 추락했다. 블랙박스를 분석해 보니 부기장의 이런 말이 녹음되어 있었다.

"스위치를 위로 올리는 게 좋지 않겠습니까?"

폭우와 강풍 속에서 그는 "스위치를 위로 올리셔야 합니다"라고 말해야 했다. 그러나 그렇게 말하지 못하고 조심스러운 제안으로 대신했던 것이다. 단호해야 할 순간, 그 한마디의 망설임이 229명의 생명을 삼켜 버렸다.

왜 부하는 위급한 상황에서도 상사에게 솔직히 말하지 못할까? 네덜란드의 조직인류학자 게르트 호프스테데(Geert Hofstede)는 이를 '권력 거리 지수(Power Distance Index, PDI)'로 설명했다. 권력 거리 지수란 부하가 상사에게 말을 걸 때 느끼는 심리적 거리, 즉 마음의 벽이다. 지수가 높을수록 상사에게 제안하거나 반박하는 일이 어렵다. 한국은 권력지수가 OECD 국가 중 상위권에 속한다. 이런 문화에서는 부하가 상사의 판단을 정면으로 수정하라고 말하는 것 자체가 관계를 위협하는 행동처럼 느껴진다. 그래서 부기장도 "스위치를 위로 올리셔야 합니다"라고 단호하게 말하기보다 "올리는 게 좋지 않겠습니까?"라고 에둘러 말하며 한발 물러선 것이다.

이런 문화적 간극은 일상에서도 쉽게 드러난다.

행정보급관 K상사가 김이병과 함께 천장 철거 작업을 하고 있었다. K상사는 천장을 올려다보며 말했다.

"십자드라이버 가지고 와라."

잠시 후 김이병은 맨홀 뚜껑을 열 때 쓰는 쇠지렛대를 들고 왔다. K상사는 짜증을 냈다.

"야, 십자드라이버 가지고 오랬잖아. 말귀를 못 알아듣네. 고개 아프게 일하고 있는데 제발 정신 똑바로 차리고 일해라."

김이병은 아무 말도 하지 못하고 고개를 푹 숙였다.

시간이 흘러 김이병이 전역 후 K상사를 다시 만났다. 대화 중 K상사가 물었다.

"예전에 왜 쇠지렛대를 들고 왔는지 아직도 이해가 안 된다. 무슨 이유가 있었나?"

김이병이 대답했다.

"십자드라이버로 천장을 뜯으면 오래 걸릴 것 같아, 쇠지렛대로 한 번에 부수면 더 빠를 거라 생각했습니다."

"그랬어? 그때는 왜 그렇게 말하지 않았냐?"

"그때 너무 화를 내서서 차마 말씀을 못 드렸습니다."

K상사는 잠시 말을 멈추더니 말했다.

"내가 너의 속마음도 모르고 화를 냈구나. 미안하다."

이 짧은 장면 안에는 권력 거리의 본질이 담겨 있다. 상급자의 말에 반박하거나 설명하는 것이 위험하다고 느끼는 문화, 그리고 그 침묵이 의사소통 단절로 이어지는 현실이다. 물론 편하게 말할 수 있는 환경을 리더가 만들어 주면 팔로워는 두려움 없이 말할 수 있다. 그러나 그런 리더를 만나기는 쉽지 않다. 그래서 팔로워가 심리적 저항을 뚫고 먼저 다가서야 한다.

두려움을 넘는 팔로워의 한 걸음

한때 나는 보고서 때문에 상사에게 혹독한 지적을 받곤 했다.

"너는 머리가 없냐. 문법도 안 배웠냐. 보고서가 초등학교 수준이다."

보고를 들어갈 때마다 그런 말이 이어졌다. 그때마다 '사람이 한 번 죽지 두 번 죽나' 하는 심정으로 보고서를 다시 고쳐 들고 들어갔다. 퇴근 시간에 상사가 신발을 신을 때까지 기다려 결심을 받을 때도 있었다.

한번은 야단을 맞고 마음이 너무 힘들어 운동 후 목욕탕에 갔는데, 마침 그 상사가 있었다. 순간 망설였지만 "참모님, 제가 등을 밀어드리겠습니다"라고 말했다. 비누칠을 한 수건으로 등을 밀어드리니 상사도 미소를 지었다.

그날 이후 관계가 완전히 달라졌다. 나중에 들으니 그 상사도 나를 심하게 꾸짖은 것을 미안해했지만, 먼저 말을 꺼내지 못하고 있었다고 한다. 퇴근해서도 마음이 편치 않았다고 했다. 그런데 내가 먼저 다가서자 그 어색한 거리가 단숨에 풀렸다. 그 후 상사는 이렇게 말했다.

"애는 끈질기다. 저런 근성이 있어야 해."

처음엔 꾸중으로 시작됐지만 끝은 신뢰로 이어졌다. 부하가 한 걸음 먼저 다가서면 상사의 마음도 열리게 된다는 것을 그때 배웠다.

조직 내 권력의 실체와 심리적 메커니즘을 연구한 스탠퍼드대 제프리 페퍼(Jeffrey Pfeffer) 교수는 상사를 '가장 가까운 영향력의 통로'로 보라고 말한다. 그는 "당신을 도와줄 수 있는 사람은 바로 당신의 상사다. 그에게 다가가라. 당신이 해낸 일을 말하고, 충고를 구하라"고 했다. 팔로워가 한 걸음 먼저 나설 때 상사와의 관계가 풀리고, 그 변화가 쌓여 결국 조직도 움직인다. 하지만 팔로워의 용기만으로는 충분하지 않다. 리더가 열린 여건을 만들고, 팔로워가 그 안에서 한 걸음 내디딜 때 조직은 가장 건강하게 움직인다.

비슷한 변화는 기업에서도 나타난다. 현대자동차그룹은 과거 보고 중심의 위계 문화가 강했지만, 최근에는 직원이 먼저 문제를 제기하고 해결책을 제안하는 '제안형 소통 문화'로 바뀌어 가고 있다.[5] 단순히 상사의 지시를 기다리는 것이 아니라, 팔로워가 먼저 의견을 내고 리더가 이를 수용하는 구조로 발전한 것이다. 이 변화는 최고 경영자가 제시한 열린 리더십 방향과, 그 변화에 응답한 팔로워들의 인식 전환이 맞물리며 이루어진 결과였다. 리더가 방향을 제시했고, 그 변화를 실제로 움직인 것은 팔로워의 행동이었다. 그 결과 상사와 부하 사이의 심리적 벽이 낮아지고, 조직 내 신뢰와 몰입이 강화되었다.

팔로워가 권력 거리의 벽을 넘는다는 것은 단순히 상사에게 말을 거는 일이 아니다. 그것은 두려움 속에서도 닫힌 관계를 다시 여는 일이다. 리더가 귀를 열 때까지 기다리지 않고 팔로워가 먼저 진심을 전하는 것이다. 한 번의 대화라도 상사가 '이 직원은 진심이 있구나'라고 느끼게 한다면, 그다음 대화는 훨씬 부드럽게 흐른다.

보고를 단순한 절차가 아니라 진정성 있는 대화로 만들면 조직은 명령과 복종의 수직 구조에서 신뢰와 몰입이 오가는 관계로 바뀐다. 그 변화는 언제나 팔로워의 용기에서 시작된다. 리더가 먼저 해주기를 기다리지 말고, 팔로워가 먼저 다가서는 것. 어렵더라도 그것이 팔로워가 해야 할 중요한 일이다. 결국 팔로워의 용기는 진심을 전하는 한마디에서 시작된다. 그리고 그 진심은 '얼굴을 마주하는 순간'에 더욱 선명해진다.

보고는 형식이 아니라 진심이다

"형식적으로 보고하지 마!"

한동안 문자나 메일로만 보고하던 시절, 상사가 내게 했던 말이다. 당시 나는 대면 보고를 하려면 상사가 부재중일 때도 있고, 다른 보고를 받고 있어서 기다리는 시간도 비효율적으로 느껴졌다. 하지만 비대면 보고를 반복하다 보니 전체 맥락이 끊기거나 일부가 누락되는 일이 생겼다. 나는 '그래도 보고는 했다'며 넘어가려 했지만, 상사는 그 미세한 단절을 정확히 알아보고 지적했다.

내가 함께 일했던 상사들 중에는 보고에 대한 생각이 완전히 달랐던 두 사람이 있었다. 한 상사는 "내게 보고하지 않는 업무도 중요한 업무다. 보고만 하려고 하지 말고 꼭 필요한 일만 보고해라. 나머지는 자기 업무에 충실한 게 더 중요하다"고 말했다. 반면 또 다른 상사는 "일주일 내내 보고가 없으면 내가 지금 무엇에 힘을 실어야 할지 알 수가 없다. 수시로 보고가 올라와야 우선순위를 조정하고 필요한 지원을 빨리해 줄 수 있다"고 했다.

첫 번째 상사의 말에는 부하를 믿고 일을 맡기는 신뢰의 관점이 담겨 있고, 두 번째 상사의 말에는 정보를 모아 속도를 높이려는 효율의 관점이 담겨 있다. 즉, 보고는 감시가 아니라 신뢰와 효율을 맞추는 조율이다. 보고의 빈도를 조절하는 감각이 팔로워십의 기술이다.

메사추세츠 공대 수석연구원 짐 블러(Jim Blurr)는 '매체를 사용하면 대화 내용이 10분의 1로 줄어든다'는 사실을 발견했다.[6] 그는 실험을 위해 남녀 110쌍을 모집해 절반은 직접 만나게 하고, 나머지 절반은 인터넷으로 15분 동안만 대화하게 했다. 직접 만난 커플은 평균 1,500단어를 사용했지만, 컴퓨터로 대화한 커플은 176단어에 그쳤다. 이처럼 상사를 직접 만나 대화를 나누면 단순한 정보 전달을 넘어 업무의 맥락과 흐름을 함께 이해할 수 있다.

신경과학 연구는 이런 현상을 뇌와 호르몬 차원에서 설명해 준다. 사람은 익숙한 사람과 자주 마주치고 상호작용할수록 뇌에서 옥시토신(oxytocin)이 더 잘 분비되고, 이 호르몬은 신뢰와 유대감 형성을 돕는다. 옥시토신은 타인의 표정을 읽는 능력과 협력 행동을 높이는 데도 관여하는 것으로 알려져 있다. 따라서 "보고는 이메일보다 얼굴을 보고 하는 것이 낫다"는 말은 단순한 조직 문화의 조언이 아니다. 자주 마주치는 얼굴, 반복되는 짧은 대화, 그리고 진심이 느껴지는 한마디가 뇌 속 신뢰 회로를 실제로 작동시키는 자극이 되는 것이다.

부하가 상사에게 단순히 정보를 전달하는 데 그치지 않고 얼굴을 보고 이야기하며 현장의 감각을 공유할 때, 그 관계는 생리적으로도 '안전하고 익숙한 관계'로 인식된다. 이런 과정을 통해 권력의 벽은 점차 낮아지고, 심리적 거리 대신 신경학적 유대가 형성된다.

하지만 대면과 빈도 사이에는 균형이 필요하다. 신뢰를 위해 얼굴을 자주 보는 것은 중요하지만, 보고가 과도해지면 몰입이 깨지고 효율이 떨어진다.

미시간대학교의 루빈스타인(Rubinstein) 교수는 사람이 한 작업에서 다른 작업으로 전환할 때마다 '작업 전환 비용(Task-Switch Cost)'이 발생한다고 밝혔다.[7] 전전두엽(PFC)은 '목표를 바꾸는 기능(goal-shifting)'과 '규칙을 다시 활성화하는 기능(rule-activation)'을 수행하느라 에너지를 소모한다. 그 결과 반응 속도는 느려지고 판단의 정확도는 떨어진다.

이 점에서 상사도 유념해야 한다. 보고의 빈도와 형식을 관리하는 일은 단순한 행정 효율의 문제가 아니라 팔로워의 '작업 전환 비용'을 고려하는 섬세한 리더십의 영역이다. 리더가 팔로워의 집중 시간을 존중할수록 신뢰는 깊어진다. 보고가 절차화되어 형식적인 반복으로 전락하면 몰입 흐름을 끊는 요인이 된다.

단순히 체크하고 승인받는 절차라면 자동화하거나 간소화하는 것이 좋다. 반대로 중요하거나 판단이 필요한 상황이라면 직접 얼굴을 보고 대화하며 맥락을 공유하는 것이 효율적이면서도 몰입을 유지할 수 있는 방식이다.

결국 신뢰는 얼굴이 아니라 마음에서 시작된다. 그리고 그 마음이 전해지는 순간, 진심이 관계를 단단하게 만든다.

03. 제발, 결론부터 말해 다오

"지금 내가 하려는 말을 한 줄로 줄인다면 무엇일까?"

리더의 뇌가 결론을 먼저 원하는 이유

저녁 11시, 핸드폰 벨소리에 잠이 깼다.

"대대장님, 당직사령 K중위입니다."

"무슨 일인가?"

"A일병이 분리수거장에 가다가 주변이 어둡고 계단이 미끄러워 넘어졌습니다. 머리가 아프다고 해서 의무실로 갔는데 군의관이 자리에 없었습니다."

"군의관은 어디 갔나?"

"잠시 일 보러 나갔다가 15분 뒤에 돌아와 진료를 했습니다."

"그래서 A일병은 지금 어떤가?"

"정확한 증상을 잘 모르겠다고 해서 시내 병원으로 보냈습니다."

"그래서?"

"시내 병원에서는 지금은 특별한 증상이 없지만, 후유증이 생길 수도 있다고 대학병원 진료를 권했습니다."

"그래서 A일병은 지금 어디 있나?"

"내무실에서 취침 중입니다."

"그래서, 지금 어떻게 해야 하나?"

"대학병원 진료를 위해 병가 조치가 필요합니다."

나는 잠깐의 침묵 끝에 한숨을 내쉬었다. 그리고 말했다.

"제발 결론부터 말해 다오."

리더의 뇌는 하루에도 수십 가지 결정을 내린다. 이런 상황에서 결론 없는 보고는 뇌를 더욱 피로하게 만든다. 그래서 상사는 본능적으로 묻는다. "결론이 뭐야?" 이건 성격이 급해서가 아니라, 뇌가 에너지를 아끼려는 생리적 반응이다.

"출산 과정 따위는 필요 없다. 내게 아이를 보여다오."

핵심만 듣고 싶어 하는 리더의 심리를 단적으로 드러내는 말이다. 리더는 늘 시간에 쫓긴다. 몸은 가만히 있어도 머릿속은 쉼 없이 움직인다. 여러 문제를 동시에 떠올리고, 수십 가지 결정을 끊임없이 해야 한다. 머릿속 생각들이 부딪치며 흩어지고, 여유는 점점 메말라 간다. 이런 상태에서 장황한 보고를 들으면 리더의 집중력은 금세 끊어진다.[8] 결국 리더가 원하는 것은 완벽한 설명이 아니라 핵심의 압축이다. 그래서 결론 없는 장황한 말은 '정보'가 아니라 '피로'로 인식된다.

심리학자 대니얼 카너먼(Daniel Kahneman)은 인간의 뇌가 정보를 편하게 처리하려는 인지적 편의성(Cognitive Ease)을 추구한다고 말했다. 복잡한 정보를 한꺼번에 이해하려면 전전두엽이 많은 에너지를 써야 한다. 반면 결론이 먼저 주어지면 뇌는 '이건 정리된 정보'라 판단하고 즉시 수용 태세로 들어간다. 즉, 결론부터 말하는 사람은 상대의 뇌를 편하게 해주는 사람이다.

뇌가 편하게 정보를 처리하고 싶어 한다는 것은 곧 '빨리 결론에 도달하고 싶다'는 욕구와 연결된다. 미국 메릴랜드대학교 아리 크루글란스키(Arie W. Kruglanski) 교수는 이를 '인지적 불확실성 회피(Cognitive Closure)'라는 개념으로 설명했다. 사람의 뇌가 결론이 나지 않은 상태를 오래 견디지 못한다는 뜻이다. 결론이 모호할 때 사람은 심리적 불안을 느낀다. 리더의 "그래서 어쩌라는 거야?"라는 반응은 감정이 아니라 불확실성에 대한 본능적 거부감이다. 결론이 먼저 제시되면 리더의 뇌는 도파민을 분비하며 '안도감'을 느낀다. 그래서 결론을 먼저 말하는 팔로워는 심리적으로 신뢰받는 사람이 된다.

남충희는 『7가지 보고의 원칙』에서 결론부터 제시해야하는 이유를 상사의 입장에서 잘 설명했다. 그 중 일부 내용을 여기에 옮겼다.

보고받는 상사가 인내심을 가지고 끝까지 시간을 내서 내 보고를 들어주리라고 기대하면 착각이다. 세종대왕이라면 가능했을 것이다. 그는 언제나 신하의 말을 경청했고, 논리와 예절을 중시했다. 실제로 세종은 신하 윤회에게 이렇게 말했다.

"자기의 주량을 생각하여 한두 잔 마시든지, 반 잔쯤만 마신다면 그렇게 정신이 없고 체면을 잃게까지야 되겠는가. 이제부터는 부디 지나치게 술을 마시지 말라(결론)."

이처럼 왕의 말이라면 결론이 뒤에 나와도 누구나 집중해서 들었을 것이다. 하지만 오늘날의 상사는 세종대왕이 아니다. 대부분 바쁘고, 머릿속은 이미 복잡하다. 그래서 장황한 보고는 끝까지 듣기 어렵다. 같은 말을 결론부터 말하면 이렇게 달라진다.

"이제부터는 지나치게 술을 마시지 말라(결론). 자기의 주량을 생각해 한두 잔, 많아야 반 잔만 마셔라. 그래야 정신이 흐트러지지 않고 체면도 잃지 않는다."

같은 내용이라도 핵심이 먼저 나오면 이해 속도가 빨라진다. 팔로워가 결론부터 말한다는 것은 단순히 보고 기술이 아니라 리더의 인내심을 고려한 '사려 깊은 설계'다.

PREP — 리더의 뇌를 움직이는 말의 순서

'PREP 화법(Point-Reason-Example-Point)'은 이런 뇌의 작동 원리를 그대로 반영한 말하기 구조다. 핵심을 먼저 말하고, 이유와 근거를 덧붙이면 리더는 안심하고 판단한다.

논리적으로 이야기하는 4단계 구조(PREP)

고객 상담·운영을 맡는 서비스업체 운영팀에는 'PREP 화법'을 몸으로 익힌 팀원 C가 있었다. 운영팀장 B가 지방 고객사 현장 점검을 위해 1박 2일 출장을 갔던 어느 날 저녁, 팀원들과 식사 자리에서 있었던 일이다. 회사 규정상 출장 중 음주는 원칙적으로 금지되어 있었다. 그때 팀원 C가 잠시 망설이더니 운영팀장 B에게 정중하게 말했다.

"팀장님, 오늘 식사 자리에서는 술을 한 잔 마셔야겠습니다." (Point, 결론)

"저는 일정이 빡빡한 날엔 긴장이 풀리지 않아서, 식사 때 술을 안 마시면 밤에 잠이 잘 오지 않습니다." (Reason, 이유)

"어제도 거의 못 자서 오늘 현장 점검 때 머리가 멍했고, 체크 항목을 놓칠 뻔했습니다." (Example, 근거)

"오늘 식사 때 딱 한 잔만 허락해 주신다면, 컨디션을 회복해서 내일 고객사 보고를 더 또렷하게 진행할 수 있을 것 같습니다." (Point, 핵심 재강조)

운영팀장 B는 잠시 말문이 막혔다. C의 말은 왜 술을 한 잔 마셔야 하는지 결론, 이유, 근거, 재강조가 순서대로 정리돼 있었다. B팀장도 결국 고개를 끄덕일 수밖에 없었다. 다만 B팀장은 선을 분명히 그었다. "좋다. 대신 한 병만 시키고, 각자 한 잔 정도로만 끝내자. 추가 주문은 없다." 팀원들은 소주 한 병을 시켜 한두 잔씩만 마신 뒤 더는 주문하지 않았고, 이후에는 자연스럽게 식사와 대화에 집중했다.

다음 날 C는 전날보다 집중력을 유지한 채 점검 결과를 깔끔하게 정리해 고객사 담당자에게 설명했다.

PREP 구조는 단순한 보고 요령이 아니라 리더의 뇌가 가장 효율적으로 반응하는 말의 순서다. 결론이 먼저 나오면 전전두엽이 판단해야 할 핵심이 분명해져 뇌가 빠르게 '판단 모드'로 들어간다. 이어서 이유와 근거가 뒤따를 때 신뢰가 쌓인다. 반대로 결론이 좀처럼 나오지 않고 설명만 길어지면 편도체가 불확실성을 위협으로 인식해 불안과 피로감을 더 쉽게 느끼게 된다.

리더가 "그래서 어쩌라고?"라고 말하는 이유는 결국 뇌의 반응이다. 말의 순서를 바꾸는 순간, 보고의 품격이 달라진다.

결론부터 말하지 못하는 2가지 이유

첫째, 생각이 정리되어 있지 않기 때문이다.

"너는 사고가 단편적이야. 논리적으로 사고하는 게 너무 약해."

초급간부 시절 상사가 내 보고서를 보며 했던 말이다. 내가 작성한 보고서는 ×표시와 삭선, 빨간 펜 글씨로 뒤덮여 있었다. 상사가 말했다.

"너 하고 싶은 말이 뭐니? 말로 해봐."

내가 몇 가지 핵심 내용을 말하자 상사는 바로 말했다.

"지금 네가 말한 그 핵심이 보고서에는 없잖아. 왜 빙빙 돌려서 쓰니?"

그는 이렇게 덧붙였다.

"생각을 논리적으로 해야 보고서도 논리적으로 작성할 수 있고, 보고도 논리적으로 할 수 있다."

그날 이후 상사는 나에게 보고서 작성의 3단계를 훈련시켰다.

① 육하원칙으로 서술식 작성 → ② 개조식 요약 → ③ 도식화

이 과정을 거치자 머릿속 생각이 한눈에 들어오는 구조로 정리되었다. 논리적 사고란 명확한 이유와 근거를 통해 결론을 도출하는 능력이다. 이를 위해서는 현상을 단순히 바라보는 것이 아니라 입체적으로 사고하는 힘이 필요하다. 육하원칙(누가, 언제, 어디서, 어떻게, 무엇을, 왜)으로 정리하다 보면 결국 마지막에 이렇게 도달한다.

'왜 이런 일이 일어났는가', '그렇다면 지금 무엇을 해야 하는가'

이 질문을 붙잡을 때 비로소 사고가 정리되기 시작한다.

한 컨설턴트는 신입사원들에게 이렇게 말했다.

"당신이 전하려는 말을 한 문장으로 요약하지 못한다면 아직 생각이 정리되지 않은 겁니다."

옛날 한 현명한 왕이 신하들에게 명령했다.

"세상 사람 모두에게 교훈이 되는 글을 써오라."

신하들이 수개월에 걸쳐 책 한 권 분량의 글을 써왔다. 왕이 보고 말했다.

"너무 길다."

신하들이 반 권으로 요약했지만 왕은 다시 고개를 저었다.

"아직도 많다."

며칠 뒤 신하가 단 20줄의 글을 들고 왔다. 왕은 또다시 말했다.

"아직도 많다. 한 줄로 줄여라."

드디어 신하는 한 줄의 글을 들고 왔다.

"세상에 공짜는 없다."

왕은 그제야 미소를 지으며 말했다.

"이 한 줄이면 충분하다. 인생과 세상을 다 담았다."

이 이야기처럼 사고가 정리된 사람은 복잡한 세상에서도 본질을 한 문장으로 표현할 수 있다. 보고도 마찬가지다. 핵심을 한 줄로 요약할 수 있다면 이미 절반은 성공한 것이다.

생각이 흐트러져 있으면 말도 길어진다. 핵심이 흔들리면 중심이 사라진다. 이때 필요한 것은 단순한 논리가 아니라 입체적 사고력이다. 일본 사상가 야스오카 마사히로(Masahiro Yasuoka)는 말했다.

"앞으로 멀리 보고 좌우로 넓게 보고 안으로 깊게 보라."

보고 역시 한쪽 각도에서만 보면 미로 속을 맴도는 것과 같다. 핵심을 찾으려면 문제를 입체적으로 본 뒤 '지금 당장 필요한 결론'을 뽑아내야 한다.

앞서의 A일병 사례를 다시 보자. '무엇이 문제인가(Why)'와 '어떻게 조치해야 하는가(How)'를 구분해 생각하면 이렇게 정리된다.

① 계단이 미끄러웠다 → 미끄럼 방지 패드 부착
② 분리수거장으로 가는 길이 어두웠다 → 추가 전등 설치
③ 대학병원 진료가 필요하다 → 병가(휴가) 조치

이 3가지 중 상사가 즉시 결단해야 할 핵심은 병가 조치다. 계단이나 조명 문제는 절차를 거쳐도 늦지 않지만, 병가 조치는 지금 당장 내릴 수 있는 결정이다.

결론부터 말한다는 것은 단순히 말의 순서를 바꾸는 일이 아니다. 그것은 상사의 입장에서 가장 시급한 핵심을 먼저 제시하는 능력이다. 이 사고방식이 몸에 배어야 진짜로 '생각이 정리된 팔로워'가 된다. 즉, 결론부터 말하지 못하는 첫 번째 이유는 생각이 충분히 정리되어 있지 않기 때문이다. 머릿속 구조가 잡혀 있지 않으니 말도 글도 핵심을 앞에 두지 못한다.

둘째, 결론부터 말하지 못하는 또 다른 이유는 두려움이다.
'상사가 다르게 생각하면 어쩌지.'
'틀리다고 하면 어떡하지.'
이 두려움 때문에 우리는 설명을 길게 늘어놓으며 눈치를 본다. 먼저 결론을 말하면 책임을 떠안는 것 같아 피하고 싶어진다. 그래서 결론을 뒤로 미루고 안전한 사실 설명부터 붙들게 된다. 하지만 진정한 팔로워십은 리더의 눈치를 보는 것이 아니라 리더의 판단을 돕는 일이다. 상사가 가장 필요로 하는 것은 완벽한 설명이 아니라 지금 당장 내려야 할 결론이다. 그 결론을 먼저 제시할 때 리더의 불확실성이 줄어들고 심리적 부담도 가벼워진다.

결론부터 말한다는 것은 기술이 아니다. 그것은 인간의 뇌가 작동하는 방식을 이해한 지혜이자 리더의 시간을 존중하는 배려다. 결론부터 말할 줄 아는 팔로워는 상사의 머리를 편하게 하고 마음을 신뢰로 채운다.

정리하면 결론부터 말하지 못하는 이유는 두 가지다.

첫째, 생각이 정리되어 있지 않아서이고.

둘째, 상사와 생각이 다를 수 있다는 두려움 때문이다.

이 두 가지를 넘어설 때 비로소 우리는 상사의 뇌를 편하게 해 주는 팔로워가 된다.

04. 100만 달러의 직언 기술

"가장 이상적인 직언은 어떤 상태를 말하는가?"

직언이 어려운 이유

모든 구성원이 두려움 없이 자신의 생각을 말할 수 있을 때, 조직에는 생생한 경험과 지식이 순환된다. 그러나 현실의 조직에서는 상사의 눈치와 권위가 벽이 되어 입을 열기조차 어렵다. 이 현실을 한 대기업 CEO는 이렇게 풍자했다.[9]

"조직에서 출세하는 3가지 비결은 적당한 실력, 영원한 오리발, 끊임없는 아부다."

이처럼 끊임없는 아부가 출세의 기술로 여겨지는 조직에서 바른말, 즉 직언을 한다는 것은 얼마나 어려운 일일까?

A대표는 이렇게 털어놓았다. "다 알고 있는데도 여건상 못하고 있는 부분을 부하 직원이 신랄하게 지적하면 괘씸하고 화가 납니다. 초반부터 마음이 상해 더는 듣기 싫어집니다. 마음을 헤아리며 부드럽게 말하는 직원들이 있으면 얼마나 좋을까요?"

K대표도 비슷하다. 김 팀장이 자신이 내린 지시와 다른 의견을 내면 "그래요, 누가 맞는지 한번 볼까요?"라며 짜증을 낸다. 일이 끝난 후에는 "김 팀장님, 그때 저한테 반대하더니 결과적으로 제가 맞았죠? 잘 모르면서 함부로 말하면 안 됩니다"라며 직원들 앞에서 면박을 주기도 한다.[10]

나도 비슷한 경험이 있다. 한번은 내가 "그 방법은 잘못된 방법입니다"라고 말했다가 상사에게 호되게 꾸중을 들은 적이 있다. 그때 상사가 이렇게 말했다.

"야, 네가 뭔데 나한테 이래라저래라해!"

그날 나는 상사의 권위와 자존심을 정면으로 건드리는 순간 어떤 말도 받아들여지지 않는다는 뼈저린 교훈을 얻었다. 이렇게 한마디 직언이 곧바로 '도전'으로 받아들여지는 환경에서 누가 마음 편히 직언을 할 수 있을까.

대다수 팔로워들은 직언을 두려워한다. 리더의 거부감, 불확실한 반응, 부정적 평판, 승진의 불이익, 해고의 위험이 따라오기 때문이다.[11]

'아이고 모르겠다. 될 대로 되라'는 마음으로 눈감고 살면 당장은 편할지 모른다. 그러나 리더의 잘못된 판단이 조직 전체에 영향을 미친다면 팔로워로서 침묵만 지킬 수는 없다.

당신은 어떤 스타일로 직언을 하는가?

① **자조파**: 절이 싫으면 중이 떠난다.

② **현실 순응파**: 물이 맑으면 갓끈을 씻고, 흐리면 발이나 닦으며 상황에 맞춰 산다.

③ **사육신파**: 물불을 가리지 않고 온몸으로 부딪혀 직언하다 장렬히 산화한다.

상사에게 접근할 때는 언제나 조심성이 필요하다. 특히 잘못된 판단을 바로잡거나 오류를 지적해야 할 때는 고도의 기술이 요구된다.

상사에게 통하는 5가지 직언 기술

직언의 전제조건은 신뢰다. 리더가 '이 사람은 사심 없이 조직을 위해 말한다'는 확신을 가질 때만 그 말이 받아들여진다. 신뢰가 기반이 되어야 진정성이 전달되고, 진정성이 전해져야 마음의 문이 열린다. 직언은 단순히 '옳은 말을 하는 기술'이 아니다. 리더의 심리를 이해하고, 감정의 문을 통과해 이성의 방으로 들어가는 기술이다. 다음 5가지는 인간의 뇌와 심리에 기반한 직언의 실제 기술이다.

5가지 직언 기술

| 1.이익 자극 | 2.자존심 보호 | 3.타이밍 | 4.대안 제시 | 5.진심 |

1. 감정을 건드리지 말고 이익을 자극하라

물이 낮은 곳으로 흐르듯 인간의 마음도 이익이 있는 방향으로 기운다. 리더의 판단을 바꾸려면 논리로 맞서기보다 이익의 관점에서 설득해야 한다.

몽골 제국의 명재상 야율초재는 이 원리를 정확히 꿰뚫고 있었다. 그는 칭기즈칸을 비롯해 네 명의 황제를 30여 년간 보필하며 제국의 행정과 재정을 안정시킨 인물로 평가받는다. [12]

어느 날 오고타이 칸이 신하들에게 명령을 내렸다.

"한족의 농토를 모두 없애고 그 땅을 초지로 만들어 말을 키우도록 하

라. 몽골의 자랑은 말 아닌가."

이는 제국의 전통적 자부심을 드러낸 말이었으나 동시에 제국의 경제 기반을 흔드는 위험한 발상이기도 했다. 야율초재는 즉시 나서서 정면으로 반대하지 않았다. 대신 황제의 생각을 먼저 인정하고, 그 위에 '더 큰 이익'을 제시했다.

"폐하, 농사를 폐지하고 목축업을 장려하자는 말씀, 매우 지당하십니다. 다만 한족이 농사를 계속 짓게 하고 그 수확에 따라 세금을 거두면 수입이 끊기지 않습니다. 그렇게 하면 말도 기르고 세금도 늘어 제국의 힘이 더 커질 것입니다."

오고타이는 잠시 생각하더니 고개를 끄덕였다. 그로부터 1년 뒤 막대한 세금이 국고로 들어왔다. 황제는 야율초재의 안목에 감탄했고, 그를 더욱 신임하게 되었다.

얼마 후 오고타이는 다시 명령을 내렸다.

"금나라의 수도 변경에 사는 백성과 짐승, 식물까지 모두 없애라. 그곳은 적국의 흔적이니 흔적조차 남기지 마라."

이때도 야율초재는 조용히 다른 의견을 제시했다.

"폐하, 변경은 금나라의 수도입니다. 그곳에는 기술자, 학자, 예술인, 귀한 자원이 모두 모여 있습니다. 그들을 살려두면 제국의 번영에 큰 힘이 될 것입니다. 모두 없애버리면 폐하께서는 무엇을 얻으시겠습니까?"

그의 말에 오고타이는 잠시 침묵했다가 명령을 거두었다. 야율초재는 무조건 반대하지 않고 언제나 '이익이 되는 길'을 제시하며 선택을 맡겼다. 이처럼 리더의 마음을 움직이는 것은 옳고 그름의 논리가 아니라 '이익의 논리로 포장된 진심'이다.

2. 리더는 자존심이 보호받을 때 마음을 연다

리더의 판단이 틀렸다고 지적하는 순간 리더의 뇌에서는 인지 부조화 (Cognitive Dissonance)가 일어난다. 인지 부조화란 자신이 옳다고 믿는 생각이나 판단이 외부의 정보나 비판과 충돌할 때 느끼는 심리적 불편함을 말한다. 이 불편함이 커질수록 사람은 본능적으로 불쾌함을 느끼고 자신의 판단을 지키기 위해 방어적으로 반응한다. 이때 직설적인 말투는 그 불쾌감을 더 키워 리더의 귀와 마음을 동시에 닫히게 만든다.

한 회사의 A부장은 자존심이 강하고 주관이 뚜렷한 사람으로 유명했다. 그가 현장의 실제 상황과 동떨어진 지시를 내렸을 때, B팀장은 용기를 내서 말했다.

"부장님, 그 지침은 잘못되었습니다."

그러나 돌아온 반응은 냉담했다. A부장은 얼굴을 붉히며 말했다.

"내가 틀렸다고? 당신이 현장을 더 잘 알아?"

회의 분위기는 싸늘해졌고, 이후 B팀장은 쉽게 입을 열지 못했다.

이처럼 직선적인 직언은 속은 시원할지 몰라도, 상사의 심기만 건드릴 뿐 결과는 없다. 리더의 자존심이 위협받는 순간 편도체가 경보를 울리고 그는 곧바로 방어 모드로 들어간다. 리더도 심리적 안정감이 필요한 존재다.

다음 날, 같은 사안을 두고 다른 직원이 접근했다.

"부장님, 인접 부서에서 같은 방식으로 추진했다가 상무님께 혼났다고 합니다. 우리는 조금 다르게 시도해보면 어떨까요?"

이번에는 전혀 다른 반응이 나왔다. A부장은 고개를 끄덕이며 말했다.

"그래, 그건 한번 검토해보자."

직언의 내용은 같았지만 표현 방식이 달랐다. 다른 직원의 말에는 2가지 심리적 장치가 숨어 있다.

첫째는 리더의 체면을 세워주는 장치다. "부장님이 틀렸다"라는 직접적인 비판 대신 다른 부서의 사례를 언급해 리더가 체면을 잃지 않게 했다.

둘째는 선택권을 주는 제안형 표현이다. "어떨까요?"라는 말로 리더에게 결정권을 남겨 둔 채 부드럽게 의견을 전했다.

리더의 체면을 세워주는 그 한 문장이 긴장을 풀고 설득의 문을 열었다. 인간은 자신의 '체면'이 존중받을 때 방어심을 내려놓는다. 직언의 기술은 결국 논리 위에 감정의 질서를 이해하는 기술이다.

3. 직언은 타이밍이다

직언은 '언제'와 '어디서' 하느냐에 따라 결과가 달라진다. 리더의 감정 상태를 무시한 직언은 백전백패다. 리더의 기분이 좋을 때는 보상과 관련된 뇌 회로가 더 잘 작동해 상대의 말과 제안을 긍정적으로 받아들이기 쉽다. 반대로 스트레스를 받거나 기분이 나쁘면 편도체가 위협과 불안을 더 민감하게 감지해 방어적으로 반응하기 쉽다. 스트레스가 쌓인 리더는 어떤 다른 의견도 '공격'으로 받아들이기 쉽다.

중국 역사에서도 이 원칙은 오래전부터 통했다. 환관들은 자신들이 미워하는 관료는 황제가 기분이 나쁠 때 보고하게 만들고, 총애받는 관료는 황제가 기분이 좋을 때 보고하도록 했다. 그 한 끗 차이가 신하의 운명을 갈랐다. 오늘날의 조직에서도 크게 다르지 않다. 리더의 기분이 좋을 때 직언을 하면 받아들일 확률이 훨씬 높다. 리더가 여유롭고 자신감 있는 순간에는 새로운 의견을 위협으로 인식하지 않기 때문이다.

국내 굴지의 재벌기업에서도 같은 원리가 작동했다. '회장의 그림자'로 불리던 한 2인자는 회장이 무모한 사업 계획이나 근거 없는 지시를 내릴 때 결코 면전에서 반대하지 않았다. 대신 단둘이 있는 자리에서 차분히 말했다. "회장님, 이 부분은 다른 접근이 필요할 수도 있습니다." 시간이 지나자 회장도 그의 태도를 이해하고 존중하기 시작했다. 공개석상에서 그가 아무 말이 없으면 "이봐, 나 좀 봐" 하며 따로 불러 "내 의견에 문제가 있으면 알려줘"라고 물을 정도였다.[13]

리더가 심리적으로 안전함을 느끼는 시간과 장소에서만 팔로워의 진심 어린 직언이 살아난다.

4. 대안을 갖춘 직언이 통한다

직언의 목적은 반박이 아니라 해결이다. 단순히 "안 됩니다" 혹은 "잘못되었습니다"라고만 말하면 상사는 짜증을 낸다. 그 말이 옳더라도, 상사는 자신의 판단이 부정당했다고 느끼기 때문이다. 따라서 직언은 문제 제기보다 해결의 제안으로 이어져야 한다.

1970년 아폴로 13호 미션 중 산소 탱크가 폭발하자, NASA 지상 통제팀은 매뉴얼에 없는 위기에 직면했다.[14] 그러나 엔지니어들은 "불가능하다"고 말하는 대신 새로운 절차를 마련해 승무원들에게 전달했다. 전력 절약을 위한 전원 재배치, 이산화탄소 제거를 위한 임시 필터 제작 등 신속한 대안이 실행되면서 우주비행사들은 무사히 지구로 귀환했다. 이 사건은 직언의 본질이 반박이 아니라 해결책을 제시하는 데 있음을 보여준다.

리더는 비판보다 해결책에 반응한다. 직언의 기술은 '아니오'보다 '이렇게 하면 됩니다'에 있다.[15] 문제점을 짚는 데서 그치지 않고, 대안을 제시하는 순간 직언은 비판에서 설득의 예술로 바뀐다.

5. 진심이 전해질 때, 리더의 뇌는 열린다

직언의 목적이 설득이라면 그 힘의 원천은 진심이다. 진심은 말보다 먼저 전해진다. 사람은 그 울림 속에서 본능적으로 공감한다. 이는 단순히 말의 내용이 아니라 감정의 강도가 표정과 목소리, 몸짓을 통해 상대의 뇌에 고스란히 영향을 미친다는 뜻이다.

K상무의 이야기가 그 대표적인 예다.[16] 그는 오랫동안 사장을 보좌하며 회사를 키워왔다. 그러던 어느 날, 사장이 추진하던 핵심 사업이 잘못된 방향으로 흘러가고 있음을 발견했다. 시장을 세밀하게 분석한 결과 손실이 불가피한 구조였다. 그러나 곧바로 말할 수 없었다. 그 문제는 단순한 전략이 아니라 사장의 명예와 자존심이 걸린 사안이었기 때문이다.

K상무는 섣불리 말하지 않고 3개월 동안 틈틈이 시장 자료와 손익 데이터를 모았다. 혹시 자신이 잘못된 판단을 할 수도 있다고 생각했기 때문이다. 결국 그는 사장이 추진하는 이 핵심 사업은 회사의 미래를 위해 반드시 방향을 바꿔야 한다고 결론지었다. 하지만 사장에게 어떻게 말할 것인가가 문제였다. 진심으로 조직의 생존을 염려하는 마음으로 접근해야 한다고 생각했다. K상무는 사장을 찾아가 조심스럽게 말했다.

"사장님, 이 말씀을 드리는 게 쉽지 않습니다. 하지만 지금 상황에서 회사를 지키는 길은 이 방향뿐입니다."

사장과 대화를 나누는 동안 그는 논쟁하지 않았다. 목소리는 낮고 진지했고, 말끝마다 사장에 대한 존중이 묻어났다. K상무의 진심은 사장의 편도체를 진정시키고 전전두엽(prefrontal cortex)의 합리적 사고를 다시 작동시켰다. 사장은 잠시 침묵하다가 조용히 고개를 끄덕였다.

"자네 말이 맞네. 다시 검토해보세."

그날 이후 회사는 방향을 바꾸었고, 위기를 넘겼다. 그 후 사장은 K상무를 더욱 신임하게 되었다.

직언할 때 통쾌함을 느끼면 상대는 불쾌함을 느낀다. 논쟁으로는 사람의 마음을 움직일 수 없다. 상대의 입장을 헤아린 진심이야말로 가장 힘 있는 설득의 언어다. '제 소견으로는…'이라는 한마디처럼 겸손한 어투와 따뜻한 진심이 함께할 때 리더의 마음은 열린다. 직언할 용기를 가진 팔로워와 열린 마음으로 듣는 리더, 그 둘의 신경회로가 연결될 때 조직은 살아 있는 유기체처럼 성장한다.

직언의 완성: 충신을 넘어 양신으로

국내 한 기업의 K팀장은 신사업 추진 방향을 두고 부장과 의견이 엇갈렸다.[17] 그는 한 달 동안 국내외 자료를 수집하고 현장 인터뷰와 시장 분석을 거친 끝에 "A방안이 회사를 살릴 길입니다"라는 확신을 얻었다. 그러나 부장은 단호했다.

"안 돼. B방안으로 가자."

그 순간 K팀장은 갈림길에 섰다. 여기서 더 강하게 밀어붙이다가 미움을 사거나 "제가 할 말은 다 드렸습니다"라고 말하고 물러나는 선택을 할 수도 있었다. 그가 그 자리에서 물러나거나 회사를 떠났다면 조직의 미래를 위해 쓴소리를 한 충신으로 남았을 것이다. 말은 옳았지만 결과는 바꾸지 못한 채로.

K팀장은 다른 길을 택했다. 일단 한 걸음 물러섰다. 하지만 포기하지 않았다. 다시 자료를 들여다보고 데이터를 재검증하고 논리를 다듬고 외부 전문가의 의견까지 덧붙였다. 며칠 뒤 그는 새로 정리한 자료를 들고 조용히 부장을 찾아가 말했다.

"부장님, 지난번 안을 다시 검토해 봤습니다. 이 데이터를 한번 보시겠습니까?"

부장은 자료를 살펴본 뒤 잠시 생각에 잠겼다가 "좋네. 이번에는 A방안으로 가자"라고 말했다. 결정이 바뀐 것은 K팀장의 논리와 진심, 그리고 인내심 있는 태도 덕분이었다.

K팀장은 "옳은 말을 했다"에서 멈추지 않고 부장의 마음을 움직여 결정을 바꾸었고 결국 조직의 방향까지 바꾸었다.

직언의 완성은 말의 용기가 아니라 리더의 마음을 움직여 결과를 바꾸는 실력에 있다. 바람직한 직언의 최종 완성 상태는 팔로워가 인정받고 조직도 함께 발전하는 것이다. 당태종 시대의 현명한 신하 위징은 그 기준을 이렇게 정리했다.

직언의 완성 상태는 리더가 그 말을 받아들이고 조직이 실제로 바뀌는 단계다.

그는 충신과 양신을 구분하며 단순한 충언을 넘어 '받아들여지는 직언'을 강조했다.

① **충신**(忠臣) — 군주에게 바른말을 했지만 받아들여지지 않았다. 군주는 분노를 이기지 못하고 신하를 죽였고, 나라는 결국 쇠퇴했다. 그러나 그 신하는 훌륭한 인물로 역사에 남았다.

② **양신**(良臣) — 군주에게 직언했을 때 그것이 받아들여졌다. 군주는 나라를 흥하게 했고, 신하는 명예를 얻어 군주와 함께 영화를 누렸다.

충신은 옳은 말을 했지만 군주를 바꾸지 못했다. 반면 양신은 옳은 말을 '받아들이게 한 사람'이다. 직언의 완성은 말의 용기가 아니라 리더의 마음을 움직이는 실력에 있다. 리더가 받아들이고, 팔로워가 인정받으며, 조직이 성장하는 상태—그것이 바람직한 직언의 완성이다.

이제 남은 질문은 하나다. 당신은 충신으로 남을 것인가, 양신으로 성장할 것인가.

05. 말 한마디가 바꾸는 리더의 마음

"어떻게 말해야 리더의 마음을 움직일 수 있을까?"

논쟁의 함정 — 이기는 순간, 관계는 진다

A대대장이 중대장들에게 말했다.

"징계받은 병사를 휴가 보낼 때는 반드시 보고하고 보내라."

며칠 뒤, B중대장이 보고 없이 징계받은 병사를 휴가 보냈다. 대대장이 불러 물었다.

"왜 내 승인 없이 보냈나?"

"저도 권한이 있습니다."

"규정 가지고 와 봐!"

"여기 있습니다."

잠시 침묵 후, 대대장은 차갑게 말했다.

"당장 나가."

다음 날 아침, 대대장은 회의 자리에서 이렇게 말했다.

"내가 가장 싫어하는 말이 뭔 줄 아나? '규정에 있습니다'야."

B중대장은 틀린 말을 하지 않았다. 그러나 '옳음'보다 '방식'이 문제였다. 논리적으로는 맞았지만, 말투와 태도는 리더의 감정을 자극했다. 뇌과학 연구에 따르면 사람은 자존감이 강하게 위협받는 상황에서 위협·불

안을 담당하는 편도체가 민감하게 반응해 방어적인 태도나 공격적인 반응을 보이기 쉽다. 이때 아무리 옳은 말을 해도 상대는 더 이상 이성으로 받아들이지 않고 감정으로 받아들인다. 결국 B중대장은 '규정'으로는 이겼지만, '관계'에서는 졌다.

미국의 사회언어학자 브라운(Brown)과 레빈슨(Levinson)은 이런 상황을 체면이론(Face Theory)으로 설명한다.[18] 체면이론이란 사람이 대화 속에서 자신의 '사회적 얼굴(face)', 즉 타인에게 존중받고 스스로의 체면을 지키려는 심리적 욕구를 유지하려는 성향을 말한다. 따라서 논쟁이 감정의 영역으로 넘어가는 순간, 상대의 '존중 욕구'를 자극하게 되고 그 결과 말은 옳아도 마음은 멀어진다. 그래서 현명한 팔로워는 '논쟁' 대신 '설득'을 택한다.

리더의 자존심을 지켜 주면서 의견을 제시할 수 있을 때 조직은 감정의 낭비 없이 빠르게 움직인다. 논쟁의 가장 큰 함정은 말을 이기고 마음을 잃는 것이다.

논리를 넘어 뇌를 설득하라 — 데이터의 언어

상사에게 반론할 때는 사실과 데이터로 이야기하는 습관이 필요하다. "제 생각은 다릅니다"라는 말보다 "과장님이 지시하신 대로 진행 중입니다만, 이런 통계 결과를 우연히 발견했습니다. 한번 검토해보시겠습니까?" 이렇게 말하면 감정의 벽이 낮아진다.

심리학 연구에 따르면 사람은 감정적인 주장만 들을 때보다 구체적인 수치와 근거가 함께 제시될 때 상대의 말을 더 신뢰하는 경향이 있다. 심리학자 제

임스 버슬러(James Bursler)는 같은 내용을 두 가지 방식으로 표현해 실험했다.[19]

#1. "많은 학생이 이 정책에 반대합니다."

#2. "72%의 학생이 이 정책에 반대합니다."

결과는 명확했다. 숫자가 들어간 문장이 훨씬 더 설득력 있게 받아들여졌다. 이는 뇌의 인지 체계 때문이다. 상대의 말을 공격적인 논쟁으로 느끼면 위협을 감지하는 편도체가 먼저 반응해 방어하려는 경향이 생긴다. 반대로 감정보다 데이터와 사실을 중심으로 주고받는 대화일수록 전전두엽이 더많이 관여해 정보를 검토하고 비교하려는 태도가 강해진다. 즉, '나'의 주장이아닌 '사실'의 언어로 말할 때, 상대의 자존심은 위협받지 않는다.

이 원리를 가장 잘 보여주는 사례가 스타벅스의 '핫푸드 논쟁'이다.

2010년대 초, 매출이 둔화되자 일부 임원은 "따뜻한 음식이 커피 향을 가리고 브랜드 이미지를 해친다"며 일부 매장을 철수시키자고 제안했다. 하지만 현장 직원들이 직접 판매 데이터를 분석한 결과, 핫푸드 판매매장은 고객 체류 시간이 길고, 음료 재주문율이 높았다. 이 보고서를 본CEO 하워드 슐츠(Howard Schultz)는 즉시 계획을 철회했고, 오히려 '푸드+ 음료' 결합 전략을 강화했다. 그 결정은 매출 회복으로 이어졌다.[20]

이처럼 의견이 달라도 수치와 근거가 뚜렷할수록 감정의 열기는 가라앉는다. 리더의 마음을 바꾸는 것은 말의 세기가 아니라 근거의 정확성과 신뢰도다. 데이터는 논쟁을 키우기보다 멈추게 하고, 앞으로 나아갈방향을 보여주는 언어다.

신뢰를 얻는 대화 ─ 복사화법의 마법

어느 날 내가 점심 예약을 하면서 이런 경험을 했다.

"김치전골 예약되나요?"

"네, 몇 명인가요?"

"두 명입니다."

"몇 시로 할까요?"

"11시 50분입니다."

그러자 식당 직원이 이렇게 마무리했다.

"예약 확인해드릴게요. 11시 50분에 김치전골 2인분, 맞습니까?"

"네, 감사합니다."

내가 단편적으로 물었을 뿐인데, 직원이 내 말을 정리해주니 대화가 한층 또렷해졌다.

조직에서도 마찬가지다.

"야, 왜 내가 말한 대로 안 했나?"

상사가 말한 의도를 제대로 이해하지 못해 일을 그르치는 일이 잦다.

어떻게 하면 상사가 원하는 바를 정확하게 수행할 수 있을까? 그 답이 바로 복사화법이다. 복사화법은 상대의 말을 그대로 반복하되, 핵심만 정리해 되묻는 기술이다.

"네, 팀장님. 이건 이렇게 하라는 말씀이시죠?"

이 한마디로 상사는 '내 말을 제대로 이해했구나'라는 안도감을 느낀다. 심리학에서는 이를 언어 동조 효과(linguistic mirroring)라고 한다. 이는 상대의 말을 비슷하게 반복하면 뇌가 '나와 같다'고 인식해 심리적 거리가 줄어드는 현상을 말한다.

그렇다고 해서 복사화법이 모든 말을 그대로 따라 하는 것은 아니다. 지나치면 오히려 대화의 리듬이 끊기고 상사는 짜증을 낸다. 핵심 포인트, 즉 상사가 강조한 부분에서만 짧고 명확하게 요약해 되묻는 것이 중요하다.

"네, 이 보고서를 고객 관점에서 다시 정리하라는 말씀이죠?"

이 한 문장으로 실수는 줄고 신뢰는 쌓인다. 복사화법은 단순히 듣는데 그치지 않고, 상대의 뇌에 '이해받고 있다'는 신호를 전달하는 확인의 기술이다.

부드럽게 반론하기 — "예, 다만"의 기술

사람의 뇌는 'No'를 들으면 즉각 반발한다. 미국 심리학자 잭 브렘(Jack W. Brehm)은 이를 심리적 반발(Psychological Reactance)이라 불렀다.

"안 됩니다", "불가능합니다" 같은 단어는 상대의 자율성을 침해받았다는 신호로 해석되어 즉각 감정 방어를 일으킨다.

이럴 때 효과적인 화법이 있다. 바로 "Yes, but(예, 다만)"이다.

'예'로 먼저 수용한 뒤, '다만'으로 전환하는 문장은 상대의 자율성을 인정하면서도 자신의 입장을 부드럽게 전달할 수 있게 한다. '예, 다만'은 이성보다 감정을 먼저 설득하는 말의 순서다. 그래서 현명한 팔로워는 어떤 상황에서도 'No' 대신 '예, 다만'을 선택한다.

예를 들어 상사가 "이 일을 K대리가 맡아서 해주세요"라고 했을 때, "제가 할 수 있는 일이 아닌데요."라고 말하면 대화는 바로 막힌다. 대신 이렇게 말할 수 있다.

"네, 알겠습니다. 다만 제가 처음 해보는 일이라 진행하면서 제한되는 부분은 다시 보고드리겠습니다."

이 한마디면 반대가 아닌 협력의 인상을 준다. 상사의 지시가 무리하게 느껴질 때도 "예, 다만 일정상 조정이 필요할 것 같습니다"라고 말하면 감정보다는 해결책이 남는다. 이처럼 2%의 말만 디자인해도 결과는 완전히 달라진다.

리츠칼튼 호텔의 응대 매뉴얼에도 같은 원리가 담겨 있다.[21] 직원들은 고객의 요청이 불가능하더라도 절대 "No"라고 직접 말하지 않는다. 대신 "Yes, certainly(물론입니다). 가능한 방법을 확인해보겠습니다"처럼 긍정의 언어로 시작하도록 훈련받는다. 직접적인 거절 대신 '해결 의지'를 보여주는 이 한마디가 고객의 감정을 안정시키고, "이곳은 내 말을 존중해 주는 곳"이라는 신뢰를 형성한다.

상사의 체면을 살리면서도 자신의 입장을 지킬 수 있는 말, 그것이 바로 "예, 다만"의 힘이다. 결국 말 한마디의 차이가 결과를 바꾼다. 'No'는 문을 닫지만, 'Yes, but(예, 다만)'은 관계를 연다.

내가 복사화법과 '예, 다만'의 대화 기술을 익히게 된 계기는 정문섭 에이플러스 성공자치연구소 소장이 주최한 팔로워십 컨퍼런스였다. 그 자리에서 초청 강사의 강연을 통해 이 방식을 처음 접했고, 이후 정문섭 소장의 『팔로워십이 리더십보다 먼저다』를 통해 관련 내용을 다시 확인하며 지금까지 활용하고 있다.

상사의 마음을 얻는 말의 품격

말투 하나가 관계의 온도를 바꾼다. 나도 말투 때문에 부하를 오해한 적이 있다. 그는 처음에는 매사에 불만이 많은 사람처럼 보였다. 하지만 시간이 지나 알고 보니 누구보다 충직한 '진국'이었다. 다만 그가 쓰는 말투가 그 진심을 가리고 있었던 것이다. 그때 나는 사람의 성품보다 먼저 전해지는 것이 말투라는 사실을 분명히 깨달았다.

1) 말투는 감정의 언어다

부부 상담 전문기관 듀오라이팅컨설팅의 조사에 따르면 한국 부부들은 한 달 평균 2.2회 이상 말투 때문에 다투는 것으로 나타났다. 또한 10명 중 9명이 "배우자의 말투가 갈등의 원인"이라고 답했다.

말투는 단순한 소리가 아니라 감정의 온도다. 일본의 의사 고바야시 히로유키(Kobayashi Hiroyuki)는 말투가 듣는 사람뿐 아니라 말하는 사람의 자율신경에도 영향을 미친다고 밝혔다.[22] 그의 연구에 따르면 "알겠습니다"처럼 밝고 시원한 말투는 자율신경을 안정시켜 두뇌와 신체의 활력을 높이고, 반대로 부정적이거나 무기력한 말투는 신체 능력과 집중력을 저하시킨다고 한다. 이처럼 좋은 말투는 타인뿐 아니라 자신을 이롭게 한다.

2) 상사의 마음을 닫게 하는 말투

"저 지금 바쁜데요."

"그건 제 일이 아닙니다."

"제가 할 수 있는 일이 아닌데요."

이런 말은 상사의 감정을 단번에 식게 만든다. 상사는 이미 성과 압박과 촉박한 일정, 윗선의 눈치를 동시에 감당하고 있다. 이런 상황에서 부하가 냉정하게 선을 긋는 순간 관계는 쉽게 굳어버린다. 상사가 뛰고 있을 때는 부하도 함께 뛰어야 한다. 최소한 함께 뛰고 있다는 신호는 줘야 한다. 당장 맡은 일이 없어도 같이 뛰는 마음가짐을 보여줄 때 신뢰는 쌓인다.

"지금 많이 바쁘시죠? 급한 일만 마무리하고 바로 하겠습니다."

이 한마디면 된다. 상사는 '이해받았다'는 안도감을 느끼고, 부하는 '협조적이다'는 인상을 남긴다.

3) "예, 알겠습니다"보다 더 좋은 대답

상사의 지시가 무리하게 들려도 무조건 "예, 알겠습니다"만 반복하면 오히려 신뢰를 잃는다. 이행하지 못할 지시라면 솔직하면서도 공손하게 설명해야 한다.

A대리는 팀장이 지시를 하면 항상 "예, 알겠습니다"라고 답했다. 팀장은 당연히 진행될 것이라 믿었지만, 막상 기한이 다가와도 결과가 나오지 않았고 결국 "왜 안하는 거지"라는 감정만 남았다.

반면 B대리는 같은 "알겠습니다" 뒤에 곧바로 제한사항을 꺼냈다. "언제까지 해야 합니까? 지금 상급부대에서 요구하는 업무가 겹쳐 우선순위를 조정해야 합니다. 급한 일을 먼저 마무리하고 진행하면 안 되겠습니까?"라는 식으로 상황과 대안을 함께 제시했다. 그 한마디 덕분에 상사는 업무를 재조정하거나 지원을 해 줄 수 있었고, 결과적으로 일도 관계도 매끄럽게 정리됐다. 결국 중요한 건 무조건적인 "예"가 아니라, 실행 가능성을 함께 공유하는 태도였다. A대리는 말로만 받아들였고, B대리는 조건과 대안을 함께 내놓았다.

1. 상사의 안정회로, 부하의 자율회로

· 상사는 통제를 통해 불안을 줄이고, 부하는 자율을 통해 성취감을 얻는다.

2. 두려움을 넘기는 대화의 용기

· 팔로워가 권력 거리의 벽을 넘는다는 것은 닫힌 관계를 다시 여는 일이다.

3. 제발 결론부터 말해다오

· 결론을 앞세우고 이유와 근거로 뒷받침하면 피로가 줄고 신뢰가 쌓인다.

4. 100만 달러의 직언 기술

· 직언의 완성은 옳음을 말하는 일을 넘어 받아들이게 하는 것이다.

5. 말 한마디가 바꾸는 리더의 마음

· 현명한 팔로워는 '논쟁' 대신 '설득'을 택한다.

Stop & Think

Why   왜 상사와 부하는 대화하는 방식이 서로 다를까?

What   결론부터 말하기 위해서는 무엇을 해야 할까?

How   어떻게 직언을 해야 상사가 편하게 받아들일까?

4장

정성, 보이지 않는 디테일의 힘

01. 진짜 팔로워는 겨울에 드러난다

"상사의 마음을 움직여본 적이 있는가?"

상사를 빛내는 사람

두뇌 회전이 빠른 전략기획본부 L전무는 사장의 말을 금세 이해하고 실행하는 팔로워였다. 브랜드 개편 회의에서 사장은 이렇게 말했다.

"이제는 부서별 광고가 아니라 고객의 검색부터 AS까지 전체 경험을 하나로 다시 설계해야 합니다. 이 방향으로 회장님께 보고드릴 겁니다."

며칠 뒤 사장은 회장 보고 자리에 L전무를 함께 데려갔다. 보고 중간에 대화가 오가다가 회장이 물었다.

"전략기획본부의 입장은 어떻습니까?"

L전무가 회장 얼굴을 쳐다보며 곧바로 말했다.

"저는 브랜드를 단순 이미지 통일이 아니라 고객의 심리를 처음부터 끝까지 하나의 이야기로 다시 짜는 프로젝트로 봐야 한다고 생각합니다. 핵심은 디자인 전체 프로세스를 고객 기준으로 재설계하는 것입니다."

회장은 고개를 끄덕였지만, 사장은 마음이 몹시 불편했다.

'저 말은 내가 오늘 보고의 마지막 결론으로 준비한 건데, 마치 자기 의견처럼 말하네. 며칠 전 내가 제시한 방향을 자기 공으로 포장해 버리다니 괘씸하기 그지없군.'

그런데 같은 상황에서도 정반대로 행동하는 팔로워가 있다. 내가 대대장으로 근무할 때 있었던 일이다. 어느 날 사단장이 불시에 대대 진지 공사 현장을 방문했다. 전날 비가 왔는데도 진지에 비닐 커버를 씌워 피해가 전혀 없었다. 사단장이 "중대 간부들이 주도면밀하군"이라며 칭찬하자, 옆에 있던 중대장이 이렇게 말했다.

"대대장님이 사전에 지침을 주셨습니다."

순간 나는 얼굴이 붉어졌다. 사실 나는 아무 지시도 내리지 않았다. 그런데도 그 중대장이 내게 공을 돌린 한마디가 그렇게 고마울 수 없었다.

누구나 자신의 존재를 드러내고 인정받고 싶어 한다. 특히 부하가 상사의 상사를 대할 때 그 욕망은 더 강해진다. 그러나 진짜 팔로워는 자신보다 상사를 먼저 생각하는 사람이다. 상사를 빛나게 하는 일은 인간의 뇌가 작동하는 방식을 이해한 지혜이자, 함께 살아남는 생존의 기술이다.

사람은 칭찬과 인정을 받을 때 뇌의 보상 회로가 강하게 반응한다. 상사가 부하로부터 그런 순간을 경험하면 그 느낌은 "이 부하는 믿을 만하다"라는 신뢰의 기억으로 남는다. 상사를 돋보이게 한 팔로워는 언젠가 반드시 보답받는다. 그것이 관계의 품격을 만드는 가장 단순하면서도 강력한 법칙이다.

겨울에도 푸른 사람

사람의 진심은 위기에서 드러난다. 진짜 팔로워십도 극한의 순간에서 나타난다. 다음 사례는 실제로 있었던 일이다.

오늘은 K대위가 중대원들과 함께 10km 산악행군 측정을 받는 날이었다. 30kg이 넘는 군장을 메고 2시간 안에 완주해야 했다. 단 한 명이라도 시간 내에 도착하지 못하면 전원이 재평가를 받아야 한다. K대위는 감기몸살로 이틀째 약을 복용하고 있었고, 그날따라 컨디션은 최악이었다.

무더운 날씨 속에 대열이 출발했다. 초반에는 괜찮았지만 8km를 넘어서자 K대위의 다리가 풀리기 시작했다. 몸살 기운이 심해지고, 결국 그는 무게를 이기지 못해 주저앉았다. '나 하나 때문에 모두가 불합격할 수는 없다.' 이를 악물었지만, 이미 몸이 말을 듣지 않았다. 그때 A중사가 달려왔다.

"중대장님, 제가 군장을 메겠습니다!"

그는 주저하지 않았다. K대위의 군장을 자신의 군장 위에 올려 메고 앞장섰다. 다른 중대원들도 좌우에서 중대장을 부축하며 함께 뛰었다. 땅을 울리는 발소리와 거친 숨소리가 하나의 리듬처럼 이어졌다. 결국 그들은 1시간 50분 만에 결승점에 도착했다. 모두가 쓰러지듯 주저앉았지만 얼굴에는 뿌듯함이 가득 찼다. 훗날 K대위는 이렇게 말했다.

"지금도 그날 A중사가 제 군장을 들어 올리던 순간을 잊지 못합니다. 제가 팔로워십을 생각할 때 가장 먼저 떠오르는 장면입니다."

뇌과학 연구에 따르면 이런 순간은 '사회적 보상(social reward)' 경험으로 뇌에 각인된다. 강한 보상 감정이 동반된 사회적 경험은 편도체와 해마를 중심으로 더 오래, 더 선명하게 기억에 남는다고 알려져 있다.[1]

그래서 상사는 자신을 지켜 준 부하의 얼굴을 평생 잊지 못한다.

이런 의리와 진심은 시대를 초월한다. 조선 후기의 명필 추사 김정희역시 그것을 경험했다. 김정희가 정치적 투쟁에 휘말려 제주도로 유배를 갔을 때, 대부분의 사람들은 권세를 잃은 그와 연락을 끊었다. 그러나 제자 이상적만은 변함없이 그를 찾아왔다. 김정희가 필요한 책들을 멀리 중국에서 구해 보내며 스승을 잊지 않았다. 김정희는 그 진심에 깊은 감동을 받고 붓을 들었다. 그렇게 탄생한 작품이 바로 국보『세한도(歲寒圖)』다.

그림 속에는 소나무와 잣나무 몇 그루만이 고요히 서 있다. 김정희는 그 옆에 이렇게 썼다.

"날씨가 추워져야 소나무와 잣나무의 푸르름을 안다(歲寒然後知松柏之後彫)."

추운 겨울이 되어야 진정한 푸르름이 드러난다는 뜻이다. 김정희는 권세가 사라진 뒤에도 자신을 잊지 않은 제자의 마음을 통해 인간의 진심이 무엇인지 깨달았다. 진정한 팔로워란 상황이 좋을 때가 아니라, 모두가 떠난 뒤에도 곁을 지키는 사람이다. 그 변함없는 마음이 리더의 기억 속에 '신뢰의 흔적'으로 남는다.

남는 사람과 떠나는 사람

전역한 어느 장군이 이런 말을 했다.

"대령 진급을 하자 전에 근무했던 부하들이 자주 연락을 했습니다. 장군 진급에 3번 떨어지니 연락하던 부하들이 절반으로 줄더군요. 4번째 도전 끝에 준장(원스타)에 오르자 다시 전화가 쏟아졌습니다. 그런데 3번 연거푸 소장(투스타) 진급이 좌절되자 연락하던 부하들이 썰물 빠지듯 사라졌습니다. 어렵게 소장 진급을 하고 사단장을 나가자 매일같이 연락이 오더군요. 지금은 전역을 하고 나니 연락하는 부하도 찾아오는 사람도 없습니다."

그의 말은 씁쓸하지만 조직에서 인간관계가 어떻게 움직이는지를 적나라하게 보여준다. 직책과 권한이 있을 때는 사람이 몰리고, 그 자리를 내려놓는 순간 주변은 금세 조용해진다. 그래서 한비자는 "마음속 깊이 군주를 사랑하는 신하는 없다"라고 말했다. 인간은 이해득실에 따라 언제든 변할 수 있는 존재라는 불편한 진실을 일찍이 간파한 것이다.[2] 이익을 추구하는 인간의 본성을 거슬러 상사를 위해 끝까지 충성할 부하가 얼마나 될까.

한 CEO는 이렇게 회상했다.

"직원들을 친동생처럼, 둘도 없는 친구처럼 대해왔지만 결정적인 순간이 되자 급여 문제를 따지며 서로의 입장이 확연히 엇갈리더군요."

상사가 외롭고 고독한 이유는 같은 마음으로 짐을 함께 짊어질 부하가 없기 때문이다. 물론 부하 입장에서는 생존이 걸린 문제 앞에서 이익을 생각할 수밖에 없다. 그러나 어려운 순간, 단 한 번이라도 상사의 편을 들어주는 부하는 그 한마디로 신뢰의 중심에 새겨진다. 나에게도 지금까지 잊을 수 없는 한 장면이 있다.

어느 날 점심을 마치고 차를 마시던 중 한 통의 전화를 받았다. 3년 전 내가 대대장 시절에 함께 근무했던 부대대장 K소령이었다.

"대대장님, OO신문사 기자가 3년 전 민원 건에 대해 전화를 해왔습니다. 그건 이미 해결된 일인데 누가 다시 제보한 것 같습니다. 대대장님은 전혀 관련 없다고 사실대로 다 말했습니다. 혹시 기자가 전화할 수 있으니 알고 계시기 바랍니다."

기자의 전화는 오지 않았고 그 일도 별문제 없이 끝났다. 나중에 알게 된 사실이지만, 기자가 여러 간부에게 전화를 했는데 나에게 알려준 사람은 K소령 한 명뿐이었다. 그 순간 느꼈다. 'K소령은 나를 잊지 않았다.' 그

한 통의 전화가 내 마음속에 강하게 새겨졌다. 'K소령을 위해서라면 나도 어떤 일이든 돕겠다'고 결심했다. 리더는 거창한 충성을 바라지 않는다. 단 한 번의 진심, 그 작은 의리 하나가 평생의 신뢰를 만든다.

기분이 태도가 되지 않게 하라

언젠가 내가 상사에게 기분 상하는 말투를 한 적이 있다. 야근하면서 여러 번 보고서를 수정했는데, 주말에도 호출을 받아 다시 고치라는 지시를 받았을 때였다. 하필 그날은 오랜만에 친구들이 나를 찾아와 함께 식사를 하고 있을 때였다. 상사의 전화를 받고 부랴부랴 자리를 정리하고 사무실로 갔다. 수정하라는 내용을 보니 월요일에 출근해서 고쳐도 되는 사소한 내용이었다. 억울한 마음이 들어 나도 모르게 퉁명스러운 말투로 말했다.

"도대체 몇 번을 고치는 겁니까?"

결과는 참담했다. 상사는 버럭 화를 내며 "기본이 안 되어 있다"라고 호되게 나무랐다. 나는 그 일을 겪으며 알았다. 순간 기분이 나쁘다고 해서 태도까지 불손해지면 결국 손해를 보는 쪽은 나 자신이라는 것을.

미국 경영계에는 '웨이터 법칙(The Waiter Rule)'이 있다. 이 법칙은 사람의 인격이 자신에게 서비스를 하는 이를 대하는 태도에서 가장 정확히 드러난다는 의미를 담고 있다.

컨택센터(콜센터) 운영을 돕는 소프트웨어 회사인 위트니스 시스템스(Witness Systems)의 CEO 데이브 굴드(Dave Gould)는 한 고급 식당에서 다른 CEO와 식사를 하던 중, 웨이터가 실수로 그 CEO의 양복에 와인을 쏟는 장면을 봤다. 그러나 그는 화를 내지 않았다. 대신 웃으며 말했다. "오늘 아침 샤워를 못했는데, 그걸 어떻게 아셨습니까?" 굴드는 그 자리에서 그 CEO의 품격을 봤고, 며칠 뒤 그와 거래를 맺었다.

일터에서 우리가 보이는 태도는 단순한 예절이 아니라 신뢰와 인격을 드러내는 방식이다. 종업원을 대하는 태도에서도 인격이 보이는데, 하물며 상사를 대하는 태도는 더 말할 필요도 없다.

신경과학 연구에 따르면 사람들이 '존중과 안전을 느끼는 환경'에 놓였을 때 인지 기능이 활성화되고 창의력과 협력이 촉진된다.[3] 즉, 상사에게 존중을 표현하는 태도는 단지 예의가 아니라 팀 전체의 사고력과 성과를 높이는 행동이다.

상사는 숫자로 드러난 성과보다 일하는 태도에서 신뢰를 느끼는 경우가 더 많다. 보고 내용이 아무리 완벽해도 표정이 무뚝뚝하거나 말투가 퉁명스러우면 상사는 그 순간 '이 사람은 불만이 많다', '협조적이지 않다'는 인상을 받는다. 일시적인 불쾌감에 휩쓸려 표정이 굳거나 말투가 거칠어지면, 상사는 업무보다 사람 자체를 의심한다.[4] 반대로 결과가 다소 미흡하더라도 진심이 느껴지는 태도를 보이면 상사는 그 사람에게 다시 기회를 준다. 성과보다 태도가 더 깊이 남는 이유는 그 안에 인격과 관계의 신뢰가 담겨 있기 때문이다.

'나는 상사와 잘 지내고 있다'라고 생각하기 쉽지만, 평소의 업무 태도와 대인관계를 돌아볼 필요가 있다. 회의 중 전화를 받거나, 상사가 말하는데 다른 일을 하는 등 무심코 보인 작은 행동이 상사의 신뢰를 깎을 수도 있다. 태도는 말보다 먼저 드러난다. 동료나 고객을 대할 때의 언행이 곧 나의 태도이고, 그 태도 속에 인격이 드러난다. 많은 상사들은 부하의 실적보다 평소 태도를 보며 '믿고 일을 맡길 수 있는 사람인가'를 끊임없이 저울질하고 있다는 사실을 알아야 한다.

워렌 버핏은 이렇게 말했다.

"명성을 쌓는 데는 20년이 걸리지만, 그것을 무너뜨리는 데는 5분이면 충분하다."

그의 말은 인간관계에도 그대로 적용된다. 한순간의 감정을 조절하지 못해 수개월간 쌓은 관계를 무너뜨릴 수 있다. 그러나 단 한 번의 절제된 태도가 무너진 관계를 회복시킬 수도 있다. 팔로워십의 품격은 감정을 다스릴 줄 아는 절제에서 시작된다.

상사와의 불편한 관계로 이직을 고민하는 사람들이 많고 때로는 상사가 나를 싫어한다고 느끼기도 한다. 그럴수록 바꿔야 할 것은 상사의 태도가 아니라 내가 보이는 태도는 아닌지 한 번쯤 곰곰이 생각해 볼 일이다.

02. 1mm의 차이가 만든 결과

"디테일은 왜 상사의 결정을 가볍게도,
무겁게도 만드는가?"

디테일이 무너질 때

해외파병을 준비하던 시절, 나는 물자 관리를 담당하는 군수장교였다. 출국 하루 전, 부대원들의 개인 물품을 항공기에 적재하는 과정에서 문제가 생겼다. 예상보다 짐이 많아 적재칸이 꽉 차 버린 것이다. 원인은 단순했다. 내가 '개인당 캐리어 한 개'라고만 지시했을 뿐, 캐리어의 크기와 중량 기준을 제시하지 않았기 때문이다. 부대원들이 제각각 크기가 다른 캐리어를 들고 오자 항공기 공간이 부족해졌다.

출국을 하루 앞두고 물동량 적재가 어려워지자 상사는 "일을 꼼꼼하게 처리하지 못했다"며 나를 질책했다. "모든 수단을 동원해 해결하라"는 지시가 떨어졌다. 출국 직전, 마지막으로 가족을 면회할 수 있는 시간이었지만 나는 그 시간조차 갖지 못한 채 초조한 마음으로 문제를 풀어야 했다. 결국 부대원들을 하나하나 설득해 짐을 줄이게 하고, 꼭 필요한 물품은 배낭을 추가로 보급받아 직접 휴대하도록 조치했다.

이런 디테일의 빈틈은 산업 현장에서도 그대로 반복된다.

유럽의 한 수입업체가 중국의 냉동 새우 수출회사를 상대로 수입을 거부하고 손해배상을 청구했다.[5] 검역소에서 1,000톤의 냉동 새우를 검사한 결과, 항생물질의 일종인 클로람페니콜 0.2그램이 검출되었기 때문이다. 0.2그램은 전체 수출량의 50억 분의 1에 불과했다. 원인을 조사해 보니 문제는 가공 과정에 있었다. 새우 껍질을 벗기던 일부 직원이 손에 습진이 생겨 클로람페니콜이 함유된 연고를 바른 채 작업을 했던 것이다. 그 미세한 잔류물이 새우에 스며들어 수출 전면 중단과 막대한 손실로 이어졌다. 50억 분의 1, 0.2그램—사소한 부주의 하나가 결국 엄청난 결과를 불러왔다.

디테일은 습관이다

작은 차이가 신뢰를 만들고, 신뢰가 곧 브랜드가 된다. 세계적으로 성공한 기업들은 디테일을 관리하는 힘으로 성장해왔다.

맥도날드는 햄버거 하나를 만들 때도 치밀한 기준을 세워놓았다.[6] 고기 패티는 40여 가지 품질검사를 통과해야 하고, 야채는 냉장고에서 꺼낸 뒤 2시간 이내에만 사용할 수 있다. 모양이 틀어진 빵이나 일정한 크기로 잘리지 않은 재료는 전량 폐기한다. 감자튀김은 만들어진 지 7분, 햄버거는 19분이 지나면 무조건 버린다. 버터는 섭씨 4도 이하로 납품되어야 하며, 이 기준을 초과하면 반품된다. 560페이지에 달하는 맥도날드의 작업 매뉴얼에는 '고기 굽기' 과정만 해도 20페이지가 넘는 세부 절차가 기록돼 있다. 전 세계 어느 매장에서나 맛과 품질이 동일한 이유다.

삼성의 창업주 이병철 회장 역시 디테일의 대명사로 불린다. 일본에서 초밥을 배우고 돌아온 신라호텔 조리장 이병훈은 자신이 최고라고 자부했다. 그러나 이 회장은 그에게 물었다.

"초밥 하나에 밥알이 몇 개 들어가는지 아는가?"

당황한 조리장이 대답하지 못하자, 그는 말했다.

"점심용 초밥은 320개, 저녁용은 280개가 적당하네."

초밥 한 알의 밥알 수까지 계산한 그의 치밀함은 '완벽은 디테일에서 비롯된다'는 사실을 일깨운다. 이런 태도는 거대한 경영 현장만의 이야기가 아니다.

내가 과장으로 근무하던 시절, 함께 일하던 실무자 A는 복사 한 장에도 세심함을 담았다. 서류의 필기 흔적이 희미하게 보이자 그는 복사기의 농도를 높여 글씨가 또렷하게 보이게 했다. 여백이 넓은 복사본을 가져올 때는 "파일로 철할 때 글자가 가려지지 않도록 했다"고 설명했다. 복사 한 장조차 대충 넘기지 않는 그의 습관은 '디테일은 태도의 문제'임을 보여줬다.

의학교육 현장에서도 마찬가지다. 한 의과대학 교수는 첫 수업에서 컵에 담긴 소변을 두고 학생들에게 이렇게 말했다.[7]

"의사가 되려면 대담함과 세심함을 모두 갖춰야 한다."

그는 손가락을 컵에 넣었다가 입에 넣는 시범을 보이며 "나처럼 해보라"고 했다. 학생들은 구역질을 참으며 그대로 따라 했다. 잠시 후 교수가 말했다.

"자네들은 세심함이 부족하네. 나는 둘째 손가락을 컵에 넣고, 셋째 손가락을 입에 넣었네."

그제야 학생들은 진짜 실력은 대담함이 아니라 세밀한 관찰력과 주의력에서 나온다는 것을 깨달았다.

디테일은 특별한 능력이 아니라 습관의 결과다. 작은 부분을 소홀히 하지 않는 태도, 눈에 잘 띄지 않는 곳까지 정성을 기울이는 자세가 결국 큰 차이를 만든다. 완벽을 향한 집념은 작은 디테일에서 시작된다.

결정 피로를 줄이는 팔로워의 디테일

요즘 리더는 '가성비'보다 '시성비(시간 대비 성능비)'를 중시한다. 하루 24시간을 어떻게 쓰느냐가 조직의 성과를 가르는 시대이기 때문이다. 빌 게이츠(Bill Gates)와 45분 독대를 위해 평생을 기다리는 직원이 있다는 말, 워런 버핏(Warren Buffett)과 점심 한 끼를 함께하기 위해 26억 원을 지불한 경매가가 이를 상징한다. 상사의 시간은 곧 의사결정의 시간이며, 수천 명의 인생을 움직이는 자원이다. 따라서 상사의 시간을 덜 쓰게 하면서 결정의 속도를 높이기 위해 팔로워는 '만반의 준비'를 갖춰야 한다.[8]

팔로워의 5가지 디테일

1.10배 고민	2.깊은 생각	3.준비된 발언	4.적절한 대안	5.상사 컨디션

1. 상사를 만나는 시간보다 10배를 준비하라

리더에게 의사결정은 직업이다. 그러나 정보가 불충분하면 결정을 미루거나 회피하기 쉽다. 따라서 팔로워의 역할은 사실을 나열하는 보고가 아니라, 정보를 '결정 가능한 수준'으로 압축하는 일이다. 회의나 보고 전에 충분한 데이터, 시나리오, 근거를 정리해 두어야 리더도 신속히 판단할 수 있다.

2. 상사가 대신 생각하게 하지 마라

새로 부임한 A부장은 "언제든 와서 의논하라"고 했다. 하지만 과장들이 사소한 일까지 물으러 오자, 이내 실망했다. 상사는 부하의 질문을 대체로 3가지로 구분한다.

① 스스로 해결이 불가능한 중요한 문제인가?

② 생각 없이 떠넘기는 질문인가?

③ 현장의 효율을 높이려는 깊이 있는 질문인가?

치열한 고민 끝에 던진 질문만이 상사의 시간을 아끼고, 동시에 당신의 수준을 보여준다. 상사에게 생각까지 대신하게 하는 부하는 부담이지만, 상사의 생각을 정리해 주는 부하는 신뢰를 얻는다.

3. 준비 없는 발언은 침묵보다 못하다

회의 자리에서 상사가 "의견 있습니까?"라고 물었을 때, 정리가 안 된 상태라면 "생각을 정리해 다시 말씀드리겠습니다"라고 말하는 편이 훨씬 낫다. 근거와 데이터 없이 즉흥적으로 말하면, 상사는 오히려 두 배의 시간을 써야 한다. 준비된 발언 하나가 회의의 흐름을 살리고, 상사의 시성비를 높인다. 말은 길수록 신뢰를 깎고, 정리될수록 힘을 가진다.

4. 대안은 많을수록 판단을 늦춘다

리더는 복잡한 선택을 싫어한다. 컬럼비아대 쉬나 아이엔거(Sheena Iyengar) 교수는 흥미로운 실험을 했다. 마트 시식 코너에 한번은 24종류의 잼을, 다른 날은 6종류의 잼을 진열했다. 시식 인원은 24종류일 때가 훨씬 많았지만, 실제 구매율은 6종류일 때가 6배 이상 높았다. 선택지가 많을수록 사람들은 "뭐가 좋은지 모르겠다"는 생각에 결정을 미룬 것이다. 이는 '선택 과부하(choice overload)', 즉 선택지가 많을수록 오히려 결정을 미루거나 포기하는 심리적 현상의 대표적 사례다.

이 현상은 인간의 뇌 구조와도 관련이 깊다. 뇌는 체중의 2%에 불과하지만 전체 에너지의 20%를 소비한다. 그래서 심리학자들은 인간을 '인지적 구두쇠(cognitive miser)'라 부른다. 뇌는 에너지를 아끼기 위해 자신이 해오던 익숙한 패턴으로 생각하려는 경향이 있기 때문이다.[9]

나 역시 이를 실감한 적이 있다. 한번은 상사에게 5가지 대안을 보고했더니 "왜 이리 고려할 게 많냐, 줄여서 다시 가져와"라는 말을 들었다. 치밀하게 검토한 뒤 두 개 안으로 압축하자 상사는 바로 결정을 내렸다. 리더는 단순히 선택하는 사람이 아니라, 결정하고 책임지는 사람이다. 따라서 대안의 수를 줄이고, 그 안에서 비교 근거와 실행 가능성을 선명하게 제시해야 한다.

5. 상사의 컨디션을 배려하라

상사의 결정을 망설이게 하는 요인은 정보의 부족이 아니라 에너지의 고갈일 때가 많다. 그만큼 상사의 컨디션은 중요하다.

내가 실제 경험한 일이다. 오전 내내 2가지 안을 놓고 사단장과 참모들이 작전계획을 논의했지만 결론이 나지 않았다. 회의가 길어지자 사단장은 하품을 하며 말했다. "일단 점심 먹고 다시 하자." 점심 식사 후 회의장에 돌아온 그는 전혀 다른 사람이 되어 있었다. 얼굴에는 활기가 돌았고, 복잡했던 안건들을 하나씩 정리하며 토의를 주도했다. 그 결과, 오전 내내 풀리지 않던 문제가 단번에 해결됐다.

사람의 에너지가 판단에 얼마나 큰 영향을 미치는지는 연구에서도 잘 드러난다.[10] 이스라엘 법원에서 10개월 동안 1,000여 건의 보석 신청을 심사한 결과가 흥미롭다. 점심 직전이나 업무 종료 직전, 즉 허기를 느끼는 시간대에는 보석 허가율이 0%였지만, 오전 업무 시작 직후나 점심 식사 후에는 65%로 급등했다.

　　포도당이 부족해지면 뇌, 특히 전전두엽이 효율적으로 작동하지 못해 판단과 자기통제가 둔해질 수 있다. 백화점이 푸드코트를 운영하는 것도 같은 이유에서다. 배고픈 소비자는 구매 결정을 미루기 때문이다. 리더도 예외가 아니다. 따라서 중요한 보고와 결재는 리더의 컨디션이 좋은 시간, 즉 오전 초반 시간대나 식사 직후가 가장 효율적이다. 또한 리더가 큰 결정을 내린 직후에는 회의를 잠시 멈추고 휴식할 수 있도록 배려하라. 그것이 리더의 컨디션을 배려하는 팔로워의 진짜 감각이다.

　　중용 23장은 이렇게 말한다. "작은 일에도 최선을 다하면 정성스럽게 된다. 정성스러우면 겉으로 드러나고, 드러나면 감동을 주며, 감동은 변화를 일으킨다."

　　영화감독 봉준호의 별명은 '봉테일'이다. 그는 작품의 완성도를 높이기 위해 그림자의 각도와 소품의 위치까지 직접 확인한다. 정성이 쌓이면 습관이 되고, 습관이 쌓이면 품격이 된다. '충성하라'는 말은 거창한 다짐이 아니라, 지금 맡은 일에 정성을 다하는 태도에서 시작된다. 상사의 시간을 줄이고 대안을 또렷하게 정리하며 리더의 컨디션까지 살피는 것, 그런 디테일이 곧 충성의 출발점이다.

03. 상사를 바꾸려 하지 말라

"관계를 움직이는 진짜 힘은 무엇인가?"

바꾸려는 순간 멈춘다 — 인식의 전환

상사가 답답하게 느껴질 때가 있다. 지시가 모호하고 감정이 앞서며 같은 말을 반복할 때면 "도대체 왜 저렇게밖에 못할까?"라는 불만이 쌓인다. 그 상사는 대체로 3가지 유형 중 하나일 가능성이 높다.[11] 자기 때문에 부하가 힘든 줄 모르는 상사, 알면서도 '훈련 과정'이라 여기는 상사, 그리고 알고도 즐기는 상사다.

이럴 때 우리는 흔히 환경을 바꾸려 한다. 부서를 옮기거나 일을 미루고, 상사를 설득하려 든다. 하지만 부모도 배우자도 쉽게 바꾸지 못하듯 상사 역시 바꾸기 어렵다.

결혼 연구에 따르면 결혼 만족도는 결혼 직전이 가장 높고, 이후 점차 낮아진다. 서로의 단점을 고치려다 지치기 때문이다. 그러다 50대가 넘어서면 만족도가 다시 높아진다 그 이유는 이 사실을 깨닫기 때문이다.

"이 사람은 변하지 않는다. 차라리 내가 내 할 일을 잘하자."

직장도 같다. 상사를 바꾸려 애쓸수록 스트레스는 커지고, 받아들이면 관계가 달라진다. 결국 상사를 바꾸는 가장 빠른 길은 나 자신을 바꾸는 것, 즉 '문제의 원인을 상사로 보기보다 내 태도를 돌아보는 인식의 전환'이다.

상사는 각자 다른 기준과 스타일을 가지고 있다. 이를 무시하면 '내가 옳다'는 기준으로 판단하게 되고, 그때 상사와 관계는 쉽게 무너진다. 나는 그 사실을 뼈저리게 느낀 적이 있다.

어느 일요일 아침, 내가 당직근무 중이었다. 북한 핵실험 소식이 뉴스에 나왔다. "충성! 북한이 핵실험을 했습니다." 상사에게 보고하자 짜증 섞인 목소리가 들려왔다. "그래서 어쩌라고? 평소처럼 하라." 다음 날 아침 회의 시간에 그는 "대령쯤 됐으면 보고할 일과 안 할 일을 구분해야지"라고 말했다. 나는 '괜히 보고했다'는 생각이 들었다.

7개월 뒤 새로운 상사가 부임했다. 그날 밤 북한이 또 핵실험을 했다. 이번엔 보고하지 않았다. 그러자 그 상사가 말했다. "북한이 핵실험을 했는데 보고를 안 하나? 그보다 중요한 일이 어디 있나?" 같은 상황이었지만 상사의 판단은 정반대였다. 상사의 스타일에 따라 정답이 달라지는 것이다.

비슷한 일은 회사에서도 일어난다. 새 부장이 부임했을 때 A팀장은 자주 말했다. "전임 부장은 그렇게 안 했습니다." 그러자 부장이 호통쳤다. "언제까지 전임 부장 이야기만 할 건가? 지금은 선장이 바뀌었어!"

상사의 스타일에 맞추는 것은 비굴함이 아니라 지혜다. 서면보고를 좋아하는지, 근거자료를 선호하는지 같은 작은 차이를 읽고 맞추는 것이 센스다.

말투 하나가 관계를 바꾼다. 성취지향형 상사에게는 "단백질을 먹으면 힘이 납니다." 안정지향형 상사에게는 "단백질을 먹지 않으면 힘이 빠집니다"라고 말해보라. 같은 말이라도 표현의 방향이 다르면 결과가 달라진다. '상사를 바꾸려는 시도'에서 '상사를 이해하려는 시도'로 바뀌는 순간, 관계는 움직이기 시작한다.

태도가 바뀌면 뇌가 바뀌고, 관계가 바뀐다

신경과학은 성인의 뇌도 스스로 새로운 회로를 만들어 가는 '신경가소성(Neuroplasticity)' 원리를 밝혀냈다.[12] 즉, "사람은 원래 그런 사람이다"라는 말은 생물학적으로 틀리다. 태도와 행동이 반복되면 뇌의 신경망이 실제로 바뀌고, 그 변화는 감정 반응과 관계 방식까지 바꾼다.

A사장은 성격이 불같고 까다로워 직원들이 2년도 버티지 못했다.[13] 그런데 유독 K직원만 칭찬을 들었다.

"그래, 자네밖에 없군."

비결은 단 하나였다. K직원은 사장을 '아버지처럼' 생각하기로 했다. 그는 이렇게 말했다.

"이래저래 무슨 수를 써도 안 되길래, 저는 사장님을 아버지로 생각했습니다. 처음엔 어색했지만 3주쯤 지나니 정말 아버지처럼 느껴졌습니다. 야단을 맞아도 잔소리로 들리고, 짜증을 내도 '오늘 아버지가 기분이 안 좋구나'라고 생각했습니다."

이렇게 하자 먼저 달라진 것은 K직원의 마음이었다. 사장에 대한 두려움이 줄어들고, 이해가 생기면서 존중과 평정이 자리 잡았다. 그러자 사장의 반응도 눈에 띄게 달라졌다. 예전엔 날카롭게만 대하던 사람이 어느 순간부터 K직원을 아들 대하듯 챙기기 시작한 것이다. 이 변화는 단순한 기분 전환이 아니라 뇌가 새 감정 패턴을 다시 배운 결과다. 두려움 대신 존중의 태도가 반복되자 뇌는 그 관계를 '위협'이 아닌 '안정'으로 인식했고, 그 인식이 다시 상대의 반응까지 바꾸었다. 결국 한 사람의 태도가 둘 사이의 관계를 새로 설계한 셈이다.

나도 비슷한 변화를 경험했다. 내가 육군리더십센터 리더십교육과장으로 근무할 때, S소령은 내가 만난 가장 모범적인 팔로워 중 한 명이었다. 전출 회식 자리에서 나는 이렇게 말했다.

"S소령은 과장이 출근하고 싶은 생각이 들게 해 준 팔로워다. 그는 업무를 도왔을 뿐 아니라, 마음까지 편하게 해주었다."

그는 한 번도 "과장님, 이렇게 바꾸셔야 합니다"라고 말한 적이 없었다. 그저 묵묵히 최선을 다했다. 그의 진심과 태도를 보며 나는 스스로를 돌아보았다.

'저런 부하가 있는데 내가 더 성숙해야 하지 않을까?'

그의 존재는 내게 변화를 일으켰다. 말로는 좀처럼 설득되지 않던 것도, 태도가 달라지면 마음이 움직인다.

관계를 움직이는 진짜 힘, '나의 변화'

사람은 쉽게 변하지 않는다. 그러나 관계는 얼마든지 바뀔 수 있다. 뇌는 반복되는 감정 경험을 통해 새로운 패턴을 학습한다. 상사를 향한 나의 태도가 바뀌면, 그에 대한 상사의 반응도 달라진다. 그것이 관계의 회로가 새롭게 연결되는 과정이다.

사람은 자신의 생각·신념·행동이 서로 어긋날 때 심리적 불편함을 느낀다. 그리고 그 불편함을 줄이기 위해 태도를 바꾸거나 행동을 조정하거나, 자신의 선택을 정당화하는 방식으로 스스로를 설득한다. 이런 심리적 메커니즘은 조직 관계에서도 그대로 작동한다.

특히 권력이나 지위의 차이가 있는 관계에서는 '내가 틀릴 수 있다'는 인정을 더 어렵게 만든다. 상사에게 "이건 잘못됐습니다"라고 정면으로 말하면, 그 순간 상사는 자신의 판단이 틀렸다는 사실에 불편함을 느낀다. 그래서 "너는 내 입장을 몰라"라며 방어한다. 상사를 바꾸려는 시도가 실패하는 이유다.

결국 상사를 바꾸는 유일한 방법은 '상사를 바꾸려 하지 않는 것'이다. 상사를 바꾸려는 순간 관계는 멈춘다. 하지만 나의 인식과 태도가 바뀌는 순간, 관계는 움직인다. 내 뇌의 반응 패턴이 바뀌면 그 변화는 상대의 뇌에도 전염된다. 상사를 이해하고 나를 다스리는 힘—그것이 진짜 변화를 만드는 시작점이다.

04. 뒷담화, 만족은 짧고 후회는 길다

"뒷담화는 왜 달콤하면서도 위험한가?"

뒷담화의 부메랑 효과

"야, 너희 과에 있는 A간부는 도대체 왜 그래! 업무시스템도 잘 모르면서 여기저기 투덜거리고 다니는 거야. 제대로 교육시켜."

부장이 화난 얼굴로 나를 불렀다. 경위를 알아보니, 우리 과 A간부가 다른 부서 B간부에게 "부장님 지시로 시행하는 업무시스템이 비효율적이다"라고 말했고, 그 말이 돌고 돌아 부장에게까지 전달된 것이었다. 결국 부장은 그 말을 듣고 화가 나서 나를 불렀던 것이다.

나는 A간부에게 "지금 부장님이 그 일로 대단히 화가 나 있다. 사과해라"라고 말했고, A간부는 사과했다. 이후 내가 부장에게 "이번 일로 심려를 끼쳐드려 죄송합니다"라고 했지만, 부장은 여전히 'A간부가 괘씸하다'는 마음을 거두지 못하는 듯했다. 그때 깨달았다. 뒷담화는 결국 당사자에게 되돌아온다.

뒷담화의 부메랑 효과는 상사가 부하를 뒷담화할 때도 예외가 아니다. B팀장은 여름휴가를 보내던 중 팀원에게서 전화를 받았다. "오늘 회의에서 본부장님이 '팀장님은 소통을 제대로 안 한다'고 말했습니다." 그 말을 듣는 순간, B팀장은 휴가 기분이 싹 사라지는 듯했다. '내가 없는 자

리에서, 그것도 팀원들 앞에서 나를 이렇게 이야기하다니….'

상사의 뒷담화만 들어도 이럴진대, 부하가 상사를 뒷담화했다는 사실을 상사가 알게 되면 얼마나 불쾌하겠는가. 뒷담화는 잠깐 스트레스를 풀어준다. 하지만 그 말의 기억은 상대의 뇌 속에 오래 남아 돌고 돌아 결국 부메랑처럼 내게 돌아온다.

뒷담화는 만족은 짧고, 후회는 길다.

집단 극화와 도파민의 함정

무심코 시작한 대화가 감정적으로 증폭되는 이유는 '집단 극화 현상(Group Polarization)' 때문이다. 이 현상은 여러 사람이 모여 대화할 때 개인이 원래 가졌던 생각보다 더 극단으로 치우치는 심리를 말한다.

프랑스 사회심리학자 모스코비치(Serge Moscovici)와 연구진은 참가자들에게 "드골은 복잡한 정치 문제를 다루기엔 너무 늙었다"와 같은 문장들을 제시했다. 이후 소집단으로 나누어 토론하게 하자, 토의 전보다 긍정적인 사람은 더 긍정적으로, 부정적인 사람은 더 부정적으로 바뀌었다.[14]

이때 뇌에서는 보상 회로도 함께 작동한다. 사람은 자신의 의견에 공감해 주는 말을 들을 때 도파민이 분비되고, 그 순간 "내가 옳다"는 확신과 함께 묘한 쾌감을 느낀다. 그래서 혼자 있을 때는 'A 상사는 좀 별로다.'라고 생각하던 사람도, 여러 사람과 뒷담화를 나누다 보면 'A 상사는 정말 최악이다.'라고 느끼게 된다.

문제는 거기서 끝나지 않는다. 남의 말을 함부로 전하거나 욕하는 행동은 정신적 불안과 죄책감을 남긴다. '혹시 내 말이 전해졌을까?', '상사가 알면 어쩌지?' 같은 불안이 뒤따른다. 나 역시 그런 경험이 많았다. 특히 뒷담화를 한 직후 상사가 나를 부를 때면, 그 말이 들통난 것은 아닌가 하는 불안감이 엄습했다. 결국 뒷담화는 순간의 쾌감 뒤에 긴 불안을 남긴다.

가장 위험한 형태는 "누가 이런 말을 하더라"고 하며 다른 사람을 내세워 말을 전하는 것이다. 경험 많은 상사나 동료는 이런 말을 듣는 순간 바로 알아차린다.

"결국 네가 그 사람을 싫어하는구나. 직접 말하지 않고 남을 이용하는구나."

그 순간 신뢰는 끝난다. 뒷담화는 타인을 무너뜨리는 말처럼 보이지만, 결국 자신의 품격을 깎아내리는 말이다.

왜 사람은 뒷담화를 멈추지 못할까

화가 났을 때 직접 맞서지 못하면 사람은 다른 출구를 찾는다. 그때 가장 쉬운 통로가 뒷담화다. 왜일까? 불쾌한 감정을 털어놓는 순간, 뇌가 긴장을 풀어주는 '정서적 환기 효과'가 일어나기 때문이다.[15]

이탈리아 파비아대 연구진은 실험 참가자들에게 여러 주제로 이야기를 나누게 하며 뇌의 변화를 관찰했다.[16] 흥미롭게도 남의 이야기를 할 때 뇌에서는 세로토닌과 옥시토신이 더 많이 분비되었다. 두 물질은 마음을 진정시키고 정서적 유대를 높이는 역할을 한다. 즉, 뒷담화를 할 때 순간적으로 속이 시원해지는 이유는 뇌가 실제로 안정 호르몬을 내보내기 때문이다.

오징어를 아작아작 씹을 때 맛이 나듯, 누군가를 뒷담화할 때도 묘한 쾌감과 후련함을 느낀 경험이 있을 것이다. 그래서 뒷담화를 하는 사람들끼리는 금세 친해지고, '우리 편인지 아닌지'도 빠르게 갈린다. 뒷담화에는 "내가 싫어하는 사람을 너희도 싫어해야 한다"는 마음을 은근히 강요하는 심리가 함께 작동하기 때문이다.[17]

한 조사에 따르면, 주부들이 남편에게 가장 섭섭함을 느낄 때는 '이웃 주부의 험담을 할 때 맞장구를 쳐주지 않을 때'라고 한다. 내 마음속 불만과 감정을 누군가 함께 공감해 주길 바라는 것이다. 그래서 사람들은 같은 이야기를 여기저기 반복하며 "나만 이렇게 느끼는 게 아니다"라는 확신을 얻고 싶어 한다. 인간은 사회적 존재라 소수의 편에 서 있을 때보다 다수의 편에 설 때 마음이 편하다.

문제는 이 지지 욕구가 관계를 더 좋게 만들기보다, 오히려 틀어지게 만든다는 점이다. 뒷담화는 내 감정을 잠시 시원하게 해 줄 수는 있지만, 결국 서로에 대한 신뢰를 조금씩 깎아내리기 때문이다.

뒷담화의 유혹을 이기는 방법

1. 뒷담화의 3가지 특성을 기억하라[18]

첫째, 뒷담화는 반드시 당사자에게 전달된다.
둘째, 뒷담화를 하는 순간 스스로 약점을 안고 살게 된다.
셋째, 뒷담화의 최종 피해자는 결국 자신이다.

2. "누가 이런 말을 하더라"는 말은 절대 금물

친한 사람끼리 나눈 대화를 앞뒤 맥락 없이 제3자에게 전하면, 감정은 더 쉽게 부풀려진다. "너를 생각해서 하는 말이야"로 시작하지만, 결과는 대부분 좋지 않다. 이때 듣는 사람이 떠올리는 얼굴은 원래 그 말을 했던 사람이 아니라, 지금 내 앞에서 말을 전하는 사람이다.

사람은 내용보다 눈앞의 표정과 목소리 톤에 더 영향을 받는다. 심리학에서는 이를 '정서 전염(Emotional Contagion)'이라고 부른다. 한 사람의 감정과 분위기가 말투와 표정을 타고 다른 사람에게 그대로 옮겨 가는 현상이다. 옆에서 이야기를 들은 사람은 말의 내용뿐 아니라, 그 순간의 표정과 톤까지 함께 받아들이며 비슷한 감정을 느끼게 된다. 부정적인 감정은 감염처럼 번지고, 한번 옮겨지면 쉽게 가라앉지 않는다. 특히 부정적인 감정은 긍정적인 감정보다 전파 속도가 2.5배 빠르다는 연구들도 있다. 감정을 전하는 순간, 당신의 표정과 어조까지 함께 전달된다.

3. 공감은 하되 선은 그어라

뒷담화의 중심에는 언제나 상사가 있다. 누군가 상사를 험담할 때 무심코 맞장구치면, 그 즉시 "OO도 같은 말을 했다"라는 문장이 만들어진다. 나도 모르게 같이 뒷담화를 한 사람이 되어 버리는 것이다.

이 함정에 빠지지 않으려면 이렇게 말해보면 좋다.

"네 입장에서는 그렇게 느낄 수 있겠다."

이 한 문장은 감정을 인정하면서도, 내 판단은 다를 수 있다는 선을 그어준다. 심리학에서는 이를 '비동조적 공감(Nonconforming Empathy)'이라고 부른다. 쉽게 말해 공감은 하되, 뒷담화 하는 편에 서지 않는 방식이다. 이 한마디가 감정의 확산을 멈추게 하는 심리적 방파제가 된다.

4. '뒤탈 없는 사람'에게 하라

스트레스가 극에 달하면 누구라도 속을 털어놓고 싶어진다. 그럴 때는 같은 조직 안에서 일어나는 일을 잘 아는 동료가 아니라, 이해관계가 얽혀 있지 않은 사람에게 감정을 털어놓는 편이 훨씬 안전하다.

나도 그런 적이 있었다. 상사가 도저히 납득되지 않는 지시를 내렸을 때 동료들에게 하소연하고 싶었지만 꾹 참았다. 그 상황에서 불평을 쏟아냈다면, 언젠가 돌고 돌아 상사의 귀에 들어갔을 것이다. 대신 퇴근 후 평소 친한 동기에게 전화를 걸어 이야기를 털어놓았다. 그는 제3자의 시각에서 조언을 해 주었고, 나는 상황을 더 입체적으로 바라볼 수 있었다.

조직심리학에서는 이런 태도를, 감정을 외부에서 정리하되 조직 안으로 확산시키지 않는 건강한 대응으로 본다. 감정은 혼자 꾹 눌러두기보다 안전한 통로를 통해 해소해야 한다. 다만 그 통로가 같은 조직 사람과의 뒷담화가 아니라, 이해관계에서 한 걸음 떨어져 있는 사람이어야 한다. 감정을 처리하되 퍼뜨리지 않는 사람이 결국 조직 안에서 자기 자리와 신뢰를 지켜낸다.

유대인 속담에 이런 말이 있다.

"살인은 한 사람을 죽이지만, 험담은 세 사람을 죽인다. 말한 사람, 들은 사람, 그리고 당사자."

뒷담화는 순간의 통쾌함을 주지만 결국 세 사람을 죽인다는 사실을 잊지 말자.

05. 상사의 기대치를 위반하라

"당신의 기억 속에 오래 남는 사람은 어떤 행동을 했을까?"

기대치 위반의 원리 — 작은 행동 하나의 힘

"인생의 성패는 의무적으로 해야 할 일을 다 하고 난 다음, 작은 것을 추가해 상대를 감동시킬 수 있는가에 달려 있다.[19]" 심리학에서는 이를 '기대치 위반의 원리(Principle of Expectancy Violation)'라고 한다.

작은 행동 하나가 유난히 기억에 남는 이유는 간단하다. 기대를 살짝 넘어서는 순간, 뇌가 강하게 학습하기 때문이다. 이때 작동하는 것이 신경과학자 볼프람 슐츠(Wolfram Schultz)가 제시한 '도파민 예측오차(Reward Prediction Error)'다. 이는 예상보다 좋은 결과가 주어질 때 뇌가 더 강하게 보상 신호를 보내는 현상을 말한다. 예상 밖의 보상이 주어지면 도파민이 급격히 분비되고, 그 순간의 경험은 뇌에 강하게 각인된다. 그래서 상사의 기대를 넘어선 작은 행동 하나가 오래도록 기억에 남는다.

내가 업무를 제대로 못 하던 초급장교 시절, 상사가 나에게 말했다.

"제발 시킨 대로만 하지 말고 고민 좀 해라. 머리 두었다가 어디 쓰려고 하냐."

그러면서 그가 들려준 일화가 인상 깊었다.

"내가 30년 전 소대장을 할 때, 라면을 끓여오라고 하면 세 부류의 병사가 있었다. A병사는 라면만 달랑 끓여왔고, B병사는 라면에 계란을 넣었고, C병사는 라면에 계란과 파를 넣고 김치까지 준비했다."

사장이 찰리 채플린에게 "빵을 사오라"고 했을 때의 일화도 비슷하다. 채플린은 빵과 함께 와인까지 사 왔다. "왜 와인을 사왔느냐?"고 묻자, 그는 "사장님은 와인을 좋아하시는데 떨어진 걸 알고 사왔습니다"라고 답했다. 사장은 그날 이후 그의 월급을 올려주었다.

이처럼 '시킨 일만 하는 사람'과 '한 걸음 더 생각하는 사람'의 차이는 사소해 보이지만, 그 작은 차이가 신뢰와 감동을 만드는 경계선이 된다. 이 한 걸음이 바로 기대치 위반이고, 그 순간이 상사의 뇌에 강하게 각인된다.

기억에 남는 부하들의 공통점 — 한 걸음 더의 진심

지금까지 함께 일했던 사람들 가운데 다시 만나고 싶은 이들에게는 공통점이 있었다. 자기 일을 충실히 하면서 거기에 감동을 더했던 사람들이다.

A병사는 내가 초안을 잡아준 보고서를 단순히 워드로 옮기지 않았다. 문서를 옮기며 내용을 이해했고, 모르는 부분이 있으면 물었다.

"과장님, 이 부분은 이해가 잘 안 됩니다."

그는 내용을 정확히 파악하고 싶어 했다. 때로는 제안도 했다.

"과장님, 이건 이렇게 바꾸는 게 낫겠는데요?"

그의 말투에는 불만이 아니라, 더 나은 결과를 만들고 싶은 진심이 담겨 있었다. 20년이 지난 지금도 그때의 모습이 선명하게 기억난다.

나와 함께 일한 B간부도 그랬다.

"참모님, 퇴근 버스 시간이 변경되었습니다. 오늘부터 적용된다고 하니 확인하십시오."

작은 일 같지만 그는 언제나 주변을 세심히 살피는 사람이었다. 남들이 지나치는 변화를 먼저 알아채고, 필요한 정보를 미리 공유했다.

한 제조기업의 품질관리팀 C대리도 비슷했다. 출고 전 마지막 점검을 하던 그는 포장 라인 끝부분에서 제품 몇 개의 봉합 상태가 미세하게 다른 것을 발견했다. 매뉴얼대로라면 샘플만 다시 검사하면 될 일이었지만, 그는 그냥 지나치지 않았다. C대리는 '이대로 나가면 문제가 크게 번질 수 있다'고 판단했다. 생산라인 일시 중단을 요청하고 불량 원인을 찾기 위해 야근까지 자청했다. 결국 포장 기계 한 대의 센서 오작동이 확인됐고, 그날 밤 출고 예정이던 물량 전체를 다시 점검해 대량 반품 사태를 막을 수 있었다. 누구도 시키지 않았지만 먼저 위험을 짚어낸 그 한 걸음이 회사의 신뢰와 손실을 동시에 지켜낸 셈이었다.

이 세 사람에게는 공통된 특징이 있었다. 그들은 '지시된 일'과 '가치 있는 일'을 구분할 줄 아는 사람들이었다. 누군가는 시킨 대로만 했지만, 그들은 언제나 '그다음'을 생각했다. 남들이 보지 못한 틈새를 발견하고, 거기에 작은 정성을 부어 넣는 사람. 그 정성이 진심일 때, 상대는 감동하고 그 기억은 오래 남는다.

지금 자신에게 물어보라. 나는 상사에게 어떤 부류에 속하는가?

① 상사의 기대에 미달해 실망을 주는 사람

② 상사가 기대한 만큼만 하는 사람

③ 상사의 기대를 충족시킨 뒤, 예상하지 못한 감동 하나를 더하는 사람

성과는 숫자로 평가되지만 감동은 마음에 각인된다. 진심 어린 태도와 세심한 배려가 누적될 때 그 사람은 반드시 인정받는다. 결국 상사가 가장 기억하는 사람은 '기대치를 넘어 감동을 준 사람'이다.

준비된 실행 ― 위기를 기회로 바꾸는 힘

⑴ 식은땀 흘린 대대장과 준비된 주임원사

"내가 간다고 특별한 준비하지 마라." 새로 부임한 사단장은 부대 방문 전 이렇게 말했다. 그러나 방문 당일, 사단장은 불쑥 물었다.

"내가 중대장을 할 때 교보재가 없어서 훈련을 못 시킨 적이 있다. 교보재 창고 한번 볼 수 있겠나?"

순간 대대장은 식은땀을 흘렸다. 창고는 평소 방치되어 있었고, 담당자도 휴가 중이었기 때문이다. 그런데 막상 가보니 놀라운 광경이 펼쳐졌다. 진입로가 정비되어 있었고, 주변 잡초도 깨끗이 제거되어 있었다. 창고 내부는 품목별로 잘 정리되어 있었고, 부족한 교보재 현황판까지 세세하게 기록되어 있었다.

"나름 잘 관리하고 있구나. 부족한 교보재는 보충해주겠다." 사단장은 만족한 표정으로 부대를 떠났다.

대대장은 놀란 표정으로 물었다.

"주임원사, 이게 어떻게 된 거요? 지난주까지만 해도 창고가 엉망이었잖소."

주임원사가 답했다.

"사단장님이 교보재 관리에 관심이 많다는 말을 들었습니다."

"그걸 어떻게 알았소?"

"사단장님이 예전에 지휘관으로 계셨던 부대에 아는 간부가 있어서 알아봤습니다."

대대장은 고개를 끄덕이며 말했다.

"고맙소. 당신 아니었으면 큰일 날 뻔했소."

이것이 바로 기대치를 넘어선 준비가 주는 감동이다.

(2) 500억 원을 절감한 공무원의 땀

송학 대표는 9급으로 시작해 33년간 근무한 뒤 1급 공무원(방위사업청 계약관리본부장)으로 퇴직했다. 2023년 육군 리더십 콘퍼런스에서 그의 강연을 들은 나는 깊은 인상을 받았다.

그는 평생 하나의 신념을 지켰다. "공직자의 성공은 자존심을 지키며 가는 길이고, 공직자의 실패는 정년만 지키려는 생각에서 시작된다. 자신의 능력에 한계를 느끼고, 그것이 회복 불가능한 수준이면 과감히 떠나라."

5급 사무관 시절, 그는 육군 단거리 대공미사일 체계 사업 협상을 맡았다. 회계연도 마지막 달인 12월, 상부의 재협상 지시가 떨어졌다. 시간은 없었고, 자료도 부족했다. 그는 퇴근을 포기하고 사무실에서 숙식하며 일했다. 난방조차 되지 않아 군용 담요를 두세 겹 덮고 밤새 떨며 협상 전략을 세웠다.

해외 정보를 수집해야 했지만, 당시 장비는 구식 286 컴퓨터뿐이었다. 그는 불편한 환경에서도 자료를 모으고, 수십 번 시뮬레이션을 하며 치밀한 전략을 수립했다. 결국 계약은 성공적으로 마무리되었고, 500억 원이 넘는 예산 절감을 이끌어냈다. 상사들은 극찬을 아끼지 않았다.

지그 지글러는 말했다. "자기 몫 이상을 하겠다는 사람을 말릴 이는 없다." 상사의 기대를 넘어서는 순간, 그 사람은 이미 남들과 다르게 빛나기 시작한다.

나 하나쯤이야의 함정 — 링겔만 효과와 책임의 심리학

한 시골 마을에서 축제를 열기로 했다. 마을 이장이 말했다.

"축제 때 마실 포도주를 각자 조금씩 가져와 큰 술통에 부읍시다."

모두가 찬성했고, 저마다 포도주를 부었다. 그런데 축제 날, 술통에서는 포도주 대신 맹물이 흘러나왔다. 모두가 '나 하나쯤은 물을 부어도 괜찮겠지'라고 생각했던 것이다. 결국 약속과 신뢰가 무너졌다. 이것이 바로 링겔만 효과(Ringelmann Effect)다. 사람이 많아질수록 오히려 결과가 나빠지는 현상을 말한다.

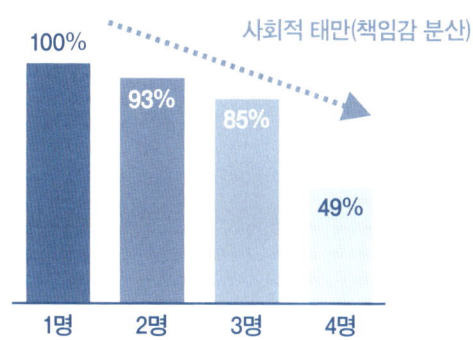

링겔만 효과(Ringelmann Effect)

독일의 심리학자 링겔만은 집단 속에서 개인의 공헌도가 어떻게 변하는지 알아보기 위해 줄다리기 실험을 했다. 그는 이렇게 가정했다.

"참여 인원이 늘어날수록 각 개인이 내는 힘도 함께 증가할 것이다."

하지만 결과는 예상과 달랐다. 한 사람이 줄을 잡았을 때는 100%의 힘을 냈다. 2명이 되자 개인당 힘은 93%로 줄었고, 3명일 때는 85%, 4명일 때는 49%로 떨어졌다. 참여 인원이 많아질수록 개인이 사용하는 힘은 계속 줄어들었다. 이것이 바로 '사회적 태만(Social Loafing)', 즉 무임승차 현상이다. 사람 수가 많아질수록 각 개인이 느끼는 책임감이 분산되고 희석되기 때문이다.

공동업무를 할 때 상사들은 사람들이 서로 미루고 방관하기 쉽다는 사실을 잘 알고 있다. 그렇기에 이때가 오히려 기대치 위반의 기회다. 사람이 많아질수록 책임감은 흐려지지만, 바로 그때 스스로 책임을 지는 사람이 돋보인다. 눈에 띄지 않아도 진심은 드러나고, 그것이 결국 신뢰가 된다.

보이지 않는 자리의 신뢰 — 이기적 이타주의자의 힘

미국 코네티컷대학교의 심리학자 노라 메이저(Nora Major)는 흥미로운 실험을 진행했다. 그는 미용실 헤어스타일리스트 176명을 대상으로 업무 태도와 성실성을 두 집단이 평가하도록 했다. 한쪽은 그들의 직속상사, 다른 한쪽은 오랜 기간 서비스를 받아온 단골손님이었다.

놀라운 결과가 나왔다. 전혀 다른 두 집단이었음에도 평가 결과는 거의 일치했다. 단골손님들은 직속상사처럼 매일 관찰할 기회가 없었지만, 그럼에도 상사가 평가한 수준만큼 정확하게 그들의 태도를 알아보았다.

이 실험은 중요한 사실을 보여준다. 삶의 태도는 결국 자신도 모르게 드러난다는 점이다. 문제는 눈에 띄지 않는 자리에서 꾸준히 최선을 다하는 일이 결코 쉽지 않다는 데 있다. 그럴 때 필요한 태도가 '이기적 이타주의자'다. 이기적 이타주의자란 타인을 돕는 일이 결국 자신에게도 이익이 된다는 사실을 아는 사람이다. 남을 돕고 조직에 기여하는 일이 곧 나를 성장시키는 일이라는 믿음이 있을 때 사람은 쉽게 지치지 않는다.

B팀장은 그 대표적인 사례였다. 대기업 인사팀장이었던 그는 직원 2천 명의 이름을 기억했고, 지하철 노선이나 버스 변경 사항도 직접 알려주었다. 직원들의 경조사는 물론, 부모의 장례식에도 먼 길을 마다하지 않았다. 특히 구조조정 시기에는 300명을 직접 만나 "안타깝다"고 말하며 손을 잡고 눈물을 흘렸다. "희망퇴직금을 지급하고, 일자리를 알선하는 데 최선을 다하겠다." 그의 진심 어린 말에 사람들은 위로받았다. 그해 연말, 그는 임원으로 승진했다.

한 직원이 물었다.

"팀장님이 여러 사람들을 자기 일처럼 챙길 수 있었던 비결이 뭔가요?"

그는 미소를 지으며 말했다.

"그 사람들을 도와주는 게 내 승진에 도움이 된다고 생각했기 때문이다."

상사와 조직을 위해 일하는 일이 결국 자신을 위한 일임을 깨닫는 사람, 그가 진짜 프로다. 결국 이기적 이타주의자가 되어야 지치지 않고 오래 일할 수 있다.

1. 진짜 팔로워는 겨울에 드러난다

· 진심은 말보다 빠르고 강하게 전해진다.

2. 1mm의 차이가 만든 결과

· 디테일은 특별한 능력이 아니라 습관의 결과이다.

3. 상사를 바꾸려 하지 마라

· 태도가 바뀌면 뇌가 바뀌고, 관계가 바뀐다.

4. 뒷담화, 만족은 짧고 후회는 길다

· 뒷담화는 잠깐의 해소감을 주지만 긴 불안과 불신을 남긴다.

5. 상사의 기대치를 위반하라

· 작은 정성과 진심이 상사의 마음에 각인되는 순간 관계는 달라진다.

Why 왜 진심과 디테일이 상사의 마음과 관계를 움직이는 핵심이 되는가?

What 뒷담화 충동을 느낄 때는 무엇을 해야 하는가?

How 내가 어떻게 해야 상사가 진정으로 기억하는 사람이 되는가?

5장

한 치수 큰 모자를 써라

01. 보이지 않는 말을 읽는 기술

상사의 머릿속으로 들어가라

P는 교육기업 전략기획팀에서 일하고 있다. 한 달 뒤 새 대표가 취임한다는 소식을 듣고 그는 생각했다.

'새 대표는 무엇을 가장 강조하고 싶어 할까. 직원들 앞에서 어떤 첫인상을 남기고 싶을까.'

얼마 지나지 않아 새 대표가 취임 직후 전 직원이 참석하는 '경영 방향 설명회'를 열겠다는 공지가 나왔다. P는 출퇴근길과 잠들기 전까지 그 장면을 계속 떠올렸다.

'매출 이야기만 하면 누구나 하는 말이 될 텐데, 우리 회사답고 대표다운 한마디는 무엇일까.'

어느 날 점심시간, 동료가 말했다.

"지방에 있는 학생들은 등록금 때문에 수도권 진학을 아예 포기한다더라."

그 말을 들은 P는 곧바로 생각했다.

'그래, 우리 회사는 교육회사다. 대표가 지방 청소년에게 장학 기회를 넓히겠다고 선언하면 어떨까.'

며칠 뒤 새 대표가 전략기획팀으로부터 업무보고를 받았다. 보고를 듣던 대표가 말했다.

"기획팀에서 하고 싶은 제안이 있으면 말해 보세요."

P는 준비해 둔 질문을 꺼냈다.

"대표님, 경영 방향 설명회에서 어떤 메시지를 말씀하실 계획이십니까?"

대표가 답했다.

"아직은 회사부터 알아가는 단계라서요. 우선은 회사와 직원들을 더 잘 이해하기 위한 자리로 생각하고 있습니다."

P는 조심스럽게 제안을 이어갔다.

"대표님께서 교육 기회 확대를 가장 중요한 가치로 보신다면, 지방 청소년 장학 프로그램을 선언하시는 것은 어떨까요. 예를 들어 3년 안에 지방 학생 1만 명에게 온라인 장학 코스를 제공하겠다는 목표를 선포하는 것입니다."

대표는 처음에는 신중한 반응을 보였다. 그러나 P가 지방 청소년 진학 통계와 장학 프로그램의 효과를 정리해 보여주자, 대표는 "진지하게 검토해 보자"고 말했다.

며칠 뒤 경영 방향 설명회에서 대표는 '지방 청소년 1만 명 장학 프로그램'을 직접 발표했다. 직원들은 회사가 나아갈 방향을 한층 구체적으로 그릴 수 있었다. 대표의 시각에서 생각하기 위해 끊임없이 고민해 온 P의 노력이 빛을 발한 순간이었다.

'마음이론(Theory of Mind)'은 타인의 생각과 감정을 추론하는 능력이다. 뇌과학 연구에 따르면 이 능력은 전전두엽을 포함한 여러 뇌 영역이 함께 작동할 때 나타난다.[1] 대표의 입장에서 생각하려는 P의 태도는 바로 이 마음이론이 작동하는 모습이다. 그는 자신의 생각의 흐름을 상사의 머릿

속으로 옮겨 놓았다. 이것이 바로 '상사의 머릿속으로 들어간다'는 말의
진짜 의미다.

상사의 의도 파악이 어려운 3가지 이유

상사의 의도를 파악하는 일은 매우 중요하다. 오죽하면 "상급자가 방
귀를 뀌면 그 형체를 그릴 수 있어야 한다"라는 말까지 나왔을까. 그런데
상사의 의도를 읽기는 왜 이렇게 어려울까? 이유는 3가지다.

상사의 의도 파악이 어려운 3가지 이유

1.구체적 요구 생략	2.결정 이유 생략	3.상사 자신도 모름

첫째, 상사는 요구사항을 구체적으로 말하지 않는다. 상사에게는 "이
정도는 말하지 않아도 알아서 하겠지"라는 심리가 있다. 팀장이 A대리에
게 말했다. "연초가 되었으니 거래처에 인사 좀 드리고 오라" A대리는 그
말을 액면 그대로 받아들여 정말 인사만 하고 돌아왔다. 그러자 팀장은
답답해하며 말했다. "그냥 가면 어떡하냐. 선물이라도 들고 가야지. 너는
그렇게 생각이 없냐!" A대리는 속으로 "그럼 처음부터 선물도 준비하라
고 하지…"라며 투덜거렸다.

이런 불일치는 문화적 배경에서 비롯되기도 한다. 문화인류학자 에드
워드 홀은 『문화를 넘어서』에서 고맥락 문화와 저맥락 문화의 차이를 설
명했다.[2] 서양은 저맥락 문화로 직설적이고 명료하게 말하지만, 동양은

고맥락 문화로 상대를 배려하며 애매하게 표현하는 경향이 있다. 예를 들어 어머니에게 "아내와 아이들 데리고 설에 내려가겠습니다"라고 하면, "바쁜데 뭐하러 오냐. 차도 밀리고 고생이다"라고 하신다. 그런데 "예, 그럼 안 내려갈게요"라고 하면 불효자가 된다. 어머니의 속마음은 "그래도 오면 참 효자다"에 가깝다. 상사의 말도 이와 비슷하다. 겉말만 듣지 말고 속뜻까지 읽어야 한다.

둘째, 상사는 '왜 하는가'를 설명하지 않는다. 훌륭한 상사는 방향 제시, 의미 전달, 공감 표현—이 3가지를 포함해 지시한다.[3]

한 소비재 기업에서 신제품 출시를 앞두고 마케팅 본부장이 이렇게 말했다.

① **업무 방향 제시:** "마케팅팀은 앞으로 3개월 동안 이 신제품을 온라인 주력 브랜드로 세우십시오. 이번 분기 안에 인지도와 매출이 동시에 눈에 띄게 올라가야 합니다."

② **의미 전달:** "이 제품이 자리 잡지 못하면 우리는 경쟁사에 핵심 시장을 내주게 됩니다. 이번 신제품 출시는 한번 팔고 끝내는 행사가 아니라 우리 회사가 앞으로 5년을 버틸 기틀을 세우는 일입니다."

③ **공감 표현:** "이미 야근이 많아서 많이 지친 거 잘 압니다. 그래도 이번 프로젝트를 함께 해낸다면 여러분 커리어에도 분명히 남을 성과가 될 겁니다. 저도 끝까지 옆에서 같이 뛰겠습니다."

미국의 심리학자 에드워드 데시(Edward L. Deci)와 리처드 라이언(Richard M. Ryan)이 제시한 '자기결정이론(Self-Determination Theory)'은 인간이

스스로 선택하고 행동할 때 가장 동기부여가 잘되고 만족을 느낀다고 설명한다. 이 이론에 따르면 사람은 '무엇을 해야 하는가'보다 '왜 해야 하는가'를 이해할 때 뇌의 도파민 회로가 활성화되고 몰입이 일어난다. 특히 "이번 신제품 출시는 한번 팔고 끝내는 행사가 아니라 우리 회사가 앞으로 5년을 버틸 기틀을 세우는 일입니다"라는 문장이 팀원들의 의욕을 끌어올렸다. 그는 '무엇을 하라'가 아니라 '왜 해야 하는가'를 말했다.

셋째, 상사는 '윗선이 시켜서' 업무를 전달하는 경우가 적지 않다. 한 제조기업에서 회의 중 본부장이 말했다. "다음 달까지 우리 부서 업무 프로세스를 글로벌 수준에 맞게 전면 개선하세요." 현장 팀장들은 어떤 항목을 어떻게 바꾸라는 뜻인지 명확히 이해하지 못했지만, 회의 분위기상 자세히 묻지 못했다. 이후 그 지시를 팀원들에게 전달하자 곧바로 질문이 나왔다. "구체적으로 무엇을 기준으로 바꾸라는 건가요?" 이렇게 상사 본인도 윗선의 의도를 완전히 소화하지 못한 채 지시를 내려야 하는 상황이 생긴다.

상사는 큰 그림을 갖고 있어도, 바쁘고 급한 상황 속에서 '왜'를 쉽게 생략한다. 지시가 선명하지 않을 때 우리는 그 '왜'를 스스로 찾아보려는 노력이 필요하다.

의도를 읽는 눈 — 견見이 아니라 관觀으로

검도에는 '견(見)하지 말고 관(觀)하라'는 말이 있다. 하수는 상대의 발만 보고(見), 고수는 몸 전체를 꿰뚫어본다(觀).[4] 이 말은 상사의 말을 겉으로만 듣지 말고 의도까지 파악하라는 메시지로도 통한다.

즉, 상사의 말을 곧이곧대로 듣는 것은 '견(見)'에 머무는 것이고, 말의 배경과 이유까지 함께 읽는 것은 '관(觀)'의 단계로 들어서는 것이다.

공자는 『논어』 위정편에서 사람을 파악하는 3단계를 말했다. 1단계 시(視)는 행동만 보는 단계, 2단계 관(觀)은 행동의 이유를 보는 단계, 3단계 찰(察)은 마음의 상태까지 살피는 단계다. 상사의 말을 '시(視)'의 단계에서만 들으면 핵심을 놓치기 쉽다. 그래서 평소에 상사의 의도를 읽는 훈련이 필요하다. 그 훈련이 되어 있는 팔로워가 관계의 본질을 꿰뚫는다.

군대에서는 작전계획을 세울 때 '2단계 상급자의 의도'까지 파악한다. 즉, 중대장은 대대장의 의도뿐 아니라 여단장의 의도까지 함께 생각한다. 직장으로 치면 대리가 팀장과 부장의 생각까지 읽어야 한다는 뜻이다. 상사가 의도를 말해주지 않으면 부하가 물어봐야 한다. "야, 하라면하지. 말이 많아"라는 반응이 돌아올 수도 있다. 그래도 물어보는 편이 낫다. 그 한 번의 질문이 큰 실수를 막는다.

로마 황제 카이사르는 황제가 되기 전에도 주변에 여인들이 끊이지 않았다. 놀라운 점은 그 어떤 여자도 그를 원망하지 않았다는 것이다.[5] 그는 상대가 무엇을 원하는지 정확히 알고, 그 욕구를 존중했다. 로버트 그린(Robert Greene)은 『유혹의 기술』에서 카사노바를 '역사상 가장 위대한 유혹자'라고 평가했다. 그는 만나는 모든 여성의 결핍을 파악하고 채워주었다. 권태로운 여인에게는 모험과 낭만을, 품위 있는 여인에게는 친절과 품격을, 너무 평온한 삶에 익숙한 여인에게는 생동감을 선사했다. 그린은 "여자를 유혹할 때는 외모보다 인내심과 집중력이 필요하다"라고 말했다.

상사의 마음을 얻는 일도 다르지 않다. 인내심과 집중력으로 상사의 의도를 관찰하고, 그의 결핍을 이해하며, 그가 진심으로 원하는 방향을 함께 그려보는 것. 어쩌면 그것이 상사를 향한 최고의 '유혹'일지 모른다.

02. 리더를 진급시키는 사람

한발 앞서 책임지는 팔로워

"팀장에서 임원이 되려면 무엇이 필요합니까?" 조주완 당시 LG전자 사장이 팀장급 간담회에서 받은 질문이었다. 그는 잠시 생각하더니 이렇게 말했다. "3명의 상사를 진급시키고, 5명의 후배가 진심으로 따르게 하라. 그러면 임원이 될 수 있을 것이다.[6]" 나는 그 답변 중 '3명의 상사를 진급시켜라'는 말이 유난히 마음에 남았다. 상사를 진급시킨다는 건 곧, 상사가 탁월한 성과를 낼 수 있도록 부하가 실질적인 역량으로 뒷받침해야 한다는 뜻이다. 즉, 진짜 유능한 팔로워란 상사를 돋보이게 만들어 주는 사람이라는 의미였다.

내가 여단장으로 근무하던 때였다. 임기 종료를 앞두고 재임 기간 중 단 한 번뿐인 전술훈련평가를 준비하고 있었다. 평가의 중요성은 누구보다 잘 알았지만, 내 마음속엔 한 가지 생각이 자리하고 있었다. '사고 없이 끝내자.' 그래서 나는 안전을 최우선으로 두고, 적당히 무리하지 않는 수준에서 훈련을 치르자는 입장이었다. 하지만 작전과장 B소령은 달랐다. 평가를 잘 받아 여단장인 나의 경력에 작은 도움이라도 주려는 마음이 있었다. 그는 현실적인 위험을 관리하면서도 실전 상황처럼 훈련을 재현하겠다는 의지를 보였다.

"여단장님, 이번엔 실제 상황처럼 하겠습니다. 4차선 도로에 검문소를 설치하고, 헬기를 띄워 병력을 산 정상에 투입하겠습니다."

그 말을 듣고 나는 순간 주저했다. '괜히 사고라도 나면 어쩌나. 도로가 막히면 민원도 들어올 텐데….' 그러나 그는 이미 모든 대비책을 세워 두고 있었다. 경찰서에 사전 통보해 민원 가능성을 차단했고, 검문 절차를 단계별로 숙달시켰다. 헬기 하강은 모형 헬기에서 수차례 반복 훈련으로 완벽히 익혔다.

평가 당일, 도로에는 팽팽한 긴장감이 감돌았다. 병력들은 신속히 배치되어 바리케이드를 설치했고, 차량 검문은 절차대로 진행되었다. 2개 차선을 1개로 줄이자 순식간에 차량이 2km가량 정체되었다. 운전자가 "이게 뭐 하는 겁니까?"라고 소리쳤지만, 주임원사는 침착하게 상황을 설명했다. 그 순간 상공에서 두두두— 하는 헬기 소리가 울렸다. 바람 때문에 로프가 요동쳤지만 병사들은 훈련 때처럼 질서정연하게 하강했다. 나는 손에 땀을 쥐고 지켜봤다. 그러나 끝까지 사고는 없었다. 모든 훈련이 끝났을 때, 평가관들은 "정말 잘했다"며 엄지를 들어 올렸다. 그 순간 나는 느꼈다. 리더가 주저하는 부분을 대신 넘어주는 사람, 그가 진짜 팔로워다.

한 임원이 퇴임식에서 이렇게 말했다.

"제가 전무까지 올 수 있었던 건 이 팀장 덕분입니다."

그는 본부장 시절 중요한 사업 계획과 보고가 한꺼번에 몰려 늘 시간이 부족했다. 아침마다 임원회의 자료를 준비해야 했지만, 현장 이슈를 챙기다 보면 정작 보고서를 정리할 여유가 없었다. 그때 이 팀장이 그 빈틈을 메웠다. 본부장이 핵심만 짧게 말해 주면 이 팀장은 관련 수치와 자료를 모으고 논리 흐름까지 맞춰 완성된 보고서를 가져왔다. 본부장은 내용의 일부만 손보고 곧바로 사장에게 보고할 수 있었다.

한번은 본부장이 해외 출장 일정이 꼬여 사장이 주관하는 회의가 시작되기 직전에 도착할 상황에 처했다. 그는 공항에서 전화 한 통만 했다.

"이 팀장, 이번 분기 매출 하락 원인이랑 다음 분기 개선안 정도만 정리해 줘."

이 팀장은 본부장이 말한 대로 자료를 정리해 보고서를 만들었다. 본부장은 도착하자마자 무난히 발표를 마칠 수 있었고, 회의도 큰 문제 없이 진행되었다.

리더를 진급시키는 팔로워는 단순히 성실한 부하가 아니다. 그는 리더의 생각을 읽고, 감정을 공감하며, 한발 앞서 행동하는 든든한 동반자다. 그런 팔로워가 있을 때 리더의 능력은 배가되고, 조직의 성과는 극대화된다.

임업무퇴(臨業無退)하라

'임전무퇴(臨戰無退, 전쟁에서 물러서지 말라)'라는 말이 있다. 이 말을 일터에 옮기면 '임업무퇴(臨業無退, 상사가 업무를 줄 때 물러서지 말라)'가 된다. 전쟁에서 물러나지 않는 군인이 용감하듯, 일터에서도 맡은 일을 피하지 않는 사람이 결국 성장한다. 다음 이야기도 같은 교훈을 준다.

A대표가 어느 날 말했다. "우리 회사의 체질을 바꿀 수 있는 조직혁신 방안을 한번 찾아보자." 임무를 받은 B본부장은 즉시 '혁신 추진팀'을 꾸렸고, C팀장을 중심으로 3개월 동안 자료를 조사하고 개선안을 연구했다. 보고서가 완성되자 A대표는 B본부장을 칭찬했고, 결과물은 전 부서

에 공유되었다. 그러나 각 부서의 반응은 냉담했다. "현실성이 너무 떨어진다." "이건 우리 부서 상황과 맞지 않는다." 불만이 쏟아졌고 추진팀은 곤란한 입장에 처했다.

그런 현실을 모르는 A대표는 말했다. "모든 부서가 모인 자리에서 직접 추진계획을 발표하라." 그대로 했다가는 추진팀이 비난의 중심에 설 것이 뻔했다. C팀장은 본부장에게 "본부장님이 직접 나서서 조율해주셔야 합니다"라고 세 번이나 건의했다. 하지만 B본부장은 끝내 나서지 않았다. 결국 C팀장이 스스로 움직였다. 그는 2주 동안 각 부서를 찾아다니며 의견을 듣고, 현실적 대안을 보완해 보고서를 수정했다. 모든 이해관계를 조정해 최종안을 완성했고, 발표 당일 프로젝트는 정상 궤도에 올랐다. 그 모습을 지켜본 한 직원이 말했다.

"저는 같은 상황에서 2명의 팔로워십을 봤습니다. B본부장은 책임을 회피했고, C팀장은 어려워도 조직의 임무와 가치를 지켰습니다. 그때 깨달았습니다. 충성의 대상은 사람이 아니라, 조직 본연의 가치와 사명이어야 한다는 것을."

상사가 마음에 들지 않는다고 조직 전체를 불신하거나 자신의 역할을 소홀히 해서는 안 된다. 맡은 일은 끝까지 자신이 해나가야 한다. 이런 태도는 전쟁터에서도 똑같이 드러났다. 로완 중위(Andrew Summers Rowan)의 이야기는 '임업무퇴'의 의미를 상징적으로 보여준다.

19세기 말, 미국이 스페인 지배하의 쿠바 독립전쟁에 개입했을 때 미국은 쿠바 반군 지도자 가르시아 장군(Calixto García)에게 비밀문서를 전달해야 했다. 그러나 그의 위치를 아는 사람은 아무도 없었고, 정글 속에서 그를 찾아가는 일은 목숨을 건 임무였다. 실패하면 경력에 오점이 남고 자칫 생명까지 잃을 수도 있었다.

그때 로완 중위가 지목되었다. 맥킨리(William McKinley) 대통령이 직접 문서를 건네주자 그는 단 한 마디도 묻지 않았다. "그가 어디에 있습니까?"라는 질문조차 하지 않았다. 묻는다고 해도 대답할 사람이 없다는 걸 알고 있었기 때문이다. 로완 중위는 편지를 품에 넣고 한밤중에 보트를 타고 쿠바 해안에 상륙했다. 정글 속을 헤매며 마침내 가르시아 장군을 찾아 문서를 전달했고, 무사히 돌아왔다.

이 이야기는 『가르시아 장군에게 보내는 편지』로 전 세계 1억 부 이상 팔리며 주도적인 팔로워십의 상징이 되었다. 박진수 前 LG화학 사장은 이 책을 직원들에게 읽게 하며 말했다. "가르시아 장군에게 편지를 전할 수 있는 사람은 세상 어디서나 필요하다. LG화학 임직원이라면 그 역할을 기꺼이 맡아야 한다."

누구나 갑작스러운 업무가 주어지면 이렇게 말하곤 한다. "이건 제 업무가 아닌데요." "이건 왜 해야 하죠?" "저 그런 거 잘 못해서요." "이 일, 꼭 제가 해야 합니까?" 그러나 생각해보자. 그 질문이 일을 더 잘하기 위한 것인가, 아니면 일에서 벗어나기 위한 핑계인가.[7]

상사가 업무를 부여하는 순간은 매우 민감하다. 리더는 부하의 눈빛과 표정만 봐도 마음가짐을 파악한다. 리더는 모든 책임을 져야 하는 사람이다. 팔로워가 움직이지 않으면 끌고라도 간다. 끌려가기 시작하면 주도권을 잃고, 일의 재미도 사라진다. 결국 답은 하나다. 피하지 말고 먼저 맡겠다고 나서라. 그때부터 이 일은 '상사가 시킨 일'이 아니라 '내가 선택한 일'이 된다.

대전도시공사의 354명 직원을 대상으로 한 설문조사에서도 비슷한 결과가 나왔다.[8] 부하 직원이 상사에게 하지 말아야 할 말 1위는 "이거 제 업무 아닌데요"(41.8%), 2위는 "이거 왜 해야 하죠?"(35.4%), 3위는 "저 그런 거 잘 못 해서요"(28.9%)였다. 반대로 상사가 부하에게 하지 말아야 할 말 1위는 "이 일 네가 책임져라"(45.7%), 2위는 "그냥 시키는 대로 해"(31.4%), 3위는 "이 정도밖에 못 해?"(25.0%)였다. 결국 선·후배 모두가 책임 회피형 발언을 '가장 피해야 할 말'로 꼽은 것이다.

책임 회피형 발언

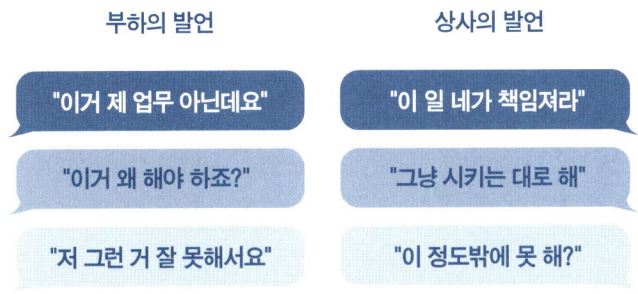

부하의 발언	상사의 발언
"이거 제 업무 아닌데요"	"이 일 네가 책임져라"
"이거 왜 해야 하죠?"	"그냥 시키는 대로 해"
"저 그런 거 잘 못해서요"	"이 정도밖에 못 해?"

임업무퇴(臨業無退), 업무 앞에서 물러서지 마라. 그 한 걸음이 리더를 살리고, 결국 나를 성장시킨다.

리버스 멘토링 하라

최근 국내 기업에서 주목받고 있는 '리버스 멘토링(Reverse Mentoring)'은 멘토와 멘티의 역할이 뒤바뀐 멘토링 방식이다.[9] 주니어 직원이 멘토가

되고, 시니어 직원이 멘티가 된다. GE의 전 CEO 잭 웰치는 이미 1990년대에 기술 변화의 속도를 실감하고 "이제는 젊은 직원들에게서 배워야 한다"고 말했다. 그는 스스로의 한계를 인정하고, 세대 간의 지식 격차를 좁히기 위해 리버스 멘토링을 도입했다. 이 개념은 이후 '배우는 리더십'의 상징이 되었다.

　나 역시 리버스 멘토링의 필요성을 절실히 느낀 경험이 있다. 내가 군수 업무를 하던 시절, 부대장이 가장 중요하게 여기는 전쟁 가상 훈련을 앞두고 있었다. 전쟁을 컴퓨터 시뮬레이션으로 재현하는 고난도 훈련이었는데, 나는 처음 참여하는 훈련이라 큰 부담을 안고 있었다. 반면 실무자들은 이미 여러 차례 이 훈련을 치러본 베테랑들이었다. 그들은 준비 단계부터 척척 일을 진행했고, 훈련 중에도 내가 해야 할 일을 사전에 짚어주었다.
　훈련이 끝난 후 평가관은 "최근 10년간 군수지원 평가를 했지만 이번처럼 잘한 경우는 처음 봤다"고 말했다. 보통 이런 훈련에서는 정보나 작전 업무를 맡은 참모가 표창을 받지만 그해에는 군수 업무를 맡은 내가 참모총장 표창을 받았다. 모두가 "이례적인 일"이라 했지만 나는 알고 있었다. 그 표창은 나의 공이 아니라 실무자들이 나를 가르치고 이끌어준 결과였다. 그때 나는 조직의 성장은 리더가 부하를 가르칠 때만이 아니라, 부하가 리더를 일깨울 때도 이루어진다는 사실을 알았다. 팔로워가 가진 전문성이 리더를 끌어올릴 때, 조직의 시너지는 극대화된다. 그것이 바로 리버스 멘토링의 힘이었다.
　그러나 팔로워가 리버스 멘토링을 실천할 때는 무엇보다 '겸손함'이 필요하다. 도우려던 말이 자칫 '지적'처럼 들리는 순간 상사는 본능적으로 방어 태세를 취한다. 다음 A상무의 사례는 이 점을 잘 보여준다.

A는 해외에서 정보기술 컨설턴트로 오래 일하다가 한국의 한 제조기업에서 디지털 전환(DX) 담당 상무로 영입됐다.[10] 연구와 프로젝트 경험은 풍부했지만 국내 제조 현장과 조직 분위기는 익숙하지 않았다. 스스로도 "나는 공장 근무를 해 본 적이 없다"는 점을 가장 큰 약점으로 느끼고 있었다. 문제는 팀 회의에서 자주 터졌다. 현장 경험이 많은 K차장은 자주 이렇게 말했다.

"상무님은 공장 바닥을 안 밟아보셔서 잘 모르시겠지만 현장은 그렇게 간단하지 않습니다."

"상무님은 국내 거래처 문화는 잘 모르시니까 제가 현실을 좀 설명드리겠습니다."

처음에는 A상무도 "그래, 현장 경험이 많으니 저런 말도 할 수 있겠다" 하고 넘겼다. 그러나 공개 회의 때마다 비슷한 말을 반복해서 듣자 점점 표정이 굳어졌다. 결국 한 번은 전 임직원이 모인 전략회의에서 폭발했다.

"K차장 잠깐만요. 제가 현장을 모른다는 말은 이제 그만했으면 좋겠습니다. 그 말이 얼마나 기분 나쁜지 더 이상은 듣기 힘드네요. 오늘 브리핑은 여기까지 하죠."

순간 회의장은 조용해졌다. 그날 이후로 사람들은 K차장을 '말은 직설적인데 눈치가 없다'는 시선으로 보기 시작했다. 상무와의 관계도 예전 같지 않았다. K차장은 나름대로 '현실을 알려준다'는 생각이었지만, 정작 상사의 마음속 콤플렉스를 계속 건드리고 있었던 것이다.

리버스 멘토링은 상사의 약점을 들춰내는 자리가 아니다. 상사의 강점을 더 잘 드러내도록 옆에서 받쳐 주는 일에 가깝다. 진짜 팔로워는 상사가 모르는 부분을 자꾸 강조하지 않는다. 모자란 부분을 조용히 채워 주고, 그것이 공격이 아니라 배려로 느껴지게 만든다. 이것이 품격 있는 리버스 멘토링이다.

리버스 멘토링을 완성하는 작은 학습 루틴

리버스 멘토링을 실천하려면 뇌의 작동 원리를 이해할 필요가 있다.

뇌의 3겹 구조

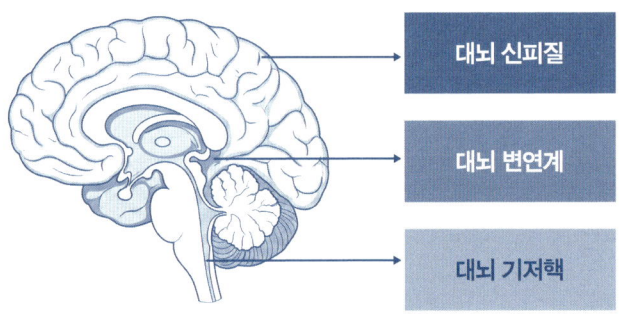

이시형 박사는 『공부하는 독종이 살아남는다』에서 인간의 뇌가 3겹으로 구성되어 있다고 설명한다.[11] 대뇌 기저핵은 생명유지 기능을 담당하고, 대뇌 변연계는 위험을 감지해 싸움 혹은 도피 반응을 유발한다. 그리고 대뇌 신피질은 사고, 학습, 판단 등 고등기능을 담당한다. 문제는 변연

게다. 이 영역은 변화를 싫어한다. 새로운 일을 시도하려고 할 때마다 '그 냥 하던 대로 하자'는 신호를 보낸다. 반면 신피질은 '배워야 한다'는 방향으로 작동하지만, 변연계의 저항이 더 강하면 실행이 멈춘다.

그래서 중요한 것은 '작은 시작'이다. 큰 결심보다 작고 가벼운 행동이 뇌를 움직인다. 호기심이 생길 때 기사 한 편을 읽거나 관련 영상을 보는 것부터 시작하라. 신경학자 크레펠린(Emil Kraepelin)은 이를 '작업흥분현상'이라고 불렀다. 이는 뇌의 측좌핵이 자극을 받으면 스스로 흥분 상태로 전환되어 집중력이 상승하는 현상을 말한다. 결국 '시작이 반이다'라는 속담은 신경생리학적으로도 증명된 셈이다.

상사가 새로운 업무를 맡겼을 때, 다음의 작은 학습 루틴을 시도해보라.
① 관련 기사·영상·논문·도서를 찾아 읽는다.
② 관련 규정과 방침을 확인한다.
③ 현 실태를 직접 분석한다.
④ 인접 부서 또는 국내외 사례를 조사한다.
⑤ 마지막으로 개선방안을 제시한다.
이 루틴을 반복하면 팔로워의 전문성이 빠르게 축적된다. 전문성은 타고나는 것이 아니라 부단한 노력으로 길러진다. 그렇게 쌓인 전문성은 상사의 의사결정을 보완하고 때로는 방향을 더 선명하게 잡아주는 '리버스 멘토링'을 자연스럽게 만든다. 리버스 멘토링은 위아래의 관계를 바꾸는 일이 아니라, 서로 배우며 성장하는 조직을 만드는 일이다.

03. 관계의 함정에서 벗어나기

스트레스와 갈등의 연속

A팀장은 하루도 쉬지 않고 일했고, 팀원들에게도 같은 강도를 요구했다. 오후 6시에 업무를 지시하고 다음 날 오전 8시 30분에 결과를 확인하는 일이 잦았다. 성과가 저조하면 독촉이 이어졌고, 팀원들의 아이디어는 번번이 묵살됐다. B대리는 그런 상사 밑에서 매일 스트레스를 받았다.

B대리만 힘든 것도 아니다. 윗선 관리자들도 스트레스에서 결코 자유롭지 않다.

"기획본부장이 이런 일 하나 조정도 못 하면 되겠나? 지금 도대체 뭐 하고 있는 건가."

대표가 호통치자 본부장은 급히 상황을 정리했다. 그러나 잠시 후 또 다른 지적이 돌아왔다.

"아니, 본부장. 나한테 보고도 하지 않고 그렇게 독단적으로 진행하면 어떻게 하나? 그건 권한 남용이다."

본부장은 속으로 생각했다. '도대체 어느 기준에 맞추라는 건지 모르겠다.'

이런 갈등과 압박은 군 조직에서도 크게 다르지 않다.

"전술훈련평가를 앞두고 참모부 간부들을 교육하라."

대대장이 지시하자 작전과장은 속으로 불만을 삼켰다.

'이럴 때는 대대장님이 참모 교육을 직접 해 주면 좋겠다. 나는 작전

준비만으로도 손이 모자란데.'

그 역시 늘어나는 상사의 요구와 자신의 역할 사이에서 부담을 느끼며 하루하루를 버텼다.

결국 일터의 스트레스는 업종도, 직급도, 조직의 성격도 가리지 않는다. 형태만 다를 뿐 본질은 같다. 사람 때문에 힘들고, 역할 때문에 흔들리고, 기준 때문에 혼란스러운 하루를 우리는 각자의 자리에서 버티고 있다.

조직심리학자 카렌 에티 젠(Jehn)은 갈등을 관계갈등과 업무갈등으로 나눴다.[12] 관계갈등은 감정이나 성격 차이에서 비롯된 정서적 충돌이고, 업무갈등은 일의 추진방식이나 판단의 차이에서 생기는 충돌이다. 미국의 신경과학자 리버먼(Matthew D. Lieberman)과 아이젠버거(Naomi I. Eisenberger)의 연구에 따르면, 인간의 뇌는 감정이 얽힌 관계갈등을 생존위협과 유사한 자극으로 인식하는 것으로 밝혀졌다. 즉, 사회적 거절이나 갈등 상황에서도 편도체가 활성화되어 실제 물리적 위험에 반응할 때와 같은 싸움 혹은 회피 반응이 일어난다.[13] 그래서 감정이 개입된 갈등은 업무보다 훨씬 큰 스트레스를 남긴다. 리더와 팔로워 사이의 갈등은 이 두 가지가 복합적으로 얽혀 있다. 상황 인식, 관점, 경험, 정보, 심리상태가 다르기 때문이다.[14]

물론 상사와의 갈등을 완전히 피할 수는 없다. 그러나 스트레스를 덜받고 관계를 회복하는 방법은 있다.

갈등의 함정에서 빠져나오는 3가지 방법
인지적 함정을 자각하고 벗어나는 기술

1.순진한 리얼리즘	2.상황 집중	3.호기심

1. 순진한 리얼리즘에 빠지지 마라

순진한 리얼리즘(naive realism)은 '내가 보는 것이 객관적 사실이며, 상대는 편향되어 있다'고 믿는 사고방식이다. 이는 갈등을 악화시키는 가장 위험한 인지적 함정으로 꼽힌다.[15] 자신의 시각을 절대적으로 믿는 순간, 타인의 판단은 왜곡된 것으로 인식되기 때문이다.

조직에는 다양한 가치관과 관점이 공존한다. 상사, 동료, 부하 직원이 늘 나와 같은 생각을 하리라 기대하는 것은 비현실적이다. 리더는 조직 전체의 성과를, 팔로워는 자신의 역할과 생존을 우선으로 두기에 서로의 입장이 다를 수밖에 없다. 이때 순진한 리얼리즘이 작동하면, 인간의 뇌는 타인의 의견을 '틀린 것'으로 인식하며 무의식적으로 방어 태세를 취한다.

이 인지적 함정에서 벗어나려면 먼저 스스로에게 물어야 한다.

"내가 지금 확신하는 방법이 정말 100% 옳다고 할 수 있을까?"

"나는 어떤 가정을 전제로 판단하고 있는가?"

"내가 틀렸다면 어떤 행동을 바꿀 수 있을까?"

"가치관과 경험이 다른 사람이라면 이 상황을 어떻게 볼까?"

이 질문들은 단순한 사고 전환을 넘어선다. 질문을 던지는 순간 전전두엽이 활성화되어 감정 반응을 조절하고, 상황을 더 이성적으로 바라보게 된다.[16] '절대적으로 옳다'는 확신에서 한 발 물러서는 순간, 갈등의 회로는 차분히 식기 시작한다.

2. 성격보다 상황에 집중하라

A팀장이 회의시간보다 10분 늦었다. 같은 상황을 보고도 A대리와 B대리는 전혀 다른 해석을 내놓았다.

A대리: "과장님은 원래 시간관념이 없으셔."
B대리: "급한 일이 생기셨나 보네."

둘 중 어느 쪽이 더 현명할까? 대부분 사람은 A대리처럼 상대의 성격 탓을 한다. 이를 근본적 귀인오류(Fundamental Attribution Error)라 한다. 귀인 오류란 타인의 행동을 설명할 때 상황보다 성격이나 기질 같은 개인적 요인을 과도하게 강조하는 인지적 편향을 말한다.

"저 사람은 원래 그래." "성격이 못돼 먹었어." 같은 말이 여기에 해당한다.

이 오류가 생기는 이유는 두 가지다.[17]

첫째, 남을 볼 때는 그 일의 배경보다 '지금 눈앞의 행동'이 먼저 보인다. 반면 자신을 볼 때는 '그렇게 할 수밖에 없었던 사정'을 먼저 떠올린다. 상사가 회의에 늦으면 '시간관념이 없다'고 단정하면서, 자신이 늦을 때는 '불가피한 사정'을 내세우는 식이다.

둘째, 사람은 자신을 실제보다 더 나은 존재로 여기려는 본성이 있다. 그래서 "내 성공은 능력 덕분이고, 내 실수는 어쩔 수 없는 상황 때문이다."라는 식으로 스스로를 합리화한다.

뇌과학으로 보면, 타인의 행동을 평가할 때 먼저 반응하는 것은 편도체다. 편도체가 만들어낸 부정적 감정이 판단을 곧바로 좌우한다. 이때는 상대를 '원래 그런 사람'으로 규정하며 성격 탓으로 돌리기 쉽다. 그러나 잠시 멈추고 '왜 저랬을까'라고 묻는 순간, 뇌의 전전두엽이 개입해 감정의 자동 반응을 눌러 준다. 그러면 '그럴 만한 상황이 있었겠지'라는 이해의 여지가 생긴다.

귀인오류의 함정에 빠지면 상사와의 관계는 금세 틀어진다. 벗어나는 방법은 단순하다. 한 번 더 생각하고, 사람의 성격보다 그 일이 일어난 '상황'을 먼저 떠올리는 연습을 하는 것이다. 사람을 탓하는 판단은 쉽지만, 그만큼 오해도 많이 낳는다. 한 걸음 물러서서 나무보다 숲을 보려는 태도가 관계를 회복시키는 첫걸음이다.

3. 호기심을 가져라

"확실성은 변화의 적이다." 아르헨티나 심리치료사 살바도르 미누친(Salvador Minuchin)의 말이다.[18] 확실하다고 믿는 순간 우리는 다른 가능성을 보지 못한다는 뜻이다.

상사를 향해 "저 사람은 절대 안 변해. 언제나 똑같아"라고 단정하는 순간 관계는 닫힌다. 그 대신 호기심을 가져보자. "무슨 일이 있었던 걸까?" "왜 이런 반응을 보일까?" "그는 어떤 압박을 받고 있을까?"라고 질문을 던지는 것만으로도 내 마음이 먼저 열린다.

사람은 불확실한 상황을 견디기 어려워 빨리 결론을 내리고 싶어 한다. 미국의 심리학자 크루글란스키(Kruglanski)는 이 성향을 '인지적 종결 욕구(Need for Cognitive Closure)'라 설명했다. 그러나 타인에 대해 급하게 얻은 결론은 대체로 단정적이고, 그 사람의 가능성을 닫아버린다. 반대로 호기심을 가지면 서둘러 결론 내리려는 마음이 누그러지고 생각의 폭이 넓어진다. 편견이 줄고, 관계의 숨은 맥락까지 보이기 시작한다.

상사에게 화가 날 때 '저 사람은 원래 그래'라고 단정하지 말고 '왜?'라고 묻는 습관을 들이자. 한 번 더 생각하는 순간, 뜻밖의 해결책이 떠오를 수 있다.

엘더의 품격 — 후배 리더 아래서도 빛나는 팔로워십

요즘 기업에서는 50대가 되어도 팀장이나 임원이 되지 못한 차장급 직원을 '엘더(elder)'라 부른다.[19] 10년 전만 해도 승진에서 밀린 이들이 회사를 나와 새로운 일을 시작했지만, 이제는 정년까지 일하는 경우가 많아졌다. 자연히 어제의 후배가 오늘의 상사가 되는 일이 잦아졌다.

이런 상황에서 갈등이 생기지 않는 게 오히려 이상하다. 후배가 상사로 오면 자존심이 상하고, 오랜 경험이 무시당하는 듯한 허탈감이 든다.

대기업 마케팅팀의 K대리는 팀장 승진에서 또 한 번 밀렸다.[20] 모두가 K대리가 유력 후보라고 생각했지만, 인사 발표 날 팀장 자리는 후배인 M대리가 가져갔다. 그날 이후 K과장의 마음은 좀처럼 가라앉지 않았다. 자신보다 후배가 팀장으로 부임하자 속이 뒤집혔다. 회의 석상에서 후배였던 신임 팀장이 새로운 캠페인 방향을 제시할 때마다 그는 현실적인 문제를 들어 번번이 브레이크를 걸었다. 말만 놓고 보면 틀린 부분은 없었지만, 그 속에는 인정받지 못했다는 자존심이 숨어 있었다. 조금씩 팀 분위기가 무거워졌고, 신임 팀장의 입지는 점점 좁아졌다.

이 상황을 알게 된 본부장이 하루는 K대리를 따로 불러 단호하게 말했다.

"후배가 상사로 온 게 마음 편할 리 없다는 거 안다. 그래도 그 자존심을 내려놔야 자네가 산다. 앞으로 회의 석상에서는 팀장 의견을 정면으로 반박하지 말게. 이견이 있으면 따로 찾아가 정중히 이야기해라. 후배라도 상사는 상사다."

어제까지 농담하고 지내던 동료나 후배가 오늘은 보고해야 할 상사가 되면 마음이 복잡해진다. 나 역시 그런 상황을 겪었다. 결론은 하나였다.

"상사가 잘해주는 건 선택이지만 부하가 잘해야 하는 건 의무다."

후배가 상사로 오면 남의 시선 때문에 힘들어하는 경우도 많다. 그래서 프랑스 철학자 장 폴 사르트르(Jean-Paul Sartre)는 "인간은 타인의 시선 속에서 지옥을 경험한다"라고 말했다. 남의 눈을 의식하는 순간부터 스트레스가 시작된다. 남의 평가보다 자신의 역할에 집중하는 것이 관계를 지키는 첫걸음이다.

나는 동기나 후배가 상사가 되었을 때 깍듯이 인정하고 자연스럽게 지내는 동료를 본 적이 있다. A과장은 외향적이고 주도적인 사람이었다. 그래서 후배가 상급자로 오면 힘들어할 줄 알았다. 하지만 그는 전혀 달랐다. 동기나 후배가 상급자로 올 때마다 깍듯이 대했고, 사소한 지시에도 신속히 조치 결과를 보고했다. 보고서 작성에도 세심했고, 전 간부 회의 때 후배 상사가 "A과장은 보고서를 제일 잘 쓴다"고 칭찬할 정도였다.

어느 날 그와 점심 식사 후 산책 중에 내가 물었다.

"어떻게 후배 상사들에게 그렇게 잘할 수 있나요?"

그는 웃으며 말했다.

"나라고 자존심이 왜 없겠나. 하지만 '내가 그 입장이라면 어떨까?'라고 생각한다. 사적인 감정과 업무를 분리해야 한다. 그래서 나는 가끔 아침마다 간과 쓸개를 냉장고에 넣고 온다고 생각한다."

그의 대답은 짧았지만 정곡을 찔렀다. 그는 자존심을 버린 게 아니라 감정을 통제한 사람이었다. 감정조절 이론(emotion regulation theory)에 따르면, 감정을 억누르는 것보다 재해석(reappraisal)하는 것이 훨씬 건강하고 효과적이다. [21] A과장은 감정을 억누르지 않고 '내가 그 입장이라면'이라고 해석을 바꾸며 스스로를 다스렸다. 감정을 다스릴 줄 아는 사람이야말로 진짜 프로다.

관계의 온도, 거리의 미학

추운 겨울날 세 마리 고슴도치는 서로의 체온을 나누려 다가갔다. 너무 가까워지자 서로의 가시에 찔렸고, 이내 멀찍이 떨어져 나갔다. 그러면 다시 추워졌다. 그들은 다가가고 찔리고 떨어지는 일을 몇 번이나 반복했다. 결국 따뜻함을 잃지 않으면서도 서로 상처 입지 않을 최소한의 거리를 찾았다. 이것을 '고슴도치 효과(Hedgehog's dilemma)'라고 부른다.

상사와의 관계도 마찬가지다. 상사에게 지나치게 다가가면 처음의 신뢰가 오히려 가벼워질 수 있다. 예를 들어 업무 중에도 사적인 대화를 과하게 나누거나 지나친 친근함을 보이면, 순간은 편할 수 있어도 경계가 흐려지고 상사의 판단을 불편하게 만들 수 있다. 반대로 필요 이상으로 거리를 두면 상사는 부하의 의도나 진심을 알기 어렵고, 협력의 기회가 줄어든다.

적당한 심리적 거리는 상사의 권위를 인정하면서도 업무 중심의 신뢰를 유지하는 간격이다. 이 거리는 단순히 물리적인 공간이 아니다. 말과 행동, 마음의 절제와 침묵으로 만들어지는 보이지 않는 거리다.

독일의 한 자동차 회사는 경기가 어려워지자 구조조정 대신 일주일에 사흘을 쉬게 했다.[22] 부부가 함께 보내는 시간이 늘자 이혼율이 급증했다. 함께하는 시간이 길어질수록 갈등도 커진 것이다. 부부 사이도 적당한 거리가 필요한데, 하물며 상사와는 오죽할까.

관계의 마지막은 언제나 거리다. 너무 가까우면 가벼워지고, 너무 멀면 신뢰가 약해진다. 그래서 스페인의 예수회 신부 발타자르 그라시안(Baltasar Gracian)은 『세속적 지혜의 예술』에서 말했다.

"너무 가까이 다가가면 가치를 잃고, 너무 멀어지면 영향력을 잃는다."

04. 상사의 뇌가 움직이는 4가지 패턴

상사와 부하의 관계는 단순한 인간관계가 아니다. 권력, 기대, 불안, 성과 압력이 얽히면서 상사마다 고유한 '뇌의 작동 패턴'이 드러난다. 그래서 우리는 종종 "왜 저럴까?"라는 질문 앞에서 멈춰 서게 된다.

독일 장군 쿠르트 폰 하머슈타인-에쿠어트(Kurt von Hammerstein-Equord)는 장교를 똑똑함·멍청함과 부지런함·게으름이라는 두 축으로 나눴다. 그는 '똑똑하고 게으른 장교'를 최고의 지휘관으로, '멍청하고 부지런한 장교'를 가장 위험한 유형으로 꼽았다고 알려져 있다. 나는 그가 말한 '똑똑하고 게으른 장교'를 이렇게 이해한다. 뛰어난 능력이 있어도 부하들의 업무 속도를 고려해 기다릴 줄 알고, 자신이 직접 할 수 있는 일도 필요한 부분은 과감히 맡기는 지휘관이다.

이 장에서는 상사가 보이는 반복적 행동 흐름을 4가지 '뇌의 패턴'으로 나누어 설명한다. 똑부(똑똑하고 부지런한), 똑게(똑똑하고 게으른), 멍부(멍청하고 부지런한), 멍게(멍청하고 게으른).[23] 이는 단순한 성격 구분이 아니라, 상사의 인지 구조와 심리적 경향, 행동 회로가 선명하게 드러나는 방식이다.

상사의 뇌가 움직이는 4가지 패턴

	부지런한	게으른
똑똑한	똑부형	똑게형
멍청한	멍부형	멍게형

1. 똑부형 ― 과열된 엔진과 완벽주의의 압력

A팀장은 경험과 전문성이 풍부하다. 지침을 빠르게 내리고 꼼꼼하게 점검하며 기준도 높다. 부하가 밤새 준비한 보고서를 가져가도 "논리가 엉망이다. 무슨 말을 하려는 건지 모르겠다"는 지적을 자주 한다. 그래서 많은 부하들이 "숨이 막힌다"고 말한다. 그만큼 일에 대한 요구 수준이 높고, 결과와 속도를 동시에 중시한다.

■ 똑부형 상사의 특징

• 빈틈없이 일한다.
• 논리적이고 탄탄한 보고서를 선호한다.
• 말싸움에서 밀리지 않는다.
• 감정을 잘 드러내지 않는다.

똑부형 상사는 기준이 높고 피드백이 빠르기 때문에, 부하 입장에서는 숨이 막히는 느낌을 받기 쉽다. 이때 부하가 느끼는 압박과 긴장은 예르크스-도드슨 법칙(Yerkes-Dodson law)으로 설명할 수 있다. 이 법칙은 미국 심리학자 예르크스와 도드슨이 제시한 이론으로, 적당한 수준의 긴장은 성과를 높이지만 지나친 긴장은 오히려 업무 수행 능력을 떨어뜨린다는 사실을 밝혀냈다.

똑부형 상사는 기준이 높고 피드백이 빨라 일의 완성도와 속도를 끌어올리는 장점이 있다. 그러나 이런 스타일은 부하의 긴장 수준을 쉽게 과열시켜 지치게 하고, 오히려 역량 발휘를 막을 수 있다. 그래서 이런 상사에게는 한 번에 완성본을 들고 가기보다, 적당히 고민한 뒤 중간보고를 자주 하며 일을 단계적으로 완성해 나가는 편이 훨씬 효과적이다.

이렇게 하면 상사의 빠른 판단력과 꼼꼼함은 발목을 잡는 요소가 아니라 오히려 내 성장을 촉진하는 힘이 된다. 퇴짜 횟수는 줄고 부지런하다는 평가도 얻을 수 있다. 물론 시간이 지나면 업무가 자연스럽게 숙달되어 똑똑하다는 평가까지 따라온다.

2. 똑게형 ― 에너지를 아끼는 전략가의 회로

B팀장은 판단력과 두뇌 회전은 빠르지만, 업무 습관은 느슨하다. 문서를 "두고 가라"고 해놓고 며칠 동안 움직이지 않다가, 업무가 촉박해지면 갑자기 "그 문서 어디 있나?"라고 찾는다. 관심 있는 분야에는 누구보다 빠르게 움직이지만, 그 외에는 적당한 선에서 멈추려는 경향이 강하다. 현장보다는 책상 앞에 앉아 있는 시간이 길고, 지시를 뒤집는 일도 종종 있어 부하들에게 혼란을 준다.

■ 똑계형 상사의 특징

- 머리가 비상해 일머리를 잘 안다.
- 열정과 추진력은 약하다.
- 꾸준함과 성실함이 부족하다.
- 매사에 적당히 하려는 성향이 있다.

똑계형 상사는 머리는 좋지만 뇌 에너지를 아끼는 특징이 두드러지는 유형이다. 즉, 인지적 구두쇠(Cognitive Miser) 성향이 강하다.

똑계형 상사는 중요한 판단에는 빠르게 몰입하지만, 사소한 지시나 기존 결정은 쉽게 잊어버리고 상황에 따라 말을 바꾸기 쉽다. 이때 부하가 취해야 할 전략의 핵심은 한 가지다. 상사의 '인지적 부담'을 대신 덜어주는 것이다. 최초 지시와 변경된 내용을 한 장으로 요약해 주거나, "현재 기준은 이렇게 이해하고 있습니다"라는 짧은 정리 메시지를 자주 올려주면 된다. 이렇게 하면 상사는 머리가 가벼워졌다고 느끼고, 부하는 '일의 흐름을 잡아주는 사람'으로 빠르게 각인된다.

3. 멍부형 — 움직이지 않으면 불안한 과잉 실행의 회로

C팀장은 전문성은 부족하지만 지나치게 부지런하다. 특별한 일이 없어도 야간까지 사무실을 지키며, 사무실 불이 늦게까지 켜져 있어야 부장이 안심한다고 믿는다. 그러다 보니 부장과 상의 없이 일을 먼저 벌였다가 "그 일은 하지 마라"라는 지시가 다시 내려오는 일이 반복된다. 보고서도 양이 많아야 한다고 생각해 필요 이상으로 분량을 늘리는 경향이 있다.

■ 명부형 상사의 특징

- 융통성은 없지만 충성스러워 보인다.
- 밤낮없이 일하지만 성과는 낮다.
- 윗사람에게 NO라고 하지 못한다.
- 효율보다 '얼마나 열심히 했는가'를 중시한다.

명부형 상사는 액션 바이어스(Action Bias)가 극단적으로 나타나는 유형이다. 액션 바이어스는 가만히 있기보다 무엇이라도 하고 있는 쪽이 심리적으로 더 안전하게 느껴지는 편향이다.[24] 실제로 이스라엘의 스포츠 심리학자 바르 엘리(Bar-Eli) 연구팀은 286건의 페널티킥을 분석한 결과, 가운데를 지키는 편이 더 효과적인 상황이 있음에도 골키퍼의 94%가 한쪽으로 몸을 던진다는 사실을 확인했다. 가만히 있다가 실점하면 더 큰 비난을 받을 것이라는 두려움 때문에 '일단 움직이는 쪽'을 선택하는 것이다.

명부형 상사는 규정·전략·효율보다 '일단 움직여야 한다'는 심리적 압박이 더 강해, 불필요한 야근이나 두꺼운 보고서를 만들어내는 일이 잦다. 이때 정면으로 "비효율적입니다"라고 말하면 상사와 갈등만 증폭된다. 가장 효과적인 방식은 먼저 "검토해 보겠습니다"라고 한발 뒤로 물러난 뒤, 절차·규정·상사의 의도를 근거로 차분히 재정리해 다시 보고하는 것이다. 이는 명부형 상사의 액션 바이어스를 '인지적 브레이크'로 완화하는 과정이며, 시간이 지날수록 상사는 스스로 불필요한 일을 접는 방향으로 움직이기 시작한다.

4. 멍게형 — 책임을 피하려는 회피의 회로

D팀장은 업무 능력이 부족한 데다 책임을 져야 하는 상황을 계속 피한다. 기본적인 일에도 주도성이 부족하고 게으른 태도가 드러나기 때문에 상사에게 인정받지 못한다. 업무를 '최소한'만 하고 상사의 지시에 적극적으로 개입하지 않으며, 의사결정을 미루는 일이 잦다. 윗선에서도 이 성향을 알기 때문에 부서 내 영향력은 약하다. 자기 부하들을 챙기지 못하고, 중요한 순간에 자리를 비우듯 책임을 비껴가는 모습이 반복된다.

■ 멍게형 상사의 특징

- 능력이 부족하다.
- 우유부단하고 추진력이 없다.
- 명확한 방향 제시가 어렵다.
- 책임을 회피하려 한다.

멍게형 상사는 학습된 무기력(Learned Helplessness)이 깊이 자리 잡은 상태다. 학습된 무기력은 심리학자 마틴 셀리그먼이 밝혀낸 현상으로, 사람이 반복해서 무력감을 경험하면 나중에 변화의 기회가 와도 움직이려 하지 않는 상태를 말한다. "윗선에서 모든 일을 통제한다. 무엇을 해도 달라지지 않는다"와 같은 경험이 쌓일 때 이런 무기력이 나타난다. 멍게형 상사는 종종 이런 학습된 무기력과 맞닿아 있다. 의사결정을 미루고 책임을 피하고 최소한만 움직이며, 필요할 때 자리를 비키는 회피 패턴이 반복된다.

멍게형 상사를 만난 부하는 상사를 건너뛰어 독자적으로 움직여서는 안 된다. 이렇게 하면 쉽게 괘씸죄로 여겨질 수 있다. 오히려 상사의 약점을 보완하면서도 공식 보고 절차를 철저히 지키는 '전략적 팔로워'가 되어야 한다. 업무의 골격을 스스로 설계하고 협업 구조를 만들고 진행 상황을 정리해 상사에게 보고하는 방식이다. 이렇게 하면 상사는 부하가 알아서 조직을 굴려 준다고 느끼고, 상부 조직은 오히려 그 부하의 역량을 더 빨리 알아본다.

이 4가지 상사 유형은 현장 상사를 완벽히 설명해 주지는 못하지만, 반복적으로 나타나는 심리적·행동적 패턴의 윤곽을 이해하는 데는 충분히 도움이 된다. 뇌과학에서는 상황에 따라 행동 방식을 바꾸는 능력을 '인지적 유연성(Cognitive Flexibility)'이라 부른다. 이 능력은 전전두엽이 핵심 역할을 하며, 환경 변화에 맞춰 사고와 행동을 전환하는 데 중요한 신경 기반이다. 따라서 같은 부하라도 이 유연성이 높을수록 상사의 유형에 따라 보고 방식이나 말하는 법을 조정하는 데 유리하다. [25]

상사의 성향은 쉽게 바뀌지 않지만, 그 안에서 나의 태도와 역할을 조정해 상사와의 호흡을 맞추면 스트레스는 줄고 성과와 만족도는 자연스럽게 상승한다.

05. 상사의 생각을 열어주는 질문

질문의 힘과 출발점

상사의 생각을 자극하는 가장 강력한 도구는 질문이다. 질문은 상사 안에 쌓여 있는 경험과 노하우를 밖으로 끌어올린다. 소크라테스는 기하학을 전혀 모르는 노예 소년에게 복잡한 기하 문제를 풀게 했는데, 직접 답을 가르치지 않고 여러 방식의 질문만 반복해 던졌다. [26]

소년은 스스로 대답을 이어가며 문제의 원리를 발견했다. 제자들이 놀라워하자 소크라테스는 이렇게 말했다.

"사람은 어떤 주제에 대해 잘 몰라도 자기 안에 나름의 생각이 있다. 여러 방식으로 질문을 하면 정확한 지식을 갖추게 된다. 지식은 가르침이 아니라 질문에서 나온다."

질문의 힘은 사람 안에 이미 있는 생각을 깨워 밖으로 나오게 만드는 데 있다. 그런데 실제 현장에서는 많은 부하가 질문을 마음속에만 담아둔 채 입 밖으로 꺼내지 못한다. 야단을 맞거나 상사를 난처하게 만들 수 있다는 두려움 때문이다.

"이 업무를 추진할 때 어느 부서와 어떻게 협조하는 게 좋겠습니까?"라고 물었는데 상사가 타박하는 경우도 있다. "내가 그런 것까지 답해야 하니? 그런 건 네가 알아서 해"라는 식이다. 어떤 상사는 "생각 안 해봤다. 나중에 알려줄게"라고 말해 놓고는 감감무소식이다. 이런 경험이 쌓이면 부하는 "괜히 물었다. 질문하면 더 피곤해진다"는 학습을 하게 되고,

질문은 점점 줄어든다. 질문의 힘을 알면서도 사용하지 못하는 이유가 여기에 있다.

질문의 출발점은 말하기가 아니라 듣기다. 많은 부하는 상사의 말을 들으면서도 제대로 듣지 않는다. 회의 중 딴생각을 하거나 메모 없이 듣다가 상사가 "내가 어디까지 말했지?"라고 물으면 아무도 답하지 못한다. 그 순간 상사는 '부하가 집중하지 않았다'고 느낀다. 반대로 메모하며 듣는 부하는 "지금 ○○까지 말씀하셨습니다"라고 정확히 짚어 줄 수 있다. 그 한마디에서 상사는 신뢰를 느낀다.

메모하며 들으면 자연스럽게 궁금한 지점이 떠오르고, 그것이 곧 좋은 질문이 된다. 상사의 지시는 상급 부서나 상사의 상사에게서 내려오는 경우가 많기 때문에, 부하의 질문은 상사가 업무의 구조를 정리하고 흐름을 이해하는 데도 도움이 된다. 잘 듣고, 맥락을 붙잡고, 빠진 부분을 조용히 짚어 보는 것—여기서 좋은 질문이 시작된다. 이제 남는 질문은 하나다. 상사에게는 어떤 방식으로 질문해야 할까?

반쯤 열린 질문의 기술

상사의 생각을 이끌어내는 데 가장 효과적인 것은 '반쯤 열린 질문'이다. 닫힌 질문과 활짝 열린 질문 사이에서, 방향은 제시하되 판단의 마지막 여지는 상사에게 남겨 두는 방식이다.

준비 없이 던지는 닫힌 질문은 상사를 막다른 길로 몰아넣는다.

A직원: "팀장님, 이 일을 해야 합니까? 말아야 합니까?"
B팀장: "그렇게 물으면 내가 뭐라고 답하라는 거야."

이처럼 '해라/하지 마라'로 끊어 답해야 하는 질문은 상사에게 부담이 크다. 어느 쪽을 선택하든 결과에 대한 책임을 온전히 떠안아야 하고, 부하가 얼마나 고민했는지도 보이지 않기 때문이다.

반대로 '활짝 열린 질문'도 상사가 답하기 어렵다.

A직원: "과장님, 이거 어떻게 해야 할까요?"
B팀장: "글쎄···."

막연한 질문은 상사 입장에서 무엇부터 결정해야 할지 기준을 세우기 어렵고, 답을 해도 일이 엉뚱한 방향으로 흘러갈 수 있다. 그래서 정답은 '반쯤 열린 질문'이다.

A직원: "이번 일은 시작 단계부터 협력업체와 함께 진행하는 게 좋을 것 같습니다. 팀장님 생각은 어떠신지요?"

이 질문에는 고민의 흔적이 보이고, 선택지를 적당히 좁혀주면서도 상사가 판단할 여지를 남긴다.

닫힌 질문은 정보가 너무 적어 판단하기 어렵고, 열린 질문은 범위가 지나치게 넓어 오히려 사고 과부하를 일으킨다.

반쯤 열린 질문이 효과적인 이유는 인지적 부하 이론(Cognitive Load Theory) 때문이다. 이 이론의 핵심은 인간의 뇌는 한 번에 처리할 수 있는 정보량이 제한되어 있다는 것이다.

정보처리의 부담이 커질수록 생각은 느려지고, 정확성도 떨어진다. 반쯤 열린 질문은 상사가 받아들일 정보의 양을 적정 수준으로 맞춰 준다.

또한 질문의 범위를 좁히는 방식이 효과적인 이유는 청킹(Chunking) 원리로 설명된다. 청킹은 관련된 정보를 작은 덩어리로 묶어 인지 부담을 줄이는 뇌의 처리 방식이다. 반쯤 열린 질문은 바로 이 '정보 덩어리'를 만들어 상사가 더 빠르게 판단하도록 돕는다.

빌 게이츠 역시 상황을 선명하게 만드는 '반쯤 열린 질문'을 자주 활용한다. 그는 2018년 말, 자신의 블로그 '게이츠 노트(Gates Notes)'에서 미국의 역사학자 타라 웨스트오버(Tara Westover)와 나눈 대화를 소개한 적이 있다. 타라는 정규 교육을 거의 받지 못하고 자랐다. 17세에 처음 학교에 들어간 뒤 독학과 노력으로 브리검영대학(Brigham Young University)에 입학했고, 결국 케임브리지대학에서 박사학위를 받은 사람이다. 빌 게이츠는 그런 사정을 알고 그녀에게 막연한 질문을 던지지 않았다. 그는 이렇게 물었다.

"정식 교육을 거의 받지 못했는데 어떻게 브리검영대학에 입학해 대수학까지 공부할 수 있었죠?"

'어떻게 공부했나요?' 같은 넓은 질문이 아니라, '대수학'이라는 구체적 범위로 좁힌 반쯤 열린 질문이었다. 이 질문 덕분에 타라는 자신의 배움의 과정과 동기를 더 구체적으로 설명할 수 있었다. 이렇게 반쯤 열린 질문은 상대의 지식과 경험을 자연스럽게 끌어내는 힘이 있다.

자부심을 끌어내는 질문

내가 함께 근무하던 한 상사가 임기를 마치며 부대원들과 소통하는 시간을 가졌다. 약 10여 분 동안 본인의 경험을 이야기한 뒤 '아무 질문이나 해봐라'라고 말했다. 그러나 아무도 질문하지 않았다. 그러자 그는 "역사에 대해서도 좋고, 정부 기관에 파견 나갔을 때의 생활도 좋고…"라고 덧붙였다. 평소 역사에 깊은 관심이 있었고, 정부 기관 파견 경험을 자랑스럽게 이야기하던 분이었다. 누군가 그 주제로 질문해주길 기다리고 있었던 것이다. 그때 한 간부가 조심스럽게 물었다.

"역사에 관심을 갖게 된 계기가 무엇입니까?"

그 질문을 듣는 순간 상사의 표정이 환해졌다. 마치 '드디어 나올 질문이 나왔구나'라는 듯했다. 그는 역사에 관심을 갖게 된 계기와 그동안 연구해 온 내용까지 포함해 무려 30분 동안 신바람나게 이야기를 이어갔다.

마크 저커버그(Mark Zuckerberg)는 2019년 4월 26일, 미국 캘리포니아주 팔로앨토에서 열린 공개 대담에서 역사학자 유발 하라리(Yuval Noah Harari)와 마주 앉아 대화를 나누었다.[27] 그 자리에서 저커버그는 이렇게 말했다.

"대부분의 역사학자들은 과거를 다루는데 당신은 미래를 내다보며 중요한 질문을 던집니다."

이 말은 하라리가 자신의 연구 철학을 깊이 설명하게 만들었다. 저커버그가 하라리가 가장 자신 있어 하는 지점을 짚어 질문하자, 하라리는 존재감과 전문성이 인정받는다는 느낌으로 더욱 활기 있게 대화를 이어갔다.

사람은 누구나 자신의 강점과 경험에 관심을 가져주는 질문 앞에서 마음을 연다. 상사도 예외가 아니다.

새로운 상사와 관계를 여는 7가지 전략적 질문

새로운 상사가 오면 이전 방식이 통하지 않을 수 있다. 업무 기준과 흐름이 달라지기 때문이다. 아래의 7가지 질문은 새로운 상사와 빠르게 호흡을 맞추는 데 도움이 된다.[28]

① 어떻게 소통하기를 원하시나요?

② 제가 무엇을 더 잘할 수 있을까요?

③ 제 입장이라면 어떻게 하시겠습니까?

④ 누구를 더 만나봐야 할까요?

⑤ 피드백은 어떤 방식으로 받으면 좋을까요?

⑥ 여러 업무 중 무엇을 우선순위로 둬야 할까요?

⑦ 제가 더 성장하려면 무엇을 해야 할까요?

이 7가지 질문은 막연하게 던지면 효과가 거의 없다. 업무 상황과 상사의 스타일에 맞게 내용을 보완해 구체적으로 물어야 한다. 질문할 내용이 떠오르지 않는다면 "팀장님, 요즘 관심사가 무엇인가요?"라고 가볍게 물어도 상사의 성향과 사고방식을 어느 정도 파악할 수 있다. 사람은 자신에게 관심을 보이는 사람을 좋아한다. 상사의 말, 고민, 취향, 생각에 관심을 갖는 순간 질문은 힘을 얻고 상사의 마음도 열린다. 그 질문 하나가 상사의 지혜를 끌어내고, 당신의 성장 속도를 바꾼다.

질문의 태도도 중요하다. 같은 질문이라도 상사는 "내 결정에 불만이 있나?"처럼 부정적으로 받아들일 수 있으므로, 겸손하게 묻는 편이 좋다.

· "제가 잘 몰라서 그러는데, 팀장님이 제시한 방법의 장점은 무엇일까요?"

· "제 소견으로는 다소 비효율적으로 보였는데, 팀장님은 어떻게 보시는지요?"

· "제 판단이 틀릴 수 있어 의견을 듣고 싶습니다."

겸손한 질문은 상사의 마음을 자연스럽게 풀어주고, 대화의 문을 열어준다.

1. 보이지 않는 말을 읽는 기술

· 상사의 말을 겉으로 듣지 말고 그 의도를 파악하라.

2. 3명의 상사를 진급시켜라

· 상사가 탁월한 성과를 낼 수 있도록 부하가 실질적인 역량으로 뒷받침해야 한다.

3. 관계의 함정에서 벗어나기

· 사람의 성격보다 그 일이 일어난 상황을 먼저 떠올려보라.

4. 상사의 뇌가 움직이는 4가지 패턴

· 상사의 뇌 패턴에 맞춰 보고하고 행동하는 인지적 유연성을 가져라.

5. 상사의 생각을 열어주는 질문

· 상사의 지혜와 자부심을 이끌어낼 수 있는 질문을 하라.

Stop
&
Think

Why 왜 팔로워는 상사보다 한 치수 큰 모자를 써야 할까?

What 주도적인 팔로워가 되려면 무엇을 실천해야 할까?

How 성격보다 그 일이 일어난 상황에 집중하려면 어떻게 해야 할까?

6장

흔들려도 부러지지 않는 마음

01. 오늘 나는 내 감정의 지배자가 되리라

"나는 내 감정을 어떻게 정리하고 있는가?"

분노는 타인을 겨누고 나를 찌른다

미국 워싱턴주 경찰 기록에는 '분노로 인한 기괴한 사망 사건'이 남아 있다.[1] 작은 식당을 운영하던 68세 윌리엄은 어느 날 요리사와 커피를 마시는 방법을 두고 다투었다. 요리사는 "커피는 무조건 찻잔으로 마셔야 합니다"라고 말했고, 윌리엄은 "무슨 찻잔이야, 그냥 컵에 따라 마시면 되지"라고 맞받았다. 요리사가 꼬박꼬박 대꾸하자 윌리엄은 분노에 휩싸여 권총을 들고 쫓아갔다. 그러나 방아쇠를 당기기도 전에 그 자리에서 심장마비로 쓰러져 숨졌다. 오발 사고가 아니라 급성 심근경색이었다. 극도의 분노가 심장 박동과 혈압을 한계 상태까지 끌어올렸고, 그 상태가 지속되면서 결국 심혈관이 버티지 못한 것이다.

비슷한 사례도 있다. 미국의 생물학자 존 헌터(John Hunter) 박사는 학회에서 자신의 학설을 강하게 반박받자 극심한 분노를 느꼈다. 반론하려고 자리에서 일어서는 순간 심장마비로 사망했다. 논쟁 자체보다 그를 집어삼킨 분노가 치명타였다. 심리학에서는 이처럼 이성이 작동하기 전에 감정이 먼저 폭발해 행동을 지배하는 현상을 '편도체 하이재킹(amygdala hijacking)'이라고 부른다. 여기서 '하이재킹(hijacking)'은 비행기나 차량을 탈취해 통제권을 빼앗는다는 뜻으로, 편도체가 우리의 사고와 행동의 주도권을 가로채는 상태를 비유한 표현이다.

이런 감정 폭주는 인간에게만 일어나는 일이 아니다. 아프리카 초원의 야생마도 분노로 죽음을 맞이한다. 흡혈박쥐가 다리에 달라붙어 피를 빨아먹을 때 실제로 잃는 피의 양은 치명적이지 않다. 그런데 야생마는 박쥐에 대한 격렬한 분노로 심장과 신경이 극도로 흥분하면서 결국 심장이 멈춘다. 심리학자들은 이 현상을 '야생마 엔딩'이라 부른다. 사소한 자극에 과도하게 분노하거나, 타인의 잘못으로 인한 피해를 스스로에게 되돌려 파괴하는 현상이다.[2]

이처럼 분노는 외부 자극 그 자체보다, 그 자극을 해석하고 반응하는 우리의 뇌가 만든 과잉 반응임을 알 수 있다. 직장에서는 분노가 언제나 상사를 향해 뻗어나가지만, 결국 자신을 베는 칼이 되어 돌아온다. 분노를 다스리지 못하는 팔로워는 자신의 건강과 커리어, 관계까지 스스로 깎아내리게 된다. 그렇다면 '욱' 하고 끓어오르는 이 감정을 어떻게 다스릴 수 있을까. 그 해답은 인간의 인식과 태도, 그리고 삶을 바라보는 관점에 있다.

감정의 전염을 끊는 한마디

사람의 감정은 생각보다 훨씬 쉽게 전염된다. 이탈리아 심리학자들이 진행한 실험이 이를 보여준다.[3] 날씨가 맑을 때는 여성의 약 40%가 낯선 남성에게 전화번호를 알려줬지만 흐린 날에는 그 비율이 15%로 급감했다. 그런데 같은 맑은 날에도 남성이 "오늘 날씨 참 좋죠?"라고 말하자, 전화번호를 준 비율은 다시 15%로 떨어졌다. 기분이 좋아진 이유가 남성이 아니라 '날씨'였다는 사실을 자각하는 순간, 막연한 호감이 사라진 것이다.

이처럼 감정은 외부로 번져 나가지만, 그 감정이 어디서 비롯됐는지 알아차리는 순간 힘을 잃는다. 이렇게 감정의 원인을 스스로 알아차리고 말로 표현하는 과정을 '감정에 이름 붙이기'라고 부른다. "내가 왜 이런 기분이지?"라고 스스로 묻고 자각하는 것만으로도 감정의 강도는 낮아진다.

팔로워십의 관점에서 보면, 감정에 이름 붙이기는 상사의 눈치를 덜보게 해 주는 기술이기도 하다. '상사가 싫어서'가 아니라 '지금 내가 지쳐서 예민한 것'이라는 사실을 알아차리는 순간, 상사와의 관계를 불필요하게 망가뜨리지 않게 된다.

이 원리는 직장 내 감정관리에도 그대로 적용된다.[4] 예를 들어 상사의 아들이 시험에서 30점을 맞은 날을 떠올려 보자. 그 상사는 이미 집에서부터 마음이 뒤틀린 상태로 출근했을 것이다. 그날 아침 첫 번째로 결재를 받으러 간 직원은, 아무리 완벽한 보고서를 내밀어도 "이게 최선이야?"라는 핀잔을 들을 수 있다. 이때 부하가 던질 수 있는 가장 현명한 질문은 이것이다.

"부장님, 혹시 오늘 무슨 안 좋은 일 있으세요?"

이 한마디가 중요한 이유는 상사 스스로 자신의 기분이 나쁜 이유를 의식하게 만들기 때문이다. "아니야, 별일 없어"라고 하든 "우리 아이가 시험을 망쳤어"라고 말하든, 그 순간 상사는 '내가 왜 불쾌한가'를 인식하게 된다. 감정의 방향이 명확해지는 순간, 부하에게 괜히 화를 내거나 보고서에 불필요한 트집을 잡는 행동이 줄어든다. 감정에 경계선이 생기는 것이다.

심리학에서는 이렇게 감정의 출처를 자각한 뒤 같은 상황을 다르게 바라보려는 노력을 '인지 재평가'라고 부른다. 상사는 '아, 내가 아들 시험 때문에 오늘 내내 예민했구나' 하고 깨닫는 순간, 부하에게 쏟아지던 감정을 거둘 수 있다. 부하 역시 "왜 나한테만 이러지"가 아니라 "오늘 부장님께 뭐가 있으셨나 보다" 하고 생각을 바꾸면, 마음의 파도는 훨씬 잔잔해진다. 이것이 상사를 바꾸지는 못하더라도, 상사와 관계 맺는 방식을 바꾸는 팔로워의 작은 주도권이다.

반대로 상사의 아들이 시험을 잘 봐 전교 1등을 한 날이라면, 오히려 미흡한 보고서라도 그날 빨리 결재를 받으러 가는 쪽이 현명하다. 이미 상사의 기분이 매우 좋기 때문이다. 다만 이때는 "오늘 좋은 일 있으세요?"라는 질문은 피하는 편이 좋다. 그 질문은 상사로 하여금 자신의 기분이 좋은 이유를 자각하게 만든다. "우리 아이가 전교 1등 했어"라고 말하는 순간, 상사는 기분 좋은 이유를 외부 요인으로 돌리고 곧바로 다시 냉정한 상태로 돌아갈 수 있다. 그러면 "그건 그거고 너는 왜 보고서를 이렇게 썼어?"라는 말이 나올 가능성이 커진다.

"부장님, 혹시 오늘 무슨 안 좋은 일 있으세요?"

감정의 출처를 자각하게 만드는 이 한마디 질문은 분노의 전염을 끊는 간단하지만 강력한 장치다. 팔로워는 이 질문을 통해 상사의 감정을 무조건 참는 것이 아니라, 안전하게 '우회'시키는 법을 배운다. 상사에게 휘둘리는 사람이 아니라, 상사와 감정을 조율하는 동반자로 서게 되는 것이다. 다만 질문 하나만으로 우리의 분노가 언제나 멈추는 것은 아니다.

담배를 끊게 만드는 가장 강력한 계기가 죽음을 자각하는 순간이듯, 분노를 잠재우는 데도 더 깊은 각성이 필요하다. 이제 분노를 근본부터 잠재우는 3가지 특효약을 살펴보려 한다.

분노를 잠재우는 3가지 특효약

분노를 잠재우려면 감정만 붙잡지 말고 삶의 끝과 자신의 위치를 다시 바라보며 몸과 생각의 방향을 바꾸어야 한다.

분노를 잠재우는 3가지 특효약

1.죽음을 기억   2.우주 속의 자신   3.움직임과 신념

첫 번째 특효약, 죽음을 기억하라

분노를 잠재우는 첫 번째 방법은 죽음을 기억하는 것이다. '메멘토 모리(Memento mori)'는 '당신은 반드시 죽습니다'라는 뜻의 라틴어다. 고대 로마에서는 개선장군이 승전 행진을 할 때, 한 노예가 장군 옆에서 이렇게 속삭였다고 한다.

"메멘토 모리(당신도 언젠가는 죽을 것입니다)."

이 한마디는 승리와 영광에 취한 마음을 깨우는 장치였다. 지금 눈앞의 승리도 언젠가 사라질 것이고, 나 역시 한 번은 죽을 존재라는 사실을 떠올리게 한다. 죽음을 떠올리면 당장 눈앞에서 나를 건드린 말과 행동이 인생 전체에서 얼마나 작은 일인지 보이기 시작한다. 그 순간 분노는 중심을 잃고 힘이 약해진다. 죽음의 자각은 감정에 휩쓸리는 마음을 한 걸음 물러서게 하고, 삶의 본질을 다시 바라보게 만든다.

영국 심리학자 로빈 한스(Robin Hanks)의 치료 기록에는 한 남자의 이야기가 실려 있다. [5] 그는 위궤양과 우울증으로 소다 가루만 먹으며 연명하고 있었다. 결국 의사에게 "더는 치료가 어렵다"는 말을 들었다. 절망한 그는 친구에게 이렇게 말했다.

"어차피 죽음을 피할 수 없다면 평생의 소망이던 세계 일주를 떠나자."

그 남자는 관 하나를 미리 사서 배에 싣고 세계 일주를 시작했다. 그런데 여행을 시작한 뒤 몸이 점점 좋아지기 시작했다. 약을 줄였고, 담배와 위스키도 다시 즐길 수 있을 정도로 회복되었다. 여행이 끝났을 때 그의 위경련은 완전히 사라져 있었다. 죽음을 각오하자 오히려 삶이 되살아난 것이다.

심리학에서는 이런 현상을 '테러 관리 이론(Terror Management Theory)'으로 설명한다. 이는 사람이 자신의 죽음을 의식할 때 생기는 불안을 견디기 위해, 자신이 속한 세계관과 자존감, 신념을 더 강하게 붙잡으려 한다고 보는 심리학 이론이다. 그래서 죽음을 떠올리는 일은 삶을 망가뜨리는 것이 아니라, 오히려 삶의 방향을 다시 세우게 만드는 강한 자극이 될 수 있다. 상갓집을 다녀온 뒤 미워했던 사람을 이해하게 되는 경험을 떠올려 보라.

지금 당신은 상사 때문에 힘들어하고 있는가. 상사가 미워서 마음속으로 수없이 되뇌며 분노를 키우고 있는가. 상사의 한마디와 표정에 인생 전체가 흔들리는 것처럼 느껴질 때, '우리는 모두 언젠가 사라질 존재'라는 사실을 기억하라. 그러면 상사도 결국 한 시대를 함께 통과하는 동료 인간일 뿐임을 깨닫게 되고, 그 순간 분노는 조금 작아지고 연민이 스며든다.

죽음을 생각하면 모든 것이 작아지고, 삶에서 진짜 중요한 것이 무엇인지 보이기 시작한다. 죽음의 기억은 분노를 낮추고 삶의 방향을 바로잡는 나침반이다.

두 번째 특효약, 광활한 우주 속의 자신을 떠올려라

'창백한 푸른 점(Pale Blue Dot)'은 1990년 우주 탐사선 보이저 1호가 약 60억 킬로미터 거리에서 촬영한 지구의 모습이다. 사진 속 지구는 그저 0.12화소에 불과한 작은 점으로 보인다. 이 사진을 촬영하자고 제안한 미국 천문학자 칼 세이건은 이렇게 말했다.

"모든 슈퍼스타와 위대한 리더들, 모든 성자와 죄인들이 저 작은 먼지 같은 점 위에서 태어나 살다 갔습니다."

이 말은 감정을 다스리는 메타인지(metacognition)의 본질을 보여준다. 메타인지는 '생각을 아는 생각', 즉 자신의 감정을 한 걸음 떨어져 인식하고 조절하는 능력이다. "나는 지금 화가 나 있구나." 이 한마디를 스스로 떠올리는 순간, 우리는 감정의 주체가 아니라 관찰자가 된다. 감정과 나 사이에 거리가 생기면 그 틈으로 이성이 들어온다.

그래서 사람들은 큰 사고를 당했을 때나 상사와 심한 갈등을 겪었을 때 산이나 바다를 찾는다. 광활한 자연을 바라보고 있으면 내 문제가 얼마나 작은지, 내 분노가 얼마나 짧은 순간에 불과한지 깨닫게 된다. 그때 감정은 가라앉고 시야는 넓어진다. 이것이 자신을 멀리서 바라보는 메타인지의 힘이다.

보이저 1호가 촬영한 지구의 모습

　나 역시 한때 상사와의 갈등으로 힘들던 시기에 지리산을 올랐다. 정상에서 자욱한 안개를 뚫고 떠오르는 일출을 바라보는 순간, 그토록 복잡했던 문제가 한없이 작게 느껴졌다. 세상의 크기에 비하면 내 고민은 티끌 같다는 생각이 들었다. 그 순간 마음에는 다시 힘이 생겼고, 내려가서 무엇을 어떻게 바꿔야 할지에 대한 용기도 생겼다.

　지금 직장의 일로, 상사와의 관계로 분노를 느끼는가. 그렇다면 잠시 그 자리에서 떠나라. 지리산까지 갈 필요는 없다. 집 근처 공원이나 하늘이 잘 보이는 장소면 충분하다. 넓은 풍경을 바라보며 '내가 지금 붙잡고 있는 이 감정이 정말 내 인생 전체를 뒤흔들 만큼 큰일인가'를 스스로에게 물어보라. 그 질문을 던지는 순간, 당신은 이미 감정의 한가운데가 아니라 조금 높은 곳에서 자신을 바라보고 있다. 직장에서 상사로 인해 오는 갈등이나 모욕이 지금은 세상을 뒤흔드는 일처럼 느껴질 수 있지만, 우주와 시간의 스케일로 보면 결국 작은 파동에 지나지 않는다.

세 번째 특효약, 움직임과 신념으로 마음을 다스려라

분노는 감정의 문제이면서 동시에 뇌의 문제다. 감정의 진원지는 뇌의 '편도체'다. 편도체는 기쁨, 두려움, 슬픔 같은 감정을 유발하는 부위로 자극이 강할수록 더 크게 흥분한다. 이 흥분이 통제되지 않을 때 분노가 폭발한다.[6] 뇌과학자들은 발뒤꿈치가 땅에 닿을 때 편도체의 활동이 서서히 진정된다고 설명한다. 걷기는 분노를 해소하는 가장 단순하면서도 확실한 처방이다. 그래서 심리학자들은 걷기를 '두 발로 하는 사유'라고 부른다. 우리는 단지 목적지를 향해 이동하는 것이 아니라, 나의 '화'로부터 멀어지기 위해 심리적 거리를 걸어 나간다. 단 3분만 걸어도 감정의 온도는 눈에 띄게 내려간다. 상사와의 회의에서 기분이 상했을 때, 바로 메시지를 보내고 감정 섞인 말을 쏟아내기보다 잠시 건물 밖으로 나와 걷는 것만으로도 불필요한 갈등을 막을 수 있다.

요즘 심리학과 인지과학에서는 생각이 몸을 움직이기만 하는 것이 아니라, 몸의 움직임이 다시 생각과 감정에 영향을 준다고 본다. 이런 관점을 '체화된 인지'라고 부른다.[7] 걸음걸이와 호흡, 자세가 달라지면 마음의 리듬도 함께 바뀐다는 뜻이다. 이 원리를 실제 치료에 적용한 것이 '행동 활성화'다.[8] 우울과 분노가 심할수록 더 가만히 있고 싶지만, 먼저 몸을 움직이게 하는 방식이 상태를 바꾸는 데 효과적이라는 사실이 여러 연구와 임상에서 반복적으로 확인되었다.

그러나 진정한 평정은 몸의 움직임만으로 완성되지 않는다. 감정을 이기는 신념이 필요하다. 조선 후기의 실학자 정약용은 정조의 총애를 받았지만, 정조가 죽자 곧바로 유배되었다. 가족은 흩어졌고 형제들은 죽음을 맞았다. 누구라도 분노와 원망에 사로잡힐 만한 상황이었다. 그럼에도 그는 분노 대신 평정을 선택하며 이렇게 말했다.

"마음은 불덩이와 같으니 조금이라도 기울면 세상을 태운다. 분노는 내 안의 칼이다. 휘두르면 상처는 남의 것이 아니라 내 것이다."

정약용은 분노를 다스릴 수 있었기에 유배지에서도 18년 동안 『목민심서』를 비롯해 수백 권의 책을 집필했다.

지금 당신은 상사와 동료와의 관계 때문에 마음이 무너지고, 분노에 붙잡혀 있는가. 그럴 때 격한 감정으로 자리를 박차고 나가거나 말을 쏟아내기보다, 조용히 일어나 걸으면서 내가 끝까지 붙잡고 싶은 신념 한 가지를 떠올려 보라.

"나는 어떤 상사를 만나더라도 내 태도만큼은 품위 있게 지키겠다."

"오늘도 상사를 탓하기보다 나의 성장 포인트를 하나 찾겠다."

이런 신념은 팔로워를 감정에 끌려가는 사람이 아니라, 관계를 스스로 선택하고 만들어 가는 사람으로 성장시킨다. 몸은 걷고 마음은 신념을 붙잡을 때, 분노는 더 이상 나를 지배하지 못한다.

분노를 건강하게 흘려보내라

30년 넘게 KBS 아나운서로 일한 김재원은 매일 마포대교를 걸어 출퇴근하며 마음의 짐을 한강에 흘려보냈다고 말한다.[9]

"출근할 때는 마포대교의 한강이 생각의 우물이라면, 퇴근할 때는 하루 동안 쌓인 감정을 씻어내는 시간이었습니다. 속상하고 억울한 일들은 분노의 용변을 보듯 모두 떠내려 보냈습니다."

그는 또 이렇게 말했다. "사람에게 상처받고 섭섭한 일이 생기더라도 오해를 푼다는 명분으로 직접 감정을 쏟으면 2차 피해가 생깁니다. 감정은 스스로 다스려야 합니다. 그렇게 마음을 정리하고 집에 들어가야 집이 쉬는 곳이 되고 가족과 함께하는 천국이 됩니다. 쓰레기 같은 감정을 가지고 들어가면 집이 또 쓰레기장이 됩니다."

분노는 언제나 타인을 향하지만, 결국 자신을 향한 칼이 되어 되돌아온다. 그렇다고 감정을 무조건 억누르는 것이 해답은 아니다. 전쟁에서 돌아온 미군들 중에는 원인 모를 괴질로 고통받는 이들이 있었다. 그러나 심리상담가에게 마음속 이야기를 털어놓자 증세가 사라졌다는 보고가 있다.[10]

감정 연구에 따르면, 겉으로 표정과 말만 억누르는 방식은 오히려 심장 박동과 스트레스 반응을 더 키우는 경향이 있다. 반대로 상황을 다시 해석하고, 안전한 관계 안에서 감정을 드러내는 방식은 건강한 감정조절 방법으로 알려져 있다.[11] 억눌린 감정은 품을수록 독이 된다. 마음을 털어놓을 단 한 사람이라도 있다면, 분노는 깊이 자리 잡지 못한다.

힘든 사건을 글이나 말로 솔직하게 표현하게 했을 때, 몇 달 후 사람들의 면역 기능과 기분이 실제로 좋아지는 효과가 나타났다는 연구 결과도 많다.[12] 감정을 글이나 말로 풀어내면 머릿속에 뒤섞여 있던 일이 하나의 이야기로 정리되기 때문이다.

팔로워 역시 상사에 대한 분노가 치밀 때 그것을 곧장 상사에게 쏟아내기보다, 일기와 메모, 신뢰할 수 있는 동료와의 대화를 통해 밖으로 풀어낼 수 있다. 이렇게 안전한 통로를 만들면 상사와 적절한 관계를 지키면서도 자신의 마음을 보호할 수 있다.

결국 분노를 다스린다는 것은 감정을 없애는 것이 아니라, 건강하게 흘려보내는 통로를 만드는 일이다. 분노는 인간 안의 폭풍이지만, 그 폭풍을 잠재우는 힘 또한 우리 안에 있다.

죽음을 기억하라. 광활한 우주 속의 작은 자신을 떠올려라. 그리고 움직여라. 걷고, 털어놓고, 신념으로 스스로를 붙잡아라. 이 3가지 도구를 가진 팔로워는 상사의 기분과 말에 끌려다니지 않는다. 오히려 어떤 상사를 만나더라도 스스로를 지키며 함께 일할 수 있는 단단한 팔로워십을 갖추게 된다.

미국의 작가이자 강연가 오그 만디노(Og Mandino)는 『위대한 상인(The Greatest Salesman in the World)』에서 이렇게 말했다.

"오늘 나는 내 감정의 지배자가 되리라."

감정은 피할 수 없지만 선택은 언제나 우리에게 있다. 슬픔 대신 기쁨을, 분노 대신 평정을, 두려움 대신 용기를 선택할 수 있다. 오늘 내가 내뱉는 한마디, 오늘 내가 걷는 한 걸음이 곧 감정의 방향을 결정한다. 지금 마음속으로 외쳐보자.

"오늘부터 나는 내 감정의 지배자로 살겠다."

그리고 다짐하라. '오늘 나는 상사의 감정에 끌려다니는 사람이 아니라, 나의 감정을 먼저 다스리는 팔로워로 서겠다.'

02. 불편함을 기회로 바꾸는 재해석의 힘

"같은 사건을 다르게 보는 시선은 어디에서 오는가?"

지시를 성장의 신호로 보는 사람

조직 생활에서 가장 결정적인 순간은 상사가 업무를 지시하고, 부하가 그 일을 받아들이는 시간이다. 조직은 성과로 존재하고, 그 성과는 결국 누가 어떤 태도로 일을 맡는가에서 갈린다. 그래서 상사가 지시하는 그 순간에 보이는 부하의 표정과 한마디는 상사의 뇌리에 오래 남는다.

내가 촉박한 일정으로 리더십 프로그램을 개발해야 했던 때가 있다. 그 일을 가장 잘 도와줄 적임자는 A간부였다. 문제는 A간부가 승진시험을 3주 앞두고 있었다는 점이었다. 내가 이 일을 맡기면 어떤 반응을 보일지 솔직히 걱정도 됐고 궁금하기도 했다. 그런데 A간부는 주저하지 않고 말했다.

"제가 하겠습니다."

단기간에 완성해야 하는 프로그램이라 업무는 숨 돌릴 틈 없이 진행됐다. A간부는 내가 요구한 내용을 기한 안에 차질 없이 가져왔다. 승진시험이 1주 앞으로 다가왔을 때, 나는 물었다.

"승진시험 준비는 괜찮겠나."

A간부가 솔직하게 말했다.

"사실 저도 승진시험이 부담돼서 일을 적당히 하고 싶다는 생각이 순간순간 들었습니다. 그런데 아무리 생각해도 승진시험은 제 개인 일이고, 지금 이 업무는 조직의 일이라 이 일을 먼저 해야겠다고 마음을 정했습니다. 업무를 끝내고 시험 준비는 퇴근 후에 틈틈이 하고 있습니다. 저는 조직의 성장이 개인의 성장이라고 생각합니다."

그 말이 큰 울림으로 남았다. 특히 "조직의 성장이 개인의 성장이다"라는 문장이 오래 머물렀다. 그 순간 나도 모르게 'A간부가 이번에 꼭 승진하면 좋겠다'라는 마음이 들었다. 프로그램 개발은 성공적으로 마무리됐고 A간부도 승진했다. 그 이후로 나는 여러 자리에서 A간부 이야기를 꺼낼 만큼, 그에게 좋은 인상을 갖게 되었다.

회의에서 모두가 웃으며 이야기하다가도 "이 업무는 누가 맡으면 좋을까"라는 말이 나오면 공기가 무거워진다. 모두 고개를 숙이고 침묵한다. 새로운 일을 맡으면, 그 전보다 일상이 훨씬 더 버거워지리라는 걸 모두 알기 때문이다.

뇌과학에서는 사람이 새로운 일을 맡게 될 때, 뇌가 먼저 '이득'보다 '위협'부터 계산하는 경향이 있다고 본다. 추가 부담, 실패 가능성, 비난 위험 같은 손해 요소를 먼저 탐지하는 회로가 빠르게 켜지는 것이다. 그렇다면 상사가 업무를 지시할 때, 이를 부담이 아니라 성장의 신호로 재해석해보면 어떨까. 그 순간은 뇌가 '위협'만 보던 모드를 끄고, '기회'를 읽는 모드로 전환하는 시간이다. 상사에게 쉽고 빠르게 인정받는 가장 현실적인 방법이기도 하다.

같은 사건도 다르게 보면 인생이 달라진다

긍정심리학자 마틴 셀리그먼(Martin Seligman)은 같은 사건도 어떻게 해석하느냐에 따라 전혀 다른 결과가 나온다고 말한다. 이른바 ABC 연결

고리다. 사건(Accident)과 재해석(Belief)과 결과(Consequence)가 보이지 않는
사슬로 이어져 있다는 개념이다.

회복탄력성과 ABC 연결고리

우리는 흔히 어떤 사건이 곧바로 감정과 행동을 결정한다고 생각한
다. 그러나 실제로는 사건과 결과 사이에 '해석'이라는 보이지 않는 층이
있다. 같은 일을 겪어도 누군가는 완전히 무너지고, 누군가는 그 일을 통
해 더 단단해진다. 그 차이를 만드는 것이 바로 재해석의 힘이다.

내가 충주에 리더십 교육을 갔을 때, 안내를 맡은 한 간부와 나눈 대화
가 있다.

"저희 어머니는 지병으로 일찍 돌아가셨습니다."

"얼마나 마음이 아팠겠나."

"어머니의 죽음은 우리 가족 모두에게 소중한 선물이었습니다."

나는 놀라서 물었다.

"어머니의 죽음이 선물이라고?"

간부는 이렇게 설명했다.

"어머니가 돌아가시고 나서 아버지와 대화를 더 많이 하게 됐습니다. 형제들도 어머니를 생각하며 예전보다 자주 만나고 우애 있게 지냅니다. 지금 우리 가족의 모습은 모두 어머니가 남겨주신 선물이라고 생각합니다."

그 말을 듣는 순간 나는 가슴이 먹먹해졌다. 사랑하는 어머니의 죽음을 선물로 재해석하려는 마음 자체가 기특하고 감동스러웠다. 같은 사건이라도 어떻게 바라보느냐에 따라 삶 전체의 의미가 달라진다는 사실을 다시 느꼈다. 리더십 교육을 하러 갔다가 오히려 인생을 배우고, 재해석의 힘을 실감한 날이었다.

직장에서는 이 '해석의 층'이 특히 상사를 바라보는 방식으로 드러난다. 같은 상사를 두고도 어떤 사람은 평생 상처만 이야기하고, 다른 사람은 그 상사 덕분에 단단해졌다고 말한다. 상사의 말 한마디를 '나를 무시했다'는 신호로 받아들이느냐, '더 성장하라'는 요구로 받아들이느냐의 차이가 시간이 지날수록 전혀 다른 커리어를 만든다.

반대로 재해석에 실패하면 결과는 때로 상상보다 더 파괴적일 수 있다.

어느 날 A씨는 자신의 승용차를 몰고 편의점 안으로 그대로 돌진했다. 거기서 그치지 않고 10여 분 동안 매장 안을 앞뒤로 반복 운전하며 진열대와 물품을 부수었다. 이 황당한 사건의 시작은 사소했다.

편의점 본사에서 어린이 그림 대회를 연다는 소식을 듣고 A씨는 딸의 그림을 근처 매장에 제출했다. 그런데 나중에 알고 보니 점원이 실수로 딸의 그림을 본사에 올리지 않았다. A씨는 항의했고, 점장과 몇 차례 다툼이 있었다. 끝내 그는 '무시당했다'는 분노에 사로잡혀 차를 몰고 편의점으로 돌진하는 극단적 행동을 선택했다.

만약 그가 '직원이 실수할 수도 있지'라고 한 번만 재해석했다면 어땠을까. 편의점을 부수는 대신 정식으로 항의하고 피해 보상을 요구하며 다른 방법을 찾을 수 있었을 것이다. 사건보다 위험한 것은 언제나 그것을 바라보는 시선이다.

상사와의 갈등도 같다. '나를 무시했다'라는 한 줄짜리 해석만 고집하면 관계는 곧바로 파국으로 치닫는다. '다른 의도가 있었을 수도 있다'라고 한 번만 시선을 풀어주면, 팔로워는 감정의 파국을 피할 여유를 갖게 된다.

신경과학 연구들은 강한 감정 반응은 주로 편도체에서 빠르게 일어나며, 그 감정을 다시 평가하고 조절하는 기능은 전전두엽이 주도한다는 점을 일관되게 보여준다. 재해석을 연습한다는 것은 결국 편도체가 폭주하기 전에 전전두엽이 한 번 더 생각할 시간을 벌어주는 훈련이다. [13]

로마의 철학자 에픽테토스(Epictetus)는 말했다.

"인간은 상황 자체가 아니라 그 상황을 바라보는 관점 때문에 고통을 당한다."

이처럼 매일 우리 삶에 부딪히는 수많은 사건보다 더 중요한 것은 그것을 바라보는 나의 관점이다. 팔로워에게 이 관점은 곧 직장 인생을 가르는 기준이 된다. 상사의 말과 표정을 '나를 공격하는 신호'로만 보는 사람과, '내 역할을 더 잘하라는 신호'로 해석하는 사람은 시간이 지날수록 전혀 다른 위치에 서게 된다.

반사보다 멈춤이 강하다

문제는 재해석의 중요성을 머리로는 알아도, 실제로 적용하는 일이 쉽지 않다는 점이다. 대부분의 사람은 어떤 자극을 받는 순간 곧바로 반응하고 싶어 한다. 그래서 우리에게는 '멈춤'이 필요하다.

유대인 심리학자이자 의사였던 빅터 프랭클(Viktor Frankl)은 인간이 갖는 선택의 자유를 이렇게 표현했다.

"자극과 반응 사이에는 공간이 있다. 그 공간에는 자신의 반응을 선택할 수 있는 자유와 힘이 있다. 그 공간을 어떻게 활용하느냐에 따라 인간의 행복과 성장이 좌우된다."

신경과학자들은 이 '공간'을 전전두엽이 개입할 수 있는 시간으로 본다. 자극이 들어왔을 때 한 박자만 멈추면, 편도체가 아니라 전전두엽이 주도권을 잡을 수 있다.[14) 문제는 대부분의 사람이 이 공간을 보지 못한다는 점이다. 자극을 받는 순간, 바로 반응하고 싶은 충동이 먼저 올라오기 때문이다.

이 충동을 잠시 내려놓고 자극과 반응 사이의 공간을 살려내려면, 마음속 정지 버튼이 필요하다. 정지 버튼을 떠올릴 때마다 나는 링컨 대통령(Abraham Lincoln)의 '보내지 않은 편지'를 생각한다.

남북전쟁 당시 북군의 조지 미드 장군(George G. Meade)은 남군의 명장 로버트 리 장군(Robert E. Lee)의 퇴로를 막지 못하는 결정적 실수를 저질렀다. 남북전쟁을 끝낼 수 있는 기회를 놓쳤다고 판단한 링컨은 격분했다. 며칠을 참은 끝에 링컨은 미드 장군을 강하게 질책하는 편지를 썼다. 그러나 그는 그 편지에 서명하지 않았다. 편지는 발송되지 않은 채 'Not Signed, Not Sent(서명하지 않고 보내지 않은 편지)'라는 서류철 속에 보관되었다.

링컨은 3단계로 정지 버튼을 눌렀다. 시간을 두고 생각했고, 얼굴을 맞대지 않고 글로 감정을 정리했으며, 마지막으로 그 편지를 보내지 않았다.

만약 그가 즉시 화를 내거나 편지를 보냈다면 당장은 속이 시원했을지 몰라도, 미드 장군의 마음은 완전히 닫혔을 가능성이 크다. 분노는 풀렸을지 몰라도 전쟁을 유리하게 이끄는 데는 도움이 되지 않았을 것이다.

링컨을 존경했던 미국의 26대 대통령 루스벨트는 재임 중 어려운 일을 마주할 때마다 거실 벽에 걸린 링컨의 초상화를 바라보며 스스로에게 물었다고 한다. '이럴 때 링컨이라면 어떻게 했을까.' 이 질문 자체가 곧 정지 버튼이자 재해석의 시작이었다.

우리는 종종 이렇게 말한다. "저 사람 때문에 미쳐 버리겠다." "저 일만 아니었어도." 그러나 자극과 반응 사이의 공간을 의식하는 순간 문장은 달라진다. '저 사람 때문에'가 아니라 '저 상황에서 내가 어떻게 반응할 것인가'로 초점이 옮겨 간다. 반사는 본능이고, 멈춤은 연습이다.

팔로워에게 이 '멈춤'은 상사와의 관계를 살리는 생존 기술이다. 상사의 거친 말 한마디에 바로 맞받아치기보다, 한 박자 멈추고 적절한 표현과 타이밍을 선택하는 순간 그 팔로워는 이미 리더의 자리로 한 걸음 옮겨선 셈이다.

독한 상사가 남기는 근육

현재 맡은 직책에 걸맞은 전문성을 스스로 키우기란 쉽지 않다. 반복되는 업무만 해도 하루가 금세 지나간다. 주말에는 쉬어야 하고 휴가도 다녀와야 하며 워라밸도 지켜야 한다. 마음으로는 성장하고 싶지만 시간과 에너지는 늘 부족하다. 그래서 어떤 때는 누군가 나를 억지로 끌어올리는 '악역'이 필요하다. 스스로 밀어붙이지 못할 때, 그 역할을 하는 사람이 종종 독한 상사다.

나도 그런 상사 밑에서 1년을 보낸 적이 있다. 내 역량은 60쯤인데 상사는 90의 결과를 요구했다. 아침부터 저녁까지 일했고 주말에도 출근했다. 열심히 해도 그 상사의 눈높이를 맞추기 어려웠다.

"네가 그래서 어떻게 육사 나왔냐. 출근해서 하루 종일 뭐 하냐. 출근해서 퇴근할 때까지 하는 일을 정리해서 가져와 봐라."

자존심을 긁는 말도 많이 들었다. 보고서 한 장을 통과시키는 데 7번 넘게 다시 쓰기도 했다. 1년이 10년처럼 느껴질 정도로 힘든 시기였다. 다른 부대로 옮기고 싶다는 생각을 수없이 했고, 어느 순간에는 정말 모든 것을 내려놓고 싶다는 생각도 스쳐 갔다. 옆에서 지켜보던 아내가 "저 사람이 혹시 사고라도 치지 않을까" 걱정할 정도였다.

결국 나는 그 상사 밑에서 1년을 울며 겨자 먹기로 버텼다. 지금 돌아보면 그 1년이 내 인생의 자양분이 되었다. 상사가 나를 짓눌렀던 시간이 아니라, 팔로워로서 근육이 붙던 시간이었기 때문이다. 이후 웬만큼 까다로운 상사를 만나도 예전만큼 힘들다고 느끼지 않는다. 나는 지금도 말한다.

"독한 상사 밑에서 1년 배워서 30년을 써먹고 있다."

이 경험은 하나의 사례일 뿐이다. 현장에는 또 다른 얼굴의 독한 상사도 존재한다.

"야, 이거 왜 이렇게 빨리 해왔어"라고 야단치는 상사도 있다. 대부분의 상사는 늦게 끝난 일을 지적하지만, 이 유형은 오히려 너무 빨리 끝냈다고 지적한다. 겉으로 보기에는 이해하기 어렵지만, 그 이면에는 예민한 완벽주의자의 심리가 숨어 있다.

덴마크 심리치료사 일자 샌드(Ilse Sand)는 『센서티브(Sensitive): 상처받지 않고 나답게 사는 법』에서 예민한 사람을 이렇게 설명한다.

"예민한 사람은 단순히 감정이 풍부한 사람이 아니라, 다른 사람들이 놓치는 미세한 부분까지 감지하는 사람이다. 그래서 보통 사람이라면 그냥 지나칠 불편함이나 작은 결함에도 즉각 반응하고, 자연스럽게 부정적인 말을 더 자주 하는 것처럼 보이지만 사실은 기대치가 높은 것이다."

이런 성향이 상사에게 나타나면 팀은 쉽게 지칠 수 있다. 작은 실수에도 예민하게 반응하고, 자신이 느끼는 불안과 기준을 부하에게 그대로 투사하기 때문이다. 그러나 그 속을 들여다보면 더 나은 결과를 만들고 싶다는 마음이 있다. 그들은 단순히 까다로운 사람이 아니라, 기준이 높은 사람이다.

따라서 예민한 상사와 일할 때는 그들의 속도를 존중하는 편이 좋다. 우리가 한 시간 만에 끝낼 일을 그들은 3시간을 더 다듬어야 마음이 놓이는 사람이다. 그만큼 더 많이 보고, 더 많이 느끼기 때문이다. 그들의 지적은 야단이 아니라 완성도를 높이려는 본능적인 시도일 수 있다.

팔로워가 이 사실을 알면 상사의 예민함을 '나에 대한 불만'이 아니라 '일에 대한 집요함'으로 재해석할 수 있다. 그 순간 상사와의 관계는 싸움터가 아니라, 실력을 키우는 연습장이 된다.

교육심리학에서는 약간 벅찰 정도의 난이도가 오히려 실력을 키우는데 도움이 된다고 보고, 이런 경험을 '바람직한 어려움(desirable difficulties)'이라고 부른다. 너무 쉬운 과제에서는 뇌가 금세 지루해지지만, 약간 버거운 난이도에서는 집중과 노력이 높아지면서 학습 효율이 커진다.[15]

인지심리학자 김경일 교수도 "마음이 잘 안 맞고 성향이 안 맞는 사람과 함께 있으면 사회적 능력이 는다"고 말한다. 불편한 관계는 피하고 싶은 대상이지만, 동시에 사회적 성장을 위한 훈련장이기도 하다. 그 속에서 우리는 타인의 사고방식을 배우고 감정을 다루는 법을 익히며 협업의 폭을 넓힌다. 물론 사람의 품성이 심각하게 비뚤어진 경우는 예외다. 그러나 대부분의 독한 상사는 나를 괴롭히기 위해 존재하는 사람이 아니다. 내 그릇을 넓혀 주는 훈련자다. 그들을 통해 우리는 감정을 조절하는 힘을 배우고, 여러 유형의 사람과 일할 수 있는 사회적 탄력을 얻으며, 결국 더 단단해진다.

03. 스트레스, 적이 아니라 에너지다

"지금 나를 짓누르는 이 스트레스를 어떻게 잘 써먹을 수 있을까?"

백수도 과로사하는 이유

정해진 시간에 어딘가로 나가 월급을 받아오지 않는 사람을 흔히 '백수'라고 부른다. 백수의 가장 큰 장점은 시간이다. 출근할 필요가 없으니 쉬고 싶을 때 쉬고, 놀고 싶을 때 놀면 된다. 겉으로 보면 부담 없는 삶처럼 보인다. 그런데 왜 "백수가 과로사한다"는 말까지 나올까. 직장을 그만둔 사람이 무료함을 견디지 못해 이것저것 일을 무리해서 벌이다가 오히려 몸과 마음이 먼저 지쳐 버린다는 뜻이다. 다소 과장된 표현이지만, 그만큼 인간은 자극이 전혀 없는 상태를 힘들어한다. 그래서 끊임없이 새로운 일을 만들어 내고, 때로는 위험을 감수하며 모험적인 도전을 한다. 스스로에게 자극을 주기 위해서다.

이처럼 스트레스가 없는 상태가 오히려 가장 큰 스트레스가 될 수 있다. 즉, 스트레스의 반대는 '웰빙'이 아니라 '권태'일 수 있다는 말이다.[16]

조직에서 일하는 팔로워도 예외가 아니다. 상사와의 관계가 늘 조용하고 아무 요구도 없는 상태가 처음에는 편해 보이지만, 시간이 지나면 성장이 멈추고 존재감이 옅어지는 또 다른 스트레스가 찾아온다. 적당한 긴장과 기대가 있어야 비로소 팔로워는 실력을 보여줄 기회를 얻는다.

그래서 팔로워에게도 적당한 수준의 스트레스는 필요하다. 마음에 활력을 주고 몸의 저항력을 높이며 작업 수행 능력을 끌어올리기 때문이다. 스트레스가 전혀 없으면 일하고 싶은 마음 자체가 잘 일어나지 않는다. 다만 과한 스트레스가 문제다.

스트레스 수준이 조금씩 올라갈수록 성과도 함께 올라가다가 어느 시점을 넘어서면 스트레스는 급격히 독으로 바뀐다. 그 선을 넘는 순간 스트레스는 성장의 자극이 아니라 삶을 갉아먹는 살해범이 된다.[17]

스트레스와 성과의 관계

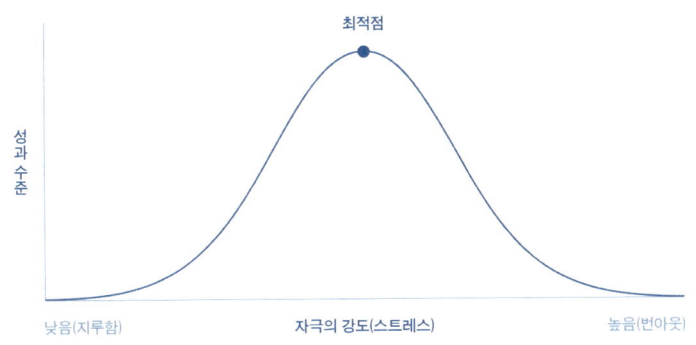

그래서 스트레스 연구의 대가 한스 셀리에(Hans Selye)는 성장을 돕는 적당한 자극을 유스트레스(eustress), 몸과 마음을 갉아먹는 과부하를 디스트레스(distress)라고 구분했다. 우리가 피해야 하는 것은 모든 스트레스가 아니라, 나를 소진시키는 디스트레스(distress)다. 한스 셀리에는 이렇게 말했다.

"적당한 스트레스가 없으면 인간은 멸망하며, 어떤 사람에게서 스트레스를 완전히 제거하면 그 사람은 무능해진다."

팔로워에게 유스트레스(eustress)는 상사의 기대와 도전적인 과제처럼 나를 한 단계 올려주는 부담이다. 반대로 디스트레스(distress)는 모욕적인 말, 끝이 보이지 않는 야근, 불공정한 평가처럼 나를 소모만 시키는 부담이다. 상사와의 관계에서 중요한 것은 스트레스 자체가 아니라, 이것이 유스트레스인지 디스트레스인지 구분하고 대응하는 태도다.

결국 문제는 '스트레스가 있느냐 없느냐'가 아니라 '얼마나, 어떤 방식으로 있느냐'에 있다. 인간의 뇌는 너무 조용한 상태에서도, 너무 과열된 상태에서도 잘 버티지 못한다. 적당한 긴장 속에서 가장 좋은 리듬을 찾을 때 비로소 잠재력이 살아난다.

스트레스보다 더 무서운 것, '스트레스에 대한 믿음'

'스트레스는 만병의 근원이다.'라는 통념을 뒤집는 흥미로운 연구도 있다. 미국 마켓대학의 아비올라 켈러(Abiola Keller) 교수는 3만 명을 대상으로 두 가지 질문을 던졌다.[18] 첫 번째 질문은 "당신은 지난 1년 동안 얼마나 많은 스트레스 상황을 경험했습니까?"였다.

#1. 매우 많은 스트레스 상황을 경험했다.

#2. 중간 정도의 스트레스 상황을 경험했다.

#3. 적은 스트레스 상황을 경험했다.

두 번째 질문은 "스트레스 상황이 당신의 건강에 해롭다고 믿습니까?"였다.

#1. 그렇다고 굳게 믿는다.

#2. 어느 정도는 그렇다고 믿는다.

#3. 그렇다고 믿지 않는다.

연구진은 이 두 질문에 답한 사람들을 8년 동안 추적하며 건강 상태와 사망률을 살펴봤다. 예상대로 스트레스 상황을 많이 경험했고, 스트레스가 건강에 매우 해롭다고 굳게 믿은 사람들에게서 사망 위험이 높게 나타났다. 두 질문에서 모두 1번을 고른 집단에서 사망률이 43% 증가했다.

그런데 여기서 놀라운 결과가 나왔다. 지난 1년 동안 스트레스 상황을 많이 경험했지만(첫 번째 질문 1번), 스트레스가 건강에 해롭다고 믿지 않은 사람들(두 번째 질문 3번)은 오히려 사망률이 17% 감소했다. 결국 사람을 병들게 하는 것은 '스트레스 자체'만이 아니었다. 스트레스 상황과 더불어 "스트레스는 건강에 치명적이다."라는 믿음이 결합될 때 위험이 커졌다.[19] 이 연구는 스트레스는 상황 자체보다, 그 상황을 우리가 어떻게 받아들이고 적응하느냐에 따라 전혀 다른 결과를 가져온다는 사실을 보여준다.

팔로워에게도 스트레스는 예외가 아니다. '이 상사 때문에 내 인생은 망가질 거야'라고 믿는 사람과 '이 상사와의 시간도 언젠가 내 커리어의 자산이 될 수 있다'라고 믿는 사람은 같은 스트레스를 겪어도 전혀 다른 방향으로 성장한다. 스트레스 그 자체보다 '이 스트레스를 어떻게 바라볼 것인가'라는 팔로워의 믿음이 더 큰 변수가 된다.

같은 하늘, 다른 긴장 — 스카이다이버의 인식 차이

스카이다이버의 사례는 '인식이 스트레스를 만든다'는 사실을 더 분명히 보여준다. 스카이다이버는 항공기에 탑승해 대기하다가 높은 하늘에서 뛰어내려 낙하산을 펼치고 착륙한다. 겉으로 보면 초보자와 베테랑이 똑같은 행동을 한다. 그러나 두 집단이 스트레스를 느끼는 시점은 전혀 다르게 나타난다.[20]

초보 vs 베테랑 스카이다이버

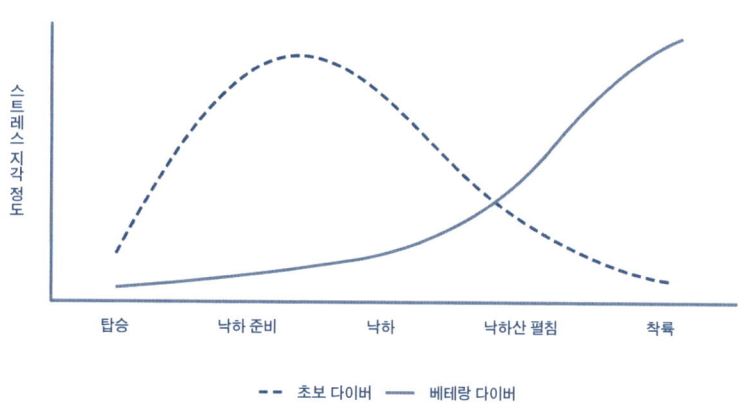

연구에 따르면 초보 스카이다이버는 항공기에서 뛰어내리기 직전에 스트레스가 정점에 이른다. 문 앞에 서서 아래를 내려다보는 그 순간이 가장 두렵고 위험하게 느껴지기 때문이다. 반면 베테랑 스카이다이버는 착륙 직전에 스트레스가 가장 높다. 스카이다이빙에서 실제로 부상과 사고가 가장 많이 발생하는 구간이 착륙 시점이라는 사실을 알기 때문이다. 허공으로 뛰어내리는 것 자체는 생각보다 위험하지 않고, 두 발이 땅에 닿는 마지막 몇 초가 진짜 위험 구간이라는 것을 몸으로 배운 사람들

이다. 초보자들은 이 사실을 잘 모르니 '뛰어내리는 순간'을 가장 무서운 시점으로 인식한다.

이처럼 동일한 상황 속에서도 어디에서 스트레스를 크게 느끼느냐는 그 사람이 상황을 어떻게 바라보느냐에 달려 있다. 셰익스피어는 『햄릿』에서 이렇게 말했다.

"이 세상에는 선한 것도 없고 악한 것도 없다. 다만 생각이 그렇게 만들 뿐이다."

스트레스 역시 그렇다. 똑같은 상황도 누구에게는 '재앙'이고, 누구에게는 '집중해야 할 중요한 지점'이다. 특정 상황보다 그 상황을 바라보는 관점이 스트레스의 크기를 결정한다. 결국 스트레스를 줄인다는 것은 현실을 깨끗이 지우는 일이 아니라, 같은 현실을 다른 시각으로 보는 연습이다.

초보 팔로워는 상사 이름만 떠올려도 긴장이 폭발하는 단계다. 마치 초보 스카이다이버가 비행기 문 앞에서 몸이 굳는 것과 같다. 반면 베테랑 팔로워는 회의 전 상사의 한마디보다 보고서가 실제로 사용되고 평가되는 순간을 더 중요한 긴장 지점으로 본다. 그 순간이야말로 결과의 책임이 분명해지고 성과가 검증되는 자리이기 때문이다.

상사 자체를 공포의 대상으로 보기보다 '언제가 진짜 위험 구간인지'를 알 때, 스트레스는 막연한 공포에서 집중해야 할 포인트로 바뀐다.

생각이 몸을 공격할 때 — 마음, 호르몬, 심장

우리는 흔히 "오만 잡생각이 다 난다"라고 말한다. 미국 심리학자들의 연구에 따르면 사람은 하루에 5만~6만 가지의 생각을 하고, 그 가운데 상당수가 부정적인 내용인 것으로 나타났다. 이런 부정적인 생각들은 감정을 불편하게 만들고, 그 감정은 다시 스트레스 호르몬 분비를 촉진한다.

　대표적인 스트레스 호르몬이 코르티솔이다. 한번 분비된 코르티솔은 몇 분 안에 급격히 올라가고, 이후 2시간가량 몸 안에 남아 심장 박동과 혈압, 면역 기능에 영향을 미칠 수 있다. 그래서 스트레스를 예방하는 가장 좋은 방법은 부정적인 생각과 감정이 아예 들어오지 않도록 차단하는 것이다.

　여기서 중요한 역할을 하는 것이 바로 심장이다. 심장은 단순히 혈액만 공급하는 기관이 아니다. 감정을 통해 두뇌와 정교하게 소통한다는 사실이 점점 더 밝혀지고 있다.[21] 우리가 무언가를 선택할 때 머리로 여러 가지를 계산하다가도 결국 "왠지 이게 마음에 든다"라는 이유로 결정을 내리는 경우가 많다. 연구에 따르면 심장에서 뇌로 전달되는 정보가 그 반대 방향보다 약 10배 더 많다고 한다. 이처럼 심장은 단순히 피만 보내는 기관이 아니라 생각과 선택 과정에도 깊이 관여한다.

　생각과 감정이 몸을 움직이기만 하는 것이 아니다. 몸의 상태가 다시 생각과 감정에 영향을 준다. 어깨가 잔뜩 올라가고 숨이 가빠지면 별일 아닌 일도 더 위협적으로 느껴진다. 반대로 어깨를 펴고 천천히 숨을 내쉬면 같은 상황도 조금은 덜 심각하게 느껴진다. 그래서 심장과 호흡을 조절하는 것만으로도 마음의 상태가 달라질 수 있다.

　팔로워가 상사의 말 한마디에 심장이 쿵 내려앉는 것은 심장과 몸이 먼저 놀라고, 그 신호를 받은 뇌가 상황을 더 위협적으로 해석하기 때문이다. 머리로는 '침착하게 듣자'라고 다짐해도 심장이 먼저 요동치면 생각이 따라가기 어렵다. 그러니 상사와의 관계에서 스트레스를 다루려면 생각만 바꾸려 하지 말고, 심장과 호흡부터 다루는 연습이 필요하다.

심장으로 멈추는 스트레스 — 심장 호흡 3단계

심장 호흡은 심장을 통해 스트레스를 조절하는 간단하면서도 효과적인 방법이다. 심장 호흡 3단계는 다음과 같다.[22]

심장 호흡 3단계

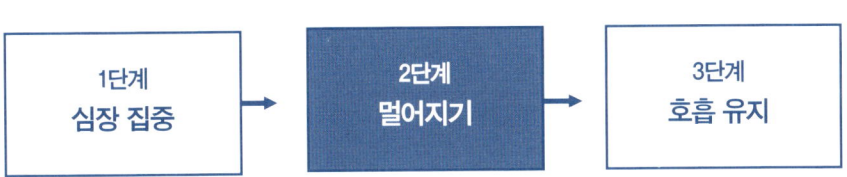

1단계: 심장에 집중하며 천천히 호흡한다.

편안한 자세로 앉아 가슴, 즉 심장이 있는 부위에 의식을 모으고 숨을 천천히 들이마시고 내쉰다. 예를 들어 5초 동안 들이마시고 5초 동안 내쉬는 식으로 호흡을 5번 정도 반복한다. 심장이 쿵쾅거리던 상태에서 점점 고르게 뛰기 시작하면, 스트레스 호르몬 분비가 서서히 줄어든다.

2단계: 스트레스를 유발한 상황에서 한 걸음 멀어지는 상상을 한다.

심장 호흡을 하면서 방금 나를 불편하게 했던 장면을 그대로 떠올리기보다, 그 장면에서 한발 물러난 나를 상상한다. 혹은 '나중에 내가 더 좋은 위치에서 이 상황을 바라보게 될 것이다. 언젠가 내가 이 경험을 자양분으로 쓰게 되겠지' 같은 생각으로 장면을 다시 그려본다.

3단계: 부정적인 감정이 옅어질 때까지 심장 호흡을 유지한다.

짜증과 분노가 어느 정도 가라앉을 때까지 심장 호흡을 이어간다. 몇 분만 집중해도 숨이 안정되고 감정의 파도가 낮아지는 것을 느낄 수 있다.

심장 호흡 3단계가 실제 직장에서는 어떻게 쓰일까 하는 의문이 들 수 있다. 다음 사례를 보자.

대기업 전략기획본부 회의에서 윤 본부장은 마케팅팀 김 팀장을 크게 질책했다.

"요즘 브랜드 지표가 왜 이렇게 안 올라가는 거야. 마케팅팀장이면 시장을 제대로 읽고 숫자를 끌어올려야지."

김 팀장이 조심스럽게 말했다.

"본부장님, 제가 잘못한 부분이 있다면 구체적으로 말씀해주십시오. 무엇이 가장 마음에 걸리시는지 잘 모르겠습니다."

윤 본부장은 얼굴을 찌푸리며 받아쳤다.

"그걸 일일이 내가 설명해야 되나. 팀장 정도 되면 말하지 않아도 스스로 짚어야지."

김 팀장은 그 말을 듣는 순간 가슴이 턱 막히는 느낌이 들었다. 억울함과 분노가 한꺼번에 올라왔다. 얼굴이 화끈거리고 심장은 쿵쾅거리기 시작했다. 당장 한마디 돌려주고 싶었지만, 그는 회의실 문을 박차고 나가지 않고 잠시 숨을 골랐다. 회의실을 나온 뒤 복도 끝 창가에 서서 심장 부근에 의식을 두고 천천히 숨을 들이쉬고 내쉬며 박동을 가라앉혔다. 그리고 나서 "왜 나만 갖고 저러지"라는 생각 대신, 언젠가 자신이 본부장

위치에 선다면 방금과 같은 상황에서 어떻게 피드백을 주는 것이 팀장에게 더 도움이 될지 떠올렸다.

약 10분 뒤 김 팀장의 짜증과 분노는 많이 가라앉았다. 그는 다시 자리로 돌아와 차분하게 데이터를 정리하고 대안을 준비할 수 있었다. 만약 처음 그 상태에서 바로 윤 본부장에게 감정을 쏟아냈다면 순간 속은 시원했을지 몰라도, 평가와 관계, 커리어에는 훨씬 큰 상처가 남았을 것이다.

심장 호흡은 일상에서 언제든 쓸 수 있는 좋은 기술이다. 짜증이 나거나 '욱'하는 마음이 올라올 때 잠시 눈을 감고 심장 호흡을 해보라. 감정을 한 번에 지우려 하기보다, 심장을 통해 감정을 중화시키며 스트레스가 몸과 마음에 남기는 상처를 줄이는 일이다.

지금까지 살펴본 것처럼 스트레스는 완전히 제거해야 할 대상이 아니다. 적당한 스트레스는 우리를 깨어 있게 하고 성장시킨다. 지나친 스트레스는 우리를 무너뜨린다. 그리고 그 경계를 가르는 것은 상황이 아니라 '해석'과 '대처 방식'이다. 결국 스트레스의 방향을 결정하는 마지막 손잡이는 언제나 내 손에 있다.

"이건 나를 망가뜨리는 스트레스인가, 아니면 나를 단단하게 만드는 자극인가."

이 질문을 스스로에게 던지며 오늘 하루를 버텨보자. 스트레스를 지우려 하기보다 잘 써먹는 법을 배우는 것, 그것이 성숙한 팔로워로 살아간다는 것의 중요한 의미가 아닐까.

04. 비에 젖지 않는 마음

"상처와 실패가 반복되는 세상에서 내 마음을 끝까지 젖지 않게 지켜 주는 힘은 무엇일까?"

마음이 막힌 날, 한 줄의 시가 열어준 길

1년에 한 번, 비행기 이착륙과 주식시장 거래까지 미루며 전국이 숨죽이는 날이 있다. 대학수학능력시험일이다. 2023년 수능 날, 나는 일찍 퇴근해 아내와 함께 둘째 아이를 기다리려고 시험장 앞 학교로 갔다. 시험이 끝나고 둘째가 걸어 나오며 말했다.

"1교시 국어 시험부터 지문이 안 읽혔어요."

그 말을 듣는 순간 나도 마음이 가라앉고 기분이 무거워졌다. 그래도 겉으로는 내색하지 않고 "고생 많았다."라고만 말했다. 집에 돌아와 착잡한 마음으로 인터넷을 뒤적이다가, 2023년 수능 필적 확인 문구인 "가장 넓은 길은 언제나 내 마음속에"라는 문장이 눈에 들어왔다.

이 문구는 양광모 시인의 「가장 넓은 길」에 나오는 구절이다.

가장 넓은 길
살다보면
길이 보이지 않을 때가 있다
원망하지 말고 기다려라

눈에 덮였다고

길이 없어진 것이 아니고

어둠에 묻혔다고

길이 사라진 것도 아니다

빗자루를 들고 묵묵히

눈을 치우다 보면

새벽과 함께

길이 나타날 것이다

가장 넓은 길은

언제나 내 마음 속에 있다

따뜻한 시 한 편이 마음을 위로했고, 다시 힘을 주었다. 예전에도 알고 있던 말인데 그날은 유독 크게 와닿았다. '마음은 사소한 것에도 쉽게 흔들린다. 그러니 마음의 근력을 키워야 한다'는 사실을 새삼 실감했다.

마음의 근력과 10점짜리 행복

마음의 근력, 곧 회복탄력성은 시련과 어려움 앞에서 무너지지 않고 버티며 다시 일어서는 힘이다. 다른 말로 하면 역경과 실패를 디딤돌 삼아 더 높이 도약하게 만드는 내면의 에너지다. 누구에게나 내면 깊은 곳에 이미 깔려 있는 타고난 힘이기도 하다.

팔로워십의 관점에서 회복탄력성은 상사의 말과 표정에 잠시 흔들리더라도 거기에 오래 머물지 않고 다시 중심을 찾는 힘이다. 직장에서 이것은 상사의 질책, 불합리해 보이는 결정, 성과 압박 속에서도 '그만두고

싶다'는 마음에 휩쓸리지 않고 스스로를 추슬러 다시 보고서를 쓰고 회의
실로 들어가는 힘이다.

일반인과 회복탄력성 훈련을 받은 사람의 업무 수행 능력을 비교한
실험 결과가 있다.[23)]

스트레스와 회복탄력성 업무 수행의 관계

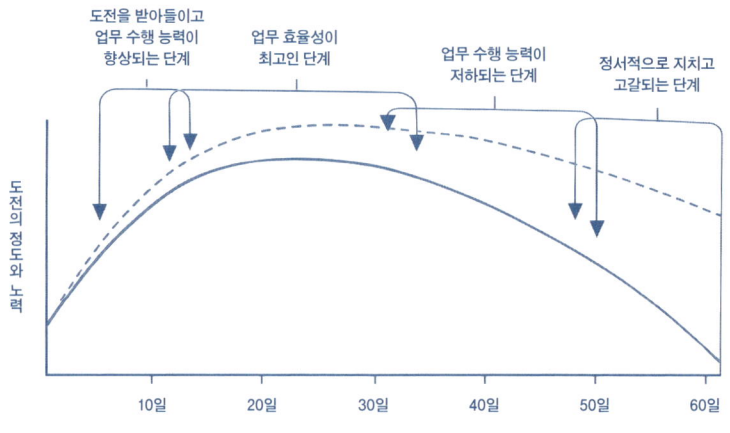

실선은 보통 사람의 업무 수행 능력이고, 점선은 회복탄력성 훈련을
받은 사람의 업무 수행 능력을 나타낸다. 초기 약 20일 정도까지는 두 집
단의 능력 차이가 거의 없다. 그러나 시간이 지날수록 능력 차이는 점점
벌어진다. 100m 단거리에서는 별 차이가 없다가 3km를 뛰면 격차가 벌
어지는 것과 같다.

회복탄력성이 높은 사람도 스트레스와 역경을 피해 사는 것은 아니다. 다만 그들은 상황을 다루고 처리하는 힘, 그리고 다시 일어나는 힘을 더 많이 가지고 있다. 요즘 사소한 일에도 쉽게 짜증이 나고, 화를 자주 내며, 말투가 거칠어졌다면 회복탄력성 게이지에 빨간불이 켜진 상태다. 이제 재충전이 필요하다는 신호다. 그렇다면 바닥난 마음의 에너지는 어떻게 채울 수 있을까.

회복탄력성은 한 번에 크게 채워지지 않는다. 일상 속에서 '작은 회복 경험'을 자주 만들어 갈수록 자란다. 마음을 다시 세우는 방식은 결국 '행복을 어떻게 누리느냐'의 문제다.

행복은 크기보다 빈도가 중요하다. 한 번의 100점짜리 행복보다 열 번의 10점짜리 행복이 낫다. 스트레스 해소도 마찬가지다. 한 번에 100점을 풀어버리려 하기보다, 10점을 열 번 나누어 푸는 편이 훨씬 효과적이다.[24]

직장에서 일 때문에, 상사와의 관계 때문에 속이 끓어오르는 날이 있다. 그럴 때 마음이 맞는 동료 한 명과 맛있는 음식을 먹으며 수다를 떨고 나면 한결 가벼워진다. 땀을 흘리며 운동하고 나면 머릿속이 맑아진다. 심각한 문제도 '죽는 것보다는 낫다. 이것도 곧 지나간다'라고 여기면 마음의 시야가 넓어진다. 재미있는 영화 한 편은 기분을 전환시키고, 다음 날 다시 출근할 힘을 준다. 이런 활동들이 바로 10점짜리 행복이자 10점짜리 스트레스 해소다. '다음 달 휴가 때 여행 가서 스트레스 풀어야지'라고 미루지 말고, 그때그때 작은 해소와 작은 행복을 찾아 실천해보자. 마음의 근력은 그렇게 일상 속에서 조금씩 자란다.

마음의 흉터와 성장통

A씨는 기업 교육 현장에서 활동하는 강사였다. 어느 날 강의를 하러 가던 중 교통사고를 당해 얼굴이 피투성이가 됐다. 치료를 마쳤지만 오른쪽 얼굴에는 10cm 길이의 흉터가 남았다. 강사 활동에 큰 걸림돌이 되자 그는 성형수술을 받았다. 상처가 아물고 흉터가 다시 숙성될 때까지 7개월이라는 시간이 걸렸다. 그러나 치료가 끝난 뒤에도 흉터는 예상보다 눈에 띄었다. A씨는 그 결과를 담담히 받아들이고 다시 강의 현장으로 돌아갔다.

5년이 지난 어느 날, 그가 한 기업에서 강의를 마친 뒤 한 수강생이 다가와 말했다. "강사님, 인상이 너무 좋으세요. 강의 듣는 내내 행복했습니다." 그 말을 듣는 순간 A씨는 잠시 당황했지만, 곧 마음 깊은 곳이 조용히 따뜻해졌다.

나는 이 이야기를 지인에게서 전해 듣고 한동안 마음속에 간직하며 곱씹었다. 사고 이후에도 그 강사가 다시 강단으로 돌아와 평소처럼 강의를 이어갔다는 사실이 오래 남았다. 얼굴의 상처가 흉터를 남긴 채 시간이 지나며 아물듯, 마음의 상처도 시간이 흐르면 아픔이 옅어지고 결국 살아갈 힘으로 바뀔 수 있다는 생각이 들었다.

상사의 거친 지적과 승진 누락도 처음에는 선명한 흉터처럼 아프다. 그러나 팔로워가 그때마다 성실하게 제자리를 지키며 하루를 채워갈 때, 그 상처는 조금씩 '내가 여기까지 온 이유'가 된다. 회복탄력성이란 상처가 없는 인생이 아니라, 상처를 자기편으로 바꾸는 힘이다.

내가 어느 날 헬스를 시작했다. 며칠 지나자 팔다리 근육이 아팠다.

함께 헬스를 하던 후배에게 "헬스를 시작하니 근육이 아프다"라고 말했더니, 그가 이렇게 말했다.

"저는 8년째 헬스를 하고 있는데 매일 아픕니다. 성장통 없이 근육이 만들어지지 않습니다. 우리가 살아가는 삶도 마찬가지 아닌가요."

가벼운 농담처럼 들렸지만, 곱씹을수록 삶 전체를 관통하는 말처럼 느껴졌다. 그는 매일 부딪히는 상사와의 관계, 업무 스트레스, 삶의 고통을 당연히 함께 안고 가야 할 것으로 받아들이며 살아가고 있었다.

비가 아무리 와도 바다는 비에 젖지 않는다. 비를 끌어안고 끝없이 파도를 치며 움직일 뿐이다. 사람도 결국 어떻게 받아들이느냐가 중요하다. 중요한 것은 꺾이지 않는 마음이다.

진정한 장애는 몸이 아니라 마음에 있다

"진정한 장애는 억눌린 마음입니다."

이 말은 에이미 멀린스(Aimee Mullins)의 고백이다. 그는 두 다리를 절단했지만 의족을 신고 미국대학스포츠연맹(NCAA)이 주최하는 일반 육상 대회에 출전해 비장애인 선수들과 함께 달리며 세계 신기록을 세웠다.

선천적 기형으로 태어난 그녀에게 의사는 "이 아이는 절대 걷지도, 운동도 못 하며, 타인의 도움 없이는 제대로 살지 못할 것이오"라고 선언했다. 그야말로 사형 선고 같은 말이었다. 그러나 에이미 멀린스는 그 예측을 뒤집었다. 그녀는 세계 신기록을 세웠을 뿐 아니라 미국 시사 주간지 『피플』이 선정한 '세계에서 가장 아름다운 50인' 가운데 한 사람으로 뽑혔다. 장애와 역경을 정면으로 돌파하며 자신의 길을 개척한 것이다. 사람들이 비결을 묻자, 그녀는 이렇게 말했다.

"장애와 역경은 피하거나 넘어서야 하는 장애물이 아닙니다. 그 자체로 나의 자아를 깨우고 능력을 북돋는 신의 선물이죠. 제 생각에 진정한 장애는 억눌린 마음입니다. 억눌려서 아무 희망도 없는 마음이죠. 자신의 장점을 보지 못하고 아이들 같은 호기심이나 천부적인 상상력도 없는 상태 말입니다. 스스로 마음속에 희망을 품고, 호기심과 상상력이 가득하도록 마음속에 힘을 북돋아 보세요. 그러면 자신과 타인이 가진 장점을 볼 수 있고, 진정으로 우리의 능력을 발휘할 수 있게 됩니다. 지금의 역경은 당신의 마음가짐에 따라 기회가 될 수 있습니다."

그녀의 이 말은 장애를 결정짓는 기준이 몸이 아니라 마음이라는 사실을 또렷하게 드러낸다. 진정한 장애는 몸이 아니라 마음에 있다. 마음이 억눌려 희망을 보지 못할 때 사람은 스스로를 가두기 시작한다.

직장에서도 마찬가지다. '나는 원래 안 된다. 저 상사 밑에서는 어차피 못 한다'라는 믿음은 어떤 평가보다 더 무서운 자기 장애다. 상사가 정해주는 한계를 그대로 받아들이지 않고, 그 안에서도 내가 할 수 있는 선택과 성장을 끝까지 찾는 마음이 중요하다.

인생의 고비를 바꾸는 성장 마인드셋

스탠퍼드대학교 심리학 교수 캐럴 드웩(Carol S. Dweck)은 수십 년에 걸친 연구 끝에 단순하지만 놀라운 사실 하나를 제시했다. 바로 "마인드셋(마음가짐)이 모든 것을 결정짓는다"는 것이다. 그는 특히 사람들의 마음가짐을 '성장 마인드셋'과 '고정 마인드셋'으로 나누어 설명했다

2가지 마인드셋

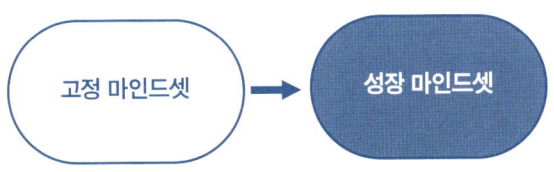

성장 마인드셋은 지금의 능력과 자질도 노력하면 충분히 향상될 수 있다고 믿는 마음가짐이다. 반대로 고정 마인드셋은 자신의 자질과 능력이 이미 정해져 있다고 여기며, 애써 변화하려 하지 않는 태도를 말한다.[25]

고정 마인드셋을 가진 사람은 지능이 정해져 있다고 믿고, 남들에게 똑똑해 보이기를 원한다. 도전 앞에서는 피하고, 역경 앞에서는 쉽게 포기한다. 노력은 하찮다고 여기며, 비판을 들으면 옳은 지적이라도 귀를 닫는다. 남의 성공을 보면 위협을 느낀다. 결국 현재 수준에 머물며 잠재력을 충분히 발휘하지 못한다.

반대로 성장 마인드셋을 가진 사람은 지능과 능력이 성장할 수 있다고 믿는다. 더 많이 배우고 싶어 하고, 도전 앞에서 한 번쯤 흔들려도 다시 도전한다. 역경에는 맞서 싸우며, 노력은 완성을 위한 도구로 여긴다. 비판에서 배우고, 남의 성공에서는 교훈과 영감을 얻는다. 그 결과 잠재력을 발휘해 최고의 성과에 도달할 가능성이 훨씬 커진다.

콜럼비아대학교 연구진은 두 마인드셋의 차이가 사람들의 뇌파에서도 드러난다는 사실을 발견했다.[26] 연구진은 두 유형의 사람을 뇌파 실험실로 초대해 어려운 질문을 던지고 피드백을 주며 뇌파 반응을 관찰했다. 고정 마인드셋을 가진 사람들은 자신의 능력에 대해 평가를 받을 때, 그리고 자신이 낸 답이 맞았는지 틀렸는지를 알려줄 때만 반응을 보였다. 더 배울 수 있는 추가 정보를 제시했을 때는 뇌파에 거의 변화가 없었다. 반면 성장 마인드셋을 가진 사람들은 자신의 지식을 넓힐 수 있는 정보가 주어질 때 뚜렷한 반응을 보였다. 이처럼 마인드셋의 차이는 단순한 태도 문제가 아니라, 실패와 피드백 앞에서 뇌가 어떻게 배우려 드는지의 차이로까지 이어진다.

캐럴 드웩은 '인생의 고비를 미래의 성공으로 바꾸는 탁월한 인재들에게는 공통된 두 가지 재능이 있다'는 사실을 발견했다.[27) 그 두 가지는 성장 마인드셋에서 나오는 인내심과 회복력이다.

미국 농구 역사상 가장 위대한 선수 가운데 한 사람으로 꼽히는 마이클 조던은 이렇게 말했다.

"나는 300번의 경기를 패했고, 9,000번 이상의 슛을 실패했습니다. 경기를 이기기 위해 던진 마지막 슛을 26번 실패했습니다."

그는 누구보다 많은 실패를 경험했지만, 그 실패를 끝이 아니라 성장의 발판으로 삼은 사람이었다.

찰스 다윈의 걸작 『종의 기원』이 나오기까지는 반평생에 가까운 시간 동안의 관찰과 기록, 수없이 이어진 동료와 멘토들과의 토론과 협업이 있었다. 천재 작곡가 모차르트 역시 처음부터 걸작을 쏟아낸 것이 아니었다. 초기 작품은 독창적이지도 않았고 흥미롭지도 않았으며, 다른 작곡가들의 곡을 여기저기 짜깁기한 수준에 불과했다. 대작이 나오기까지 그는 손이 비틀어질 정도로 10년 이상 피나는 노력을 거듭했다.[28)

세계적인 안무가이자 무용가인 트와일라 타프는 『천재들의 창조적 습관』에서 창조성에 대해 이렇게 말했다.

"창조성은 마법이나 번쩍이는 영감에서 오는 것이 아니라 고된 노력과 헌신의 결과물이다."

사람에게는 누구에게나 인내심과 회복력이 필요하다. 이 두 가지는 특별한 소수에게만 주어진 재능이 아니라, 훈련과 선택을 통해 누구나 키울 수 있는 힘이다.

팔로워십의 세계로 옮겨보면, 이 인내심과 회복력은 좋은 상사를 만났을 때 잠깐 빛나는 미덕이 아니다. 오히려 까다롭고 힘든 상사를 만났을 때 팔로워의 진짜 실력을 드러나게 하는 바탕 체력이다. 결국 성장 마인드셋을 지닌 팔로워는 상사의 성격을 분석하는 데 머물지 않고, 그 관계 속에서 자신이 더 단단해질 수 있는 지점을 끝까지 찾으려 한다.

버티는 힘이 나를 바꾼다

나는 육군사관학교 생도 시절, 처음에는 뜀걸음을 잘했다. 하지만 한번 낙오한 뒤로는 거의 매번 뒤처졌다. 낙오할 때마다 창피해서 차라리 죽는 게 낫겠다는 생각이 들 정도로 고통스러웠다. '육사를 그만둬야겠다'는 생각을 수도 없이 했다. 그때마다 동료들이 옆에서 함께 뛰어주고 손을 잡아주었다. 나도 이를 악물고 체력 관리를 계속했다.

육사를 졸업하고 부대 생활을 할 때는 한 번도 낙오하지 않았다. 오히려 누구보다 잘 뛰는 사람이 되었다. 지금 나는 50대가 되었지만 20대 때의 체중을 유지할 정도로 몸 관리를 계속하고 있다. 낙오라는 고통스러운 경험이 오히려 나를 성장시키는 약이 됐다.

배우 윤여정에게 인생 좌우명을 물었을 때 그는 이렇게 말했다. [29)]

"버티자는 생각으로 살아왔다. 아무리 힘들어도 버티면 된다. 인생이 버티는 거더라."

윤여정은 영화 〈미나리〉(2021)로 제93회 아카데미 시상식에서 한국 배우 최초로 여우조연상을 받았고, 이어 드라마 〈파친코〉(2022)로 전 세계의 주목을 받았다. 그 자리까지 가는 동안 수많은 힘든 순간을 버텨냈다. 한때 그는 "목소리가 거슬리는 배우, 저 여자 목소리 듣기 싫으니 나오지 말라"는 말까지 들어야 했다. 그럴 때마다 윤여정은 대사를 마르고 닳도록 외우고 또 외웠다. 그는 그 시절을 회고하며 "어느 한순간 힘들지 않을 때가 없었다. 매 순간이 힘들었다. 이를 악물고 계속하니 어느새 극 중 인물이 되어 있었다. 요즘에는 내 목소리가 매력적이라고 말해주는 사람이 생긴 것이 정말 신기하다"라고 했다. 그리고 그는 이렇게 고백한다.

"삶 자체를 원래 힘들다고 생각했다. 예전엔 내가 타고난 연기력도 없고, 빼어난 재능도 없어서 배우는 천직이 아니라고 생각했다. 오래 연기를 하다 보니 이제는 천직이라고 생각한다."

버티는 힘이 결국 자신을 그 자리까지 데려다준 것이다.

팔로워에게도 마찬가지다. 좋은 상사를 만나야 일이 편해지는 것이 아니다. 내가 회복탄력성을 키울수록 같은 상사 밑에서도 더 잘 버티고 더 많이 배우게 된다. 결국 좋은 상사가 나를 성공시키는 것이 아니라, 버티며 성장한 팔로워가 자신의 커리어를 만든다.

고난의 돌이 노래가 되고, 비는 바다를 키운다

'흐르는 시냇물에서 돌들을 치워버리면 그 냇물은 노래를 잃어버린다.'

서양 속담에 나오는 말이다. 흐름을 방해하는 돌들 때문에 물살이 부딪히고 소리가 난다. 그 소리가 우리가 듣는 시냇물의 노래다.

역경과 고난이라는 돌들을 통해 아름다운 노래를 만든 사람이 있다. 연주를 듣던 왕이 자리에서 일어설 정도로 감동을 준 불후의 명작 〈할렐루야〉를 작곡한 헨델이다. 이 곡은 화려한 궁정이 아니라 감옥에서 나왔다. 헨델은 병든 몸을 치료하느라 재산을 모두 탕진했고, 빌린 돈도 갚지 못했다. 결국 반신불수 상태로 감옥에 갇히는 처지가 됐다. 그러나 그는 불행과 고통의 한가운데에서 혼신의 힘을 다해 대작을 완성했다. 어떤 이들은 이렇게 말한다.

"만약 헨델이 호화롭고 행복한 삶만 살았다면 오늘날 우리는 '할렐루야'를 듣지 못했을지도 모른다."

중국산 대나무 이야기도 비슷한 교훈을 준다.[30]

극동 지역 사람들이 중국산 대나무를 심고 4년 동안 물과 거름을 주며 정성껏 돌봤지만, 겉으로 보이는 크기는 처음과 거의 달라지지 않았다. 그런데 5년째가 되던 해 단 5주 만에 무려 27.5m를 자라 올랐다. 겉으로 아무 변화가 보이지 않는 동안 대나무는 땅속 깊이 뿌리를 내리고 있었다. 만약 "아무 변화도 없다"며 물과 거름 주는 일을 멈췄다면, 그 대나무는 자라기도 전에 죽었을 것이다.

우리 인생도 이와 비슷하다. 절대 지나가지 않을 것 같던 시간이 어느새 지나가 있다. 전혀 이루지 못할 것 같던 일도 어느 날 돌아보면 이루어져 있다. 안 생길 것 같지만 생긴다. 당신에게도 좋은 일들은 반드시 생긴다. 단 하나의 전제조건이 있다. 끝까지 버티는 것이다.

지금 만나는 상사와의 갈등과 스트레스는 시냇물의 돌과 같다. 거칠고 불편하지만, 그 돌에 부딪히는 동안 나의 실력과 인내, 공감 능력이 자란다. 언젠가 다른 자리에 서서 후배와 부하를 이끌 때, 오늘의 상사가 남긴 돌들이 내 안에서 깊은 울림의 노래가 된다. 이것이 팔로워십 관점에서 본 회복탄력성의 완성이다.

05. 영원한 현역, 나력의 힘

"직책과 명함을 내려놓은 뒤에도 나를 당당히 서게 만드는 나만의 힘은 무엇인가?"

나이는 숫자, 젊음은 태도

"이상해, 일할수록 젊어져."

91세 맥신 앤더슨(Maxine Anderson)이 한 말이다. 그는 35년 동안 맥도날드에서 주 5일 근무하며 음식을 나르고 매장을 청소한다. 활기차게 일하는 그의 모습을 보기 위해 일부러 찾아오는 손님들도 많다.

"100세까지 일하고 싶다." 일본 맥도날드 매장에서 일하는 92세 혼다 다미코(Tamiko Honda)의 말이다. 그는 간병인과 대학교 청소부 일을 거쳐 67세에 인생 3막을 열었다.[31]

경영학의 아버지 피터 드러커(Peter Drucker)는 93세에 『넥스트 소사이어티(Next Society)』를 집필했다. 그때 기자들이 "가장 기억에 남는 책은 무엇입니까"라고 묻자, 드러커는 미소를 지으며 말했다.

"아직 나오지 않았습니다."

그는 95세에 "내 인생의 전성기는 75세였다"라고 회고했다.

무대 위에도 여전히 현역이 있다. 연극 〈고도를 기다리며〉의 배우 신구(88세)와 박근형(84세)은 그 나이에도 무대에 올랐고, 공연은 매회 전석 매진을 기록했다. 93세 이길여 총장, 94세 세계 최고령 모델 카르멘 델 오레피스, 68세 가수 인순이까지 각자의 자리에서 여전히 빛나고 있다. 일본의 할머니 시인 시바타 도요는 남편과 사별한 뒤 92세에 처음 시를 쓰기 시작해 98세에 첫 시집『약해지지 마』를 출간했고 158만 부 판매를 기록했다.

연세대 김형석 명예교수는 105세에도 글을 쓰고 강의를 이어가며 "인생에서 가장 행복한 시기는 60세에서 75세이다"라고 말했다. 미켈란젤로는 88세까지 조각을 했고, 괴테는 82세에『파우스트』를 완성했다. 피카소는 92세를 살며 3만 점이 넘는 작품을 남겼다. 그들에게 젊음은 나이가 아니라 태도였다.

조직 안에서도 이 태도는 그대로 드러난다. 나이가 들어도 배우려는 마음을 잃지 않는 팔로워는 연차와 상관없이 상사가 믿고 함께 가고 싶은 사람으로 남는다. 태도가 젊은 팔로워가 직급을 넘어 팀의 영원한 현역이 된다.

살아 있음이 곧 젊음이라면, 그 젊음을 오래 지키는 길도 분명 있을 것이다. 이제부터 영원한 현역으로 살아가는 3가지 방법을 살펴보자.

1. 마음을 다시 켜는 제3의 공간

사람은 결심만으로 변하지 않는다. "젊게 살아야지. 감사하며 살아야지"라고 다짐해도 낡은 가구와 칙칙한 벽, 익숙한 냄새가 마음을 다시 현실로 끌어당긴다. 마음을 바꾸지 못하는 것이 아니라, 공간이 마음을 붙잡고 있는 것이다.

하버드대학교 엘렌 랭거(Ellen Langer) 교수는 '카운터 클락와이즈

(Counterclockwise)' 연구를 통해 공간이 인간의 신체와 정신을 실제로 바꿀 수 있음을 보여주었다.[32] 70대 노인들에게 "1959년의 당신으로 다시 살아보라"고 한 뒤, 실제로 1959년의 신문과 라디오, 가구로 꾸민 공간에서 일주일을 보내게 했다. 결과는 놀라웠다. 자세가 곧아지고 시력과 청력, 기억력이 전반적으로 좋아졌다. 랭거 교수는 이렇게 결론지었다.

"나이는 숫자에 불과하다는 믿음은 단순한 위로가 아니다. 그러나 그 믿음을 지속시키려면 그것을 지탱해 줄 공간의 변화가 필요하다."

이 연구는 마음이 단지 머릿속 생각으로만 존재하는 것이 아니라, 몸과 공간에 깊이 연결되어 있다는 사실을 보여준다. 심리학에서는 이런 현상을 신체화된 인지(embodied cognition)라고 부른다.[33] 신체화된 인지는 마음과 생각이 뇌 안에서만 작동하는 것이 아니라, 몸의 움직임과 감각, 그리고 주변 환경과의 상호작용 속에서 실제로 형성되고 작동한다고 보는 인지 심리학의 핵심 개념이다.

팔로워에게도 제3의 공간은 중요하다. 상사의 말과 표정에 눌린 마음을 그대로 집으로 가져가지 말아야 한다. 잠시 내려놓고 숨을 고를 수 있는 장소가 있어야 다음 날 다시 평정된 얼굴로 상사를 만날 수 있다. 팔로워십의 관점에서 제3의 공간은 상사에게서 받은 피로와 감정을 해소하고 태도를 다시 정비하는 리셋 버튼이다. 회의실에서 상사의 말에 상처를 받았더라도 카페나 체육관, 산책길 같은 공간에서 마음을 정리할 수 있다면, 감정이 아니라 프로답게 다시 상사를 대할 여유가 생긴다.

젊음을 유지하려면 새로운 자극을 주는 공간과 사람이 모두 필요하다. 매일 같은 사람, 같은 대화 속에서는 사고가 굳어간다. 다른 세대, 다른 분야의 사람들과 교류할 때 감정은 다시 살아난다. 젊음은 주름이 없는 얼굴이 아니라 새로운 것을 받아들이는 능력이다.

그래서 인생 어느 시기에도 자신을 다시 점화시키는 제3의 공간이 필요하다. 그것이 카페든 서재든 산책길이든 상관없다. 그곳에서 새로운 사람을 만나고 새로운 이야기를 들을 때 마음은 다시 젊어진다. 공간을 바꾸면 마음이 바뀌고, 사람을 바꾸면 인생이 확장된다.

2. 두 번째 젊음은 새로운 자극에서 온다

젊음은 나이가 아니라 자극에 반응하는 능력이다. 새로운 것을 보고 놀라고 배우며 설레는 마음이 살아 있는 한 우리는 여전히 젊다. 반대로 익숙함은 정체를 만든다. 매일 같은 길, 같은 말, 같은 사람들 속에서 감정은 닫히고 사고는 굳어간다. 심리학에서는 이를 '자극의 고갈(stimulus depletion)'이라고 부른다. 자극이 줄어들면 뇌의 활동도 둔화되고 감정의 폭도 좁아진다.

신경과학 연구들에 따르면, 새로운 사람을 만나고 낯선 관계를 경험할 때 해마와 전전두엽 같은 뇌 부위의 활동이 활발해진다. 이 영역들은 학습과 기억, 계획과 창의성과 깊이 연결되어 있기 때문에 새로운 인간관계는 뇌를 깨우는 강력한 자극이 된다. 그래서 새로운 사람을 만나는 일은 뇌의 젊음을 지키는 가장 자연스러운 방법이다. 뇌과학에서는 이런 적응을 신경가소성(neuroplasticity)이라고 부른다.[34] 신경가소성은 새로운 경험과 학습에 따라 신경세포 사이의 연결과 회로가 실제로 재구성되는 능력을 뜻한다. 낯선 사람을 만나고 새로운 길을 걷고 다른 문화를 접할 때마다 뇌는 그 자극을 기록하기 위해 새로운 연결을 만들고 오래된 회로를 손질한다.

팔로워가 이 원리를 활용하는 방식도 다르지 않다. 같은 부서, 같은 상사 안에서만 생각이 맴돌면 보고서와 아이디어도 쉽게 마른다. 다른 부서 사람과 점심을 먹고 외부 강연을 듣고 책과 강의를 통해 다른 분야를 접하는 팔로워는 상사가 예상하지 못한 관점을 제시할 수 있고, 그만큼 상사의 눈에 오래 남는다.

변화는 언제나 불편함에서 시작된다. 그러나 그 불편함이 바로 성장의 신호다. 익숙한 세계를 잠시 떠나 다른 세대, 다른 도시, 다른 문화 속으로 들어가 보자. 그 새로운 자극이 사고를 넓히고 닫혀 있던 감정을 다시 열어준다.

3. 직책이 사라져도 남는 힘, 나력

나이가 들수록 필요한 힘이 있다. 바로 '나력(裸力)', 즉 자리와 직함을 내려놓은 뒤에도 변함없이 남아 있는 나 자신의 내면의 힘이다.

"왕년에 잘 나갔다"는 말에 갇혀 사는 사람들의 문제는 과거의 향기에 머물다 현재를 놓치는 데 있다. 현직에 있을 때 가졌던 명함 외에는 내세울 무기가 없는 사람들이다. 직책과 자신을 동일시하고 사회적 지위로만 존재를 증명하며 살면 누구나 그렇게 된다.

이를 잘 보여주는 현실적인 장면이 있다. 한 대기업 임원은 퇴직 후에도 매일 정장을 차려입고 예전 회사 근처 카페를 찾았다. 그곳에서 사람들이 자신을 알아보고 인사해 주면 여전히 누군가에게 필요한 사람이라고 느낄 수 있었기 때문이다. 그는 회사 명함 대신 개인 명함을 만들었지만, 이름 옆에는 여전히 "前 전무"라는 직함을 적었다. 그러나 시간이 지나자 어느 순간부터 아무도 그를 알아보지 않았고, 카페에서도 더 이상 먼저 인사를 건네는 사람이 없었다. 그때 그는 깨달았다.

"나는 나로 인정받은 줄 알았는데, 실은 전무라는 직함으로 살아왔구나."

내가 33년 군 생활을 마치고 전역을 앞두었을 때, 나 역시 이름 앞의 직책과 소속한 조직에서 떠난 뒤 찾아올 공허함을 느꼈다. 그러면서 깨달았다. 직책과 육군이라는 조직을 떠나도 '인간 박정조'로 남는 내면의 힘이 바로 나력이라는 사실을.

사회심리학은 이런 현상을 역할 정체성(role identity)의 문제로 설명한다.[35] 역할 정체성이란 '군인, 전무, 교수'처럼 내가 맡은 역할을 곧 '나 자신'과 동일시하며 거기에 자기 존재 의미를 거는 심리적 틀을 말한다. 문제는 그 역할이 삶의 거의 전부가 될 때다. 그 역할을 잃는 순간 자존감도 함께 무너진다. 은퇴 후 깊은 공허감에 빠지는 이유도 일이 사라져서가 아니라 "나는 누구인가"라는 질문에 더 이상 답을 찾지 못하기 때문이다. 그래서 직책과 자리를 내려놓은 뒤에도 남을 힘, 곧 나력을 미리 준비하는 일이 중요하다.

과거의 자리와 지위를 놓지 못하면 결국 자기 자신으로 설 수 없다. 젊음은 생년월일이 아니라 새로운 이름으로 다시 서는 힘이다. 진짜 현역은 "예전에 내가 어떤 사람이었는가"가 아니라 "지금 나는 무엇을 할 수 있는가"를 기준으로 살아가는 사람이다. 그리고 그 빈자리에 다시 채워야 할 것은 배움이다.

바둑의 거목 서봉수 9단은 69세에 "나는 하수다"라고 말했다. 후배들과의 대결에서 1승 4패를 기록했지만 "후배들에게 한 수를 더 배웠고 부끄럽지 않다"라고 말했다. 그의 노년은 패배의 연속이 아니라 배움의 연속이었다.[36]

젊음은 완벽함이 아니라 배움을 멈추지 않는 태도다. 직책이 사라져도 환경이 변해도 내면의 힘인 나력을 키우는 사람은 쉽게 늙지 않는다.

팔로워 시절부터 스스로에게 이런 질문을 던지며 일해보라.

"회사 이름과 직책을 떼어내고도 나는 어떤 사람인가."

"먼 훗날 나는 어떤 사람으로 기억되기를 원하는가."

이 질문을 품고 일할 때 직책이 바뀌어도, 직책에서 물러나도 흔들리지 않는 나력이 자란다.

희망을 계속 그리는 사람들

미국의 '샤갈(Marc Chagall)'이라 불린 화가 해리 리버맨(Harry Lieberman)은 81세에 그림을 시작해 101세까지 붓을 놓지 않았다. 그는 말했다.

"몇 년을 더 살 수 있을지를 생각하지 말고 내가 어떤 일을 더 할 수 있을지를 생각하라."

탐험가 존 고다드(John Goddard)는 127개의 꿈을 적었고, 생애 동안 그중 대부분을 이루었다. 인생 후반부에도 도전을 멈추지 않았다. 시인 롱펠로우(Henry Longfellow)는 두 아내를 잃은 뒤에도 시를 쓰며 이렇게 말했다.

"저 사과나무는 해마다 늙어가지만 해마다 단맛의 사과를 맺습니다. 새순이 돋기 때문입니다."

그는 자신을 고목이 아니라 새순이 돋는 나무로 여겼다. 희망이 있는 한 인생은 언제든 다시 피어날 수 있다는 뜻이다. 나폴레옹은 말했다.

"내 비장의 무기는 아직 내 손안에 있다. 그것은 희망이다."

우리 몸과 마음도 마찬가지다. 쓰지 않는 근육이 더 빨리 약해지듯, 쓰지 않는 재능과 꿈도 금세 쇠약해진다. 계속 배우고 걷고 시도하고 사람을 만나며 자신을 움직이는 사람은 나이를 먹어도 쉽게 늙지 않는다.

"노래하다가 죽는다면 얼마나 행복하겠어요. 그게 제 꿈이죠."

가왕 조용필의 이 담담한 한마디는 그의 인생을 압축한다. 2025년 9월
6일 서울 고척스카이돔에서 열린 '광복 80주년 기념 콘서트 - 조용필, 이
순간을 영원히'에는 1만 8,000명의 관객이 무료로 초청되었고 두 차례 티
켓 예매는 3분 만에 마감되었다. 그는 3시간 동안 혼자 무대에 서서 28곡
을 완창했다. 그의 노래는 세월을 넘어 젊은이부터 어른까지 전 세대를 하
나로 묶었다. 공연의 열기는 방송으로 이어졌다. KBS 2TV 추석 특집으로
방영된 공연은 시청률 15.7%, 최고 18.2%를 기록하며 연휴 전체 시청률 1
위를 차지했다. 2025년 공연 당시 만 75세, 반세기 넘게 노래해 온 그의 목
소리는 여전히 녹슬지 않았다. 그 비결을 묻자 조용필은 말했다.

"목소리는 노래 안 하면 늙습니다. 한 달만 안 해도 바로 표시가 납니다."

도전과 연습, 그것이 영원한 현역으로 살아가는 조용필의 젊음의 비
결이었다. 팔로워십으로 옮기면 이 말은 이렇게 들린다.

"팔로워의 실력도 쓰지 않으면 늙습니다."

보고서를 쓰지 않고, 질문하지 않고, 상사와 대화하지 않으면 어느 순
간부터 조직에서의 목소리가 사라진다. 계속 준비하고 연습하는 팔로워
만이 기회가 왔을 때 제 실력을 보여줄 수 있다.

영원한 현역으로 산다는 것은 직책이나 육체로 버티는 것이 아니다. 새
로운 공간에서 새로운 사람들과 새로운 자극 속에서 다시 배우고 설레며
꿈꾸는 일이다. 그 마음이 살아 있는 한 인생의 전성기는 언제나 지금이다.

1. 오늘 나는 내 감정의 지배자가 되리라

· 감정은 피할 수 없지만 선택은 언제나 자신이 할 수 있다.

2. 불편함을 기회로 바꾸는 재해석의 힘

· 같은 사건도 다르게 보면 인생이 달라진다.

3. 스트레스, 적이 아니라 에너지다

· 스트레스는 의미와 해석과 호흡을 바꾸면 삶의 에너지로 바뀐다.

4. 비에 젖지 않는 마음

· 진정한 장애는 몸이 아니라 마음에 있다.

5. 영원한 현역, 나력의 힘

· 마음을 다시 켜는 제3의 공간을 만들어라.

Why   왜 재해석을 해야 하는가?

What 무엇을 해야 영원한 현역으로 살 수 있는가?

How   새로운 자극을 줄 수 있는 제3의 공간을 어떻게 만들 수 있는가?

Epilogue 다시, 관계를 바라보다

이 책을 쓰는 동안 나는 수없이 멈춰 서서 나 자신을 돌아보았다. 글을 정리하며 한 문장, 한 사례를 지나갈 때마다 과거의 내가 떠올랐다. 누군가의 팔로워였던 시절, 나는 과연 상사의 관점을 얼마나 이해하려 했던가. 억울함과 답답함만 마음속에 쌓아두고 있지는 않았을까. 그때는 몰랐다. 팔로워십이 결국 하나의 '실력'이자, 동시에 조직의 성과를 바꾸는 힘이라는 사실을.

리더십은 한 사람의 능력이 아니다. 리더와 팔로워가 서로 영향을 주고받으며 만들어내는 관계의 산물이다. 뇌과학과 심리학의 시선으로 관계를 다시 보니, 상사의 표정과 말투와 침묵 뒤에 숨은 책임과 압력을 조금은 이해하게 되었다. 동시에 팔로워였던 나의 행동이 어떤 신호로 읽혔을지도 되돌아보게 되었다. 그래서 이 책은 팔로워를 위한 책이면서, 관계를 이끄는 리더에게도 필요한 책이다.

지금도 많은 사람들은 조직과 일상 속에서 때로는 누군가를 이끌고 때로는 누군가를 따른다. 역할은 달라도 마음은 크게 다르지 않다. 누구나 인정받고 싶고, 이해받고 싶고, 더 나은 사람이 되고 싶어 한다. 조직이라는 공간에서 우리가 갈등을 겪는 이유도, 서로를 필요로 하는 이유도 결국 여기에 있다.

나는 이 책이 조직 안의 관계들이 조금 더 따뜻해지는 데 작은 도움이 되기를 바란다. 팔로워는 리더의 마음을, 리더는 팔로워의 마음을 조금 더 이해할 수 있기를 바란다. 각자의 자리에서 서로를 이해하려는 그 한 걸음이 더 강한 팀을 만들고, 더 인간적인 조직을 만든다고 믿는다.

우리 모두는 누군가의 리더이자 팔로워다. 그 사실을 잊지 않고 살아갈 때, 관계는 부딪힘이 아니라 성장 쪽으로 움직인다. 이 책을 덮는 지금 이 순간이, 당신의 관계가 조금 더 가벼워지고 따뜻해지는 출발이 되기를 진심으로 바란다.

참고 문헌

1장 생각하는 팔로워의 뇌

1) 현대경제연구원, 『위대한 팔로워』 ebook(2015)

2) 최진, 『참모론』 법문사(2009), p118-119

3) Joseph E. LeDoux, "Emotion Circuits in the Brain," Annual Review of Neuroscience 23(2000); Kevin N. Ochsner and James J. Gross, "The Cognitive Control of Emotion," Trends in Cognitive Sciences 9, no. 5(2005).

4) Vanderbilt University News, "Dopamine Impacts Your Willingness to Work," Vanderbilt University, 2012.

5) 브렌트 슐렌더·릭 테츠엘리, 『비커밍 스티브 잡스(Becoming Steve Jobs)』 크라운 비즈니스(2015), p.356-370

6) Fleming & Dolan(2012), McCurdy et al.(2013), Rahnev et al.(2016).

7) Eric R. Kandel et al., Principles of Neural Science, 5th ed. (McGraw-Hill, 2013).

8) Naomi I. Eisenberger, Matthew D. Lieberman, and Kipling D. Williams, "Does Rejection Hurt? An fMRI Study of Social Exclusion," Science 302(2003).

9) Lou Gerstner, Who Says Elephants Can't Dance?: Inside IBM's Historic Turnaround (HarperBusiness, 2002).

10) Antonio R. Damasio, Descartes' Error: Emotion, Reason, and the Human Brain (New York: Putnam, 1994).

11) Caspar, E. A., Christensen, J. F., Cleeremans, A., & Haggard, P. (2020). Obeying orders reduces vicarious brain activation towards victims: An fMRI study on empathy and coercion. NeuroImage, 218, 116713.

12) Kahneman, D. (2011). Thinking, Fast and Slow. New York: Farrar, Straus and Giroux.

13) 울산 군부대 폭발원인은 폭음통 불법 처리, 중앙일보(2016.12.14.)

14) 이상협 『닭은 밖에 있다』 샘앤파커스(2022) p120-121

15) 유효상, 『리더의 오판』 클라우드나인(2021) p72.

16) Caspar et al., PNAS, 2016; Klucharev et al., Neuron, 2009; Caspar et al., Nature Human Behaviour, 2017

17) 요시다덴세, 『리더십&팔로워십』 멘토르(2010), p95.

18) 남충희 『7가지 보고의 원칙』 황금사자(2019) p198-201.

19) Simon Sinek, Start With Why: How Great Leaders Inspire Everyone to Take Action, Penguin Group, 2009.

20) T. J. Torrico, "Neuroanatomy, Limbic System," StatPearls (NCBI Bookshelf, 2023)

21) 심리학자 샬롬 슈워츠(Shalom H. Schwartz)는 인간의 가치체계를 10가지 핵심 범주로 구분하며, "행동이 자신의 가치와 일치할 때 행복감과 회복탄력성이 높아진다"고 설명했다.(Shalom H. Schwartz, Universals in the Content and Structure of Values, Advances in Experimental Social Psychology, Vol. 25, 1992.)

22) Grant T. Hammond, The Mind of War: John Boyd and American Security (Washington, D.C.: Smithsonian Institution Press, 2001), pp. 47-49.

23) 심리학자 로이 바우마이스터(Roy F. Baumeister)와 캐슬린 보스(Kathleen D. Vohs)는 "자기통제가 강한 사람은 스트레스 상황에서도 감정을 안정적으로 조절하며, 자신의 삶에서 더 큰 의미와 만족을 느낀다"고 밝혔다. (Baumeister & Vohs, Self-regulation, Ego Depletion, and Motivation, Social and Personality Psychology Compass, 2007.)

2장 리더의 뇌를 읽는 사람들

1) Thomas J. Saporito, 'It's Time to Acknowledge CEO Loneliness,' Harvard Business Review, February 15, 2012.

2) 서광원, 『사장으로 산다는 것』, 흐름출판(2005),p44

3) Naomi I. Eisenberger, Matthew D. Lieberman, and Kipling D. Williams (2003). "Does Rejection Hurt? An fMRI Study of Social Exclusion." Science, Vol. 302, No. 5643, pp. 290-292.

4) 김종수, 『부수터』, 클라우드나인(2014),p233

5) Roy F. Baumeister, Ellen Bratslavsky, Mark Muraven, and Dianne M. Tice, "Ego Depletion: Is the Active Self a Limited Resource?" (Journal of Personality and Social Psychology, Vol. 74, No. 5, 1998, pp. 1252-1265).

6) 안토니오 다마지오, 『Descartes' Error: Emotion, Reason, and the Human Brain』(Putnam, 1994).

7) Amitai Shenhav 외, "The Expected Value of Control: An Integrative Theory of Anterior Cingulate Cortex Function," Neuron, 79(2), 2013.

8) Paul J. Zak, The Moral Molecule: How Trust Works (Dutton, 2012); Markus Heinrichs, Beate von Dawans, and Dirk Domes, "Oxytocin and Social Interaction: A Social Neuroscience Perspective," Trends in Cognitive Sciences 13, no. 10 (2009): 439-445.

9) Arie W. Kruglanski, "Motivated Closing of the Mind: 'Seizing' and 'Freezing'," Psychological Review 103, no. 2 (1996), pp. 263-283.

10) J. P. Ochsner and K. N. Ochsner, "The cognitive control of emotion," Trends in Cognitive Sciences 9, no. 5 (2005): 242-249.

11) 이언 로버트슨, 『승자의 뇌』, 알에이치코리아(2021),p158~162

12) (Dacher Keltner, The Power Paradox: How We Gain and Lose Influence, Penguin Press, 2016, pp. 83-85; Dacher Keltner & Cameron Anderson, Power, Approach, and Inhibition, Psychological Review, Vol. 110, No. 2, 2003, pp. 265-284.)

13) Keltner D., et al., Stanford University Graduate School of Business Reserach Paper No. 1669, Decebber 2000.
이언 로버트슨, 『승자의 뇌』, 알에이치코리아(2021),p276~277

14) Joseph LeBoeuf, "The Power of Humble Leadership: Lessons from Boeing's 787 Dreamliner Project," Harvard Business Review Case Discussion, 2015; Philip Delves Broughton, The Art of the Sale, Penguin Press, 2012, pp. 214-216.

15) 장멍(張萌) 외, 「향수가 유발하는 진통 효과의 시상피질 메커니즘(Thalamocortical Mechanisms for Nostalgia-Induced Analgesic Effect)」, 『신경과학저널(The Journal of Neuroscience)』, 2022, 중국과학원·라오닝사범대학교 공동연구

16) 제이큽 유일(Jaime T. Wildschut) 외, 「Nostalgia: The Gift of the Past」, Journal of Personality and Social Psychology, Vol. 98, No. 2, 2010, pp. 218-236.

17) 리처드스탠걸, 『아부의 기술』, 참솔(2005),p319~320
데일 카네기, 『카네기 인간관계론』, ㈜카네기연구소(2021),p56~60

18) Scager, Karin et al. "Collaborative Learning in Higher Education: Evoking Positive Interdependence." Higher Education 72(1): 57-79, 2016.

19) 남충희, 『직장인의 입 사용법』, 황금사자, 2022, p.259-261; 재인용: Timothy A. Judge et al., Journal of Applied Psychology, Vol. 87, No. 4, 2002.

20) 남충희, 『직장인의 입 사용법』, 황금사자, 2022, p.233

21) Eisenberger, N. I., Lieberman, M. D., & Williams, K. D., Science, 2003; Lieberman, M. D., & Eisenberger, N. I., Science,

2009

22) Izuma et al., 2008, Neuron; Kosfeld et al., 2005, Nature; Eisenberger & Lieberman, 2004, Science

23) 시부아쇼죠, 『상사를 읽는 심리학』, 황소자리(2006),p15~16

24) NeuroLeadership Institute, Transforming Feedback Through Neuroscience, 2025.

Longe, O. et al., "Having a Word With Yourself: Neural Correlates of Self-Criticism and Self-Reassurance," NeuroImage, Vol. 49, No. 2, 2010.

25) 시부아쇼죠, 『상사를 읽는 심리학』, 황소자리(2006),p19~20

26) Boksem, M. A. S. & Tops, M., "The Neurobiology of Cognitive Fatigue: The Role of Prefrontal Cortex," Journal of Neuroscience, Vol. 45, No. 24, 2025.

27) 시부아쇼죠, 『상사를 읽는 심리학』, 황소자리(2006), p61~64

28) Miller, E. K. & Cohen, J. D., "An Integrative Theory of Prefrontal Cortex Function," Annual Review of Neuroscience, Vol. 24, 2001.

29) Frost, R. O. & Steketee, G., Cognitive Approaches to Obsessions and Compulsions, Pergamon Press, 2002.

3장 상사는 무엇을 듣고 싶어 하는가?

1) 남충희, 『7가지 보고의 원칙』, 황금사자(2019),p227-237 (토의 내용을 저자가 재구성 했음.)

2) Zajonc, 1968; Eisenberger & Lieberman, 2004; Feldman, 2012; Hu et al., 2017

3) Executive control of cognitive processes in task switching (Journal of Experimental Psychology: Human Perception and Performance, 27(4), 763-797.)

4) Leotti, L. A., & Delgado, M. R. (2011), The inherent reward of choice, Psychological Science, 22(10), 1310-1318.

Eisenberger, N. I., Lieberman, M. D., & Williams, K. D. (2003). Does rejection hurt? An fMRI study of social exclusion. Science, 302(5643), 290-292.

5) Sunwoo, K. et al., "Followership in Business Transformation: Hyundai Motor Group Case", Administrative Sciences 14(12):309, 2024.

6) 나이토 요시히토, 『직장의 고수』, 매경출판, 2017, p.55

7) Rubinstein, Meyer & Evans (2001), Journal of Experimental Psychology: Human Perception and Performance, 27(4), 763-797.

8) 남충희, 『7가지 보고의 원칙』, 황금사자(2019),pp68-69

9) 오명철, 『아부의 기술』, 동아일보, 2009.9.27.

10) 조우성, 『리더는 하루에 100번 싸운다』, 인플루엔셜, 2020, p.100

11) 티머시 R. 클라크, 『직언문화를 조성하는 4가지 단계』, 하버드 비즈니스 리뷰, 2023.10.23.

12) 박기종, 『직언의 기술』, 매일경제 City Life 744호, 2020.9.2.

13) 오명철, 『아부의 기술』, 동아일보, 2009.9.27.

14) NASA, Apollo 13: The Successful Failure, 2010.4.13.

15) 구본형, 『감히 능히 훌륭히 직언했다』, DBR 21호, 2008.11

16) 김종수, 『부스터』, 클라우드나인(2014),p234

17) 남충희, 『7가지 보고의 원칙』, 황금사자(2019), p.253-254 내용을 저자가 일부 재정리

18) Penelope Brown and Stephen C. Levinson, Politeness: Some Universals in Language Usage (Cambridge University Press, 1987).

19) Michael Allen & Raymond W. Preiss, "Comparing the Persuasiveness of Statistical and Narrative Evidence in the Communication Domain," Communication Research 24, no. 5 (1997): 436-455.

20) Howard Schultz, Onward: How Starbucks Fought for Its Life without Losing Its Soul (Rodale, 2011); The Wall Street Journal, "Starbucks to Rethink Food Strategy as Sales Slow," March 20, 2008.

21) The Ritz-Carlton Leadership Center, The Ritz-Carlton Gold Standards: Empowering Excellence Through Service (The Ritz-Carlton Hotel Company, 2015).

22) 고바야시 히로유키, 『나는 당신이 스트레스 없이 말하면 좋겠습니다』(타키스, 2018), p70

4장 정성, 보이지 않는 디테일의 힘

1) Ernst Fehr & Christian Ruff, "The Neurobiology of Rewards and Values in Social Decision Making," Nature Reviews Neuroscience, vol. 15, no. 8 (2014): 549-562.

2) 조우성, 『리더는 하루에 100번 싸운다』, 인플루엔셜(2020), p18-20

3) Amy C. Edmondson, "Psychological Safety and Learning Behavior in Work Teams," Administrative Science Quarterly 44, no. 2 (1999): 350-383.

4) 『상사가 나만 미워한다고 자신의 이미지부터 확 바꿔라』, DBR(동아비즈니스리뷰), 2008년 5월

5) 왕중추, 『디테일의 힘』, 올림(2024), p48-49

6) 왕중추, 『디테일의 힘』, 올림(2024), p104

7) 왕중추, 『디테일의 힘』, 올림(2024), p77-78

8) 존맥스웰, 『360도 리더가 되라』, 넥서스(2015), p181-186

9) 김경일, 『이끌지 말고 따르게 하라』, 진성북스(2015), p218-219

10) 유효상, 『리더의 오판』, 클라우드나인(2021), p100

11) 한근태, 『고수의 일침』, 미래의 창, 2016, p.131

12) Eleanor A. Maguire et al., Navigation-related structural change in the hippocampi of taxi drivers, PNAS, 2000

13) 권혁설, 『직장인을 위한 변명』, 거름(2001)

14) Moscovici & Zavalloni (1969), Journal of Personality and Social Psychology, 12(2), 125-135; Knutson et al. (2001), Neuron, 31(6), 963-974.

15) 이민규, 『끌리는 사람은 2%가 다르다』, 더난출판(2006), p146

16) Brondino, N. et al. (2017). Something to talk about: Gossip increases oxytocin levels in a near real-life situation. University of Pavia study, Adaptive Human Behavior and Physiology, 3(3), 304-312.

류혜인, 『모든 관계는 심리학으로 풀린다』, 2023, p.98-99.

17) 김경일, 〈틈만 나면 남 욕하는 사람, 대체 왜 그럴까? 뒷담화 대처, '이렇게'만 하세요!〉, 유튜브(YouTube), 2023. https://www.youtube.com/watch?v=Ud6qvZyEYSQ&t=426s

18) 조관일, 『오십의 말품격 수업』, 북이십일 21세기북스(2022), p184-185

19) Judee K. Burgoon, A Communication Model of Personal Space Violations: Explication and an Initial Test, Human Communication Research, Vol. 4, No. 2 (1978), pp. 129-142.

『이민규 교수와 함께하는 명언산책』, 네이버 블로그

5장 한 치수 큰 모자를 써라

1) Uta Frith & Chris D. Frith, "Development and neurophysiology of mentalizing," Philosophical Transactions of the Royal Society B: Biological Sciences, vol. 358, no. 1431, 2003, pp. 459-473.

2) 고현숙, 『결정적 순간의 리더십』, 쌤앤파커스(2017), p188-191.

3) 남충희, 『직장인의 입((1)사용법』, 황금사자(2022), p21-24

4) 조우성, 『리더는 하루에 100번 싸운다』, 인플루엔셜(2020), p135

5) 카이사르와 카사노바, 김준호, 국방일보(2024. 2. 14.)

6) 조선일보, 「LG전자 사장이 말한 임원 비법 '상사 3명 진급시키고, 따르는 후배 5명 둬라'」, 2023. 4. 26

7) 심윤섭, 『리더십의 또 다른 얼굴, 팔로워십』, 예문당(2018), p86-87

8) 직장상사 금기어 2위가 "시키는 대로 해"…1위는? (동아일보, 2025. 10. 1)

9) 세대차이 좁히는 '리버스 멘토링' 성공하려면, 동바비즈니스리뷰(2022. 12. 1.)

10) 최경춘, 『나쁜보스』, 위즈덤하우스(2010), p142-144

11) 이시형, 『공부하는 독종이 살아남는다』, 중앙북스(2010), p73-77

12) Jehn, K. A. (1995), A Multimethod Examination of the Benefits and Detriments of Intragroup Conflict, Administrative Science Quarterly, 40(2), 256-282.

13) Lieberman & Eisenberger, Science, 2003; Rock, NeuroLeadership Journal, 2008

14) 최진, 『참모론』, 법문사(2009), p112-114

15) 에이미 갤로, 동료와의 갈등 어떻게 다룰까, 하버드 비즈니스 리뷰(2022. 9-10월호)

16) Ochsner & Gross, Trends in Cognitive Sciences, 2005; Lieberman, Annual Review of Psychology, 2007.

17) 당신에 존재하는 '내로남불'의 근본적 귀인오류, 중앙일보(2020. 8. 9.)

18) 에이미 갤로, 동료와의 갈등 어떻게 다룰까, 하버드 비즈니스 리뷰(2022. 9-10월호)

19) "회사밖은 지옥" 후배 리더 아래서 버티는 엘더, 조선일보(2024. 7. 8.)

20) 남충희, 『7가지 보고의 원칙』, 황금사자(2019), p261-264 내용을 저자가 재구성함

21) Gross, J. J., & John, O. P. (2003), "Emotion Regulation Processes," JPSP, 85(2), 348-362.

22) 한근태, 『고수의 일침』, 미래의 창(2016), p184

23) 최경춘, 『나쁜보스』, 위즈덤하우스(2010), p206-215

24) Bar-Eli et al., "Action bias among elite soccer goalkeepers," Journal of Economic Psychology (2007).

25) Diamond, A. "Executive functions," Annual Review of Psychology 64 (2013): 135-168.

26) 박창규, 『임파워링하라』, 넌참에뻐(2015), p103-104

27) 정재영, 『말투가 고민이라면 유재석 처럼』, 센시오(2022), p130-131 내용 저자가 재정리

유튜브 Mark Zuckerberg & Yuval Noah Harari in Conversation

28) Tomas Chamorro-Premuzic, '새 팀장에게 물어야 할 7가지 질문' 하버드비즈니스리뷰(2022. 11. 29.) 7가지 질문 내용을 저자가 재정리

6장 흔들려도 부러지지 않는 마음

1) 장원청, 『마음을 꿰뚫는 일상의 심리학』 다빈치하우스(2023), pp.69-72, 86-87.

2) 장원청, 『마음을 꿰뚫는 일상의 심리학』 다빈치하우스(2023), p69-70

3) Nicolas Guéguen, various field experiments on weather and helping/attraction behavior (2003-2013). 니콜라스 게건의 야외 실험을 소개한 사례다.

4) 김경일, 「상사가 히스테리 부릴 때 현명한 대처법」, 유튜브 채널 '세바시', https://www.youtube.com/watch?v=XED9mSgT48o

5) 장원청, 『마음을 꿰뚫는 일상의 심리학』 다빈치하우스(2023), p86-87

6) SBS 스페셜 제작팀, 『화내는 당신에게』 위즈덤하우스(2012), p.73.

7) 체화된 인지(embodied cognition)에 대한 대표적 논의로 George Lakoff & Mark Johnson, Philosophy in the Flesh (Basic Books, 1999); Lawrence W. Barsalou, "Grounded Cognition," Annual Review of Psychology, 59 (2008)을 참조했다.

8) 행동 활성화의 효과에 대해서는 Jacobson, N. S., Martell, C. R., & Dimidjian, S., "Behavioral activation treatment for depression", Clinical Psychology: Science and Practice, 2001 등을 참조했다.

9) "KBS를 떠난 김재원 아나운서, '프리 선배' 이혜성 만났다… '30년 6개월, 들리리였을 뿐'", 조선일보(2025.8.26).

10) 남상훈, 『사람관계수업』 알투스(2019), pp.152-153.

11) James J. Gross, "Emotion Regulation: Affective, Cognitive, and Social Consequences of Suppression and Reappraisal," Journal of Personality and Social Psychology 85(2), 2003.

12) James W. Pennebaker, Opening Up: The Healing Power of Expressing Emotions, Guilford Press, 1997.

13) Joseph LeDoux, The Emotional Brain: The Mysterious Underpinnings of Emotional Life, Simon & Schuster, 1996.
James J. Gross & Kevin N. Ochsner, "The Cognitive Control of Emotion," Trends in Cognitive Sciences, 2005.

14) Kevin N. Ochsner & James J. Gross, "The cognitive control of emotion," Trends in Cognitive Sciences, 9(5), 2005; Joseph LeDoux, The Emotional Brain: The Mysterious Underpinnings of Emotional Life, Simon & Schuster, 1996.

15) Robert A. Bjork & Elizabeth L. Bjork, "Making Things Hard on Yourself, But in a Good Way: Creating Desirable Difficulties to Enhance Learning," Psychology and the Real World, 2011.

16) 신경희, 『삶을 만점으로 만드는 스트레스 관리』 영림미디어(2015), pp.63-67

17) 남상훈, 『사람관계수업』 알투스, 2019, 145-148쪽

18) Abiola Keller et al., stress perception and mortality study, Marquette University, 2012.

19) 켈리 맥고니걸 『스트레스의 힘』(주)북이십일 21세기북스(2015), pp.6-8.

20) 신경희 『삶을 만점으로 만드는 스트레스 관리』 (주)영림미디어(2015), pp.183-185. 내용정리, 표인용.

21) 최성애, 『나와 우리아이를 살리는 회복탄력성』 해냄출판사(2021), p92

22) 최성애, 『나와 우리를 살리는 회복탄력성』(주) 해냄출판사, 2021, p67, p79, p87~89, pp.92-94

23) 최성애, 『나와 우리 아이를 살리는 회복탄력성』 해냄출판사(2021), p41-42.

24) 김경일, 『길을 묻다』 국방일보(2024.4.4.).

25) 캐럴 드웩, 『마인드셋』 스몰빅미디어(2018), p344.

26) 캐럴 드웩, 『마인드셋』 스몰빅미디어(2018), p39-40

27) 캐럴 드웩, 『마인드셋』 스몰빅미디어(2018), p29.

28) 캐럴 드웩, 『마인드셋』 스몰빅미디어(2018), p95.

29) 배우 윤여정 "천직 맞더라, 할 줄 아는 게 이것뿐", 『신동아』(2024. 2. 28.).

30) 차동엽, 『무지개 원리』, 국일미디어(2012), p296.

31) 서유진, "이상해, 일할수록 젊어져" 맥도날드 '분위기 메이커'는 90대", 『중앙일보』, 2024. 2. 10.

32) Ellen Langer, Counterclockwise: Mindful Health and the Power of Possibility, Ballantine Books, 2009.

33) Margaret Wilson, "Six Views of Embodied Cognition," Psychonomic Bulletin & Review 9(4), 2002, pp. 625-636; Lawrence Shapiro, Embodied Cognition, Routledge, 2011.

34) Bryan Kolb & Ian Q. Whishaw, "Brain Plasticity and Behavior," Annual Review of Psychology 49 (1998), pp. 43-64.

35) Peter J. Burke & Jan E. Stets, Identity Theory, Oxford University Press, 2009; Timothy J. Owens, "Self and Identity," in Handbook of Social Psychology, Springer, 2006.

36) 차준철, "나는 하수다…후배든 중학생이든 누구에게도 배울 수 있다", 『경향신문』(2022. 10. 11.)

초판 1쇄 발행   2026년 3월 31일

지은이   박정조
펴낸이   김종해

펴낸곳   문학세계사
출판등록   제21-108호(1979. 5. 16)
주소   서울시 마포구 신수로 59-1
전화   02-702-1800
팩스   02-702-0084
이메일   munse_books@naver.com
홈페이지   www.msp21.co.kr
페이스북   www.facebook.com/munsebooks
인스타그램 www.instagram.com/munse_books

ISBN   979-11-93001-93-6 (03320)
ⓒ 박정조, 문학세계사